LES

EFFETS DE COMMERCE

DANS LE DROIT ANGLAIS

La Lettre de change, le Chèque et le Billet à ordre

COMPARÉS AVEC LES PRINCIPALES LÉGISLATIONS ÉTRANGÈRES

SUIVI D'UNE TRADUCTION

DE LA LOI ANGLAISE DU 18 AOUT 1882 ET DES PRINCIPAUX
ARTICLES DE LA LOI DU 10 AOUT 1882
SUR LA CAPACITÉ DE LA FEMME MARIÉE EN ANGLETERRE

par

THOMAS BARCLAY

Avocat à la cour de Londres,
Conseil de la Chambre de commerce britannique à Paris,
Secrétaire international de l'Association
pour la réforme et la codification du droit des gens.

avec la collaboration de

EMMANUEL DAINVILLE

Licencié en droit,
Contrôleur de l'Enregistrement à Paris,
Membre de la Société de Législation comparée.

PARIS
A. DURAND ET PEDONE-LAURIEL, ÉDITEURS
LIBRAIRES DE LA COUR D'APPEL ET DE L'ORDRE DES AVOCATS
G. PEDONE-LAURIEL, Successeur
13, RUE SOUFFLOT, 13

1884

LES EFFETS DE COMMERCE

DANS

LE DROIT ANGLAIS

OUVRAGES DE M. BARCLAY.

Emancipation contractuelle de la femme mariée en Angleterre. Etude historique et texte annoté de la loi de 1882, concernant les biens de la femme mariée, in-8°, 1883.

The French law of bills of exchange, promissory notes and cheques, compared with the Bills of exchange Act 1882, in-8°, Waterlow and Sons L^d, London, 1884.

Chaumont. — Imprimerie Cavaniol.

PRÉFACE

En présence du développement des relations commerciales entre l'Angleterre et la France, développement qui, on doit l'espérer, ne fera qu'augmenter au fur et à mesure que nous nous connaîtrons mieux, un ouvrage sur les effets de commerce n'a pas besoin de se justifier.

Connaître la législation sur ce puissant facteur des relations commerciales est une nécessité pour tous négociants et banquiers français qui s'occupent d'affaires au delà de la Manche.

Cette nécessité est devenue plus sensible encore depuis l'adoption, en Angleterre, en 1882 d'une loi générale sur cette matière.

Commenter cette nouvelle loi, la compléter par des explications pratiques, en rapprocher les principales dispositions de celles des législations du continent, chercher ce qu'elles ont de commun et sur quels points elles diffèrent, c'est là le but que nous nous sommes proposé ; cet objectif n'était pas sans présenter des difficultés, d'autant plus que, même en Angleterre, aucune explication complète de la nouvelle loi n'a encore été publiée.

Nous avons ajouté plusieurs chapitres, tels que ceux sur la prescription, la procédure, le timbre, etc., dont la nouvelle loi ne traite pas, mais qui rentraient nécessairement dans le plan de notre ouvrage.

Bien que nous ayons toujours eu en vue le côté pratique, nous avons aussi cherché à rendre ce travail aussi complet que possible en donnant à la théorie la place à laquelle elle peut prétendre, et c'est surtout pour celui qui se livre à l'étude scientifique du droit que nous avons approfondi les principales dispositions des lois du continent, sans négliger, pour la solution des questions importantes, de nous adresser aux auteurs les plus compétents dans chaque pays.

Il reste à dire quelques mots sur le système que nous avons suivi.

Les comparaisons des diverses législations ont été faites en note pour ne laisser dans le texte que ce qui a rapport à la législation anglaise et en rendre ainsi la lecture facile.

Il nous a semblé préférable, au lieu de renvoyer à la jurisprudence consignée dans des recueils peu répandus dans l'Europe continentale, de nous borner à citer les ouvrages les plus accrédités.

Il sera toujours facile de se reporter à ces ouvrages où on trouvera toutes les décisions importantes. Nous avons toutefois mentionné les arrêts récents qui se trouvent dans les recueils officiels (recueils dont la publication a commencé en 1867) et qui ne sont cités que dans les dernières éditions des livres de doctrine.

Nous donnons une liste de tous les auteurs et des périodiques cités dans le cours de l'ouvrage ; cette liste sera une sorte de bibliographie sur les effets de commerce dans les différents pays.

Nous avons tenu aussi à rédiger une table alphabétique des matières aussi détaillée que possible, de façon à rendre les recherches promptes et faciles.

Je tiens, en terminant, à remercier vivement mon ami et collaborateur, M. Emmanuel Dainville, du précieux concours qu'il a apporté à tous les points de vue à ce travail.

THOMAS BARCLAY.

Paris, 25, boulevard des Italiens. Avril 1884.

INTRODUCTION

La loi sur la lettre de change, le billet et le chèque, votée en 1882 est, sous plusieurs rapports, d'une grande importance. Ses cent articles, non-seulement, constituent une transformation en droit écrit d'un grand nombre de coutumes, de décisions judiciaires, d'actes législatifs sans ordre entre eux et sans cohésion; elle est aussi la première tentative faite de codifier les lois anglaises. Elle se présente en effet comme un véritable code, le premier que possédera l'Angleterre, et il y a là un pas de fait vers cette coordination et cette simplicité des textes législatifs qui, en France et dans les pays qui l'ont imitée, sont considérées comme conditions essentielles d'une bonne législation. Peut-être trouvera-t-on en parcourant la nouvelle loi que certains articles présentent des longueurs, des détails inutiles et, parfois même, peu compréhensibles. Mais, il ne faut pas se laisser entraîner à juger l'*Act* anglais d'après les idées françaises si portées, en ces matières, vers un ordre clair et simple. Pour rendre justice à l'acte législatif de 1882, on ne doit pas oublier ce qu'était la loi antérieurement, le grand nombre de statuts dont les premiers remontent à une époque déjà ancienne (*a*), la multiplicité des décisions judiciaires (*b*), tous obstacles qui rendaient une sorte de coordination, de condensation, plus difficile; d'autant qu'il fallait éviter des changements essentiels qui eussent pu nuire aux droits acquis, et porter atteinte aux coutumes commerciales.

Cet *Act* a encore un mérite; il va plus loin que l'Angleterre et l'Irlande et s'applique à la législation écossaise qui, ainsi qu'il est bien connu, a une base et des origines différentes de celles du droit anglais (*c*). Les efforts faits dans le sens d'un rapprochement des deux systèmes sont rarement secondés par les Ecossais qui, fiers de leur droit comme de leurs montagnes, sont peu favorables à l'idée de l'assimilation. Mais sur les matières régies par la loi de 1882, l'Ecosse avait une législation ne différant que sur des points de détail, et on a pu, profitant de cette coïncidence, fondre ensemble les deux droits et les assimiler (*d*).

Peut-être pourrait-on dire, rappelant les lois de 1862 sur les sociétés par actions et 1869 sur la faillite, que l'*Act* de 1882 n'a pas la priorité de ce titre de code que

(*a*) Voir dans l'appendice la liste des lois abrogées en partie ou en totalité au nombre de dix-sept et dont la première remonte au règne de Guillaume III.

(*b*) Ces décisions, dont la jurisprudence constante est pour ainsi dire concentrée dans cette loi, montent à plus de 2,000.

(*c*) Le droit écossais est basé en grande partie sur les principes du droit romain.

(*d*) Il n'y a que deux exceptions à cette assimilation : elles sont indiquées dans les art. 53 et 98.

nous lui attribuons ; mais si l'on ne veut donner le nom de Code qu'à un ensemble de règles résumant les lois existantes et les simplifiant, ces deux lois quoique très-complètes ne peuvent prétendre à ce titre, et il faut bien arriver jusqu'en 1882 pour trouver un véritable Code qui reste, il est vrai, spécial.

L'*Act* de 1882 fut le premier effort couronné de succès ; d'autres tentatives avaient été faites, mais qui n'avaient et n'ont pas encore abouti. C'est ainsi qu'en 1867 une commission royale fut nommée pour examiner s'il n'y avait pas lieu de former une espèce de Digeste ou de Code de tout le droit anglais. On voulut commencer par des spécimens, préparer des digestes de diverses parties du droit, et des juristes compétents furent invités à concourir à la préparation en rédigeant des projets (*a*). Un des spécimens proposés fut précisément un digeste des lois existantes sur la lettre de change, les billets et le chèque.

M. Dunning Macleod, ardent économiste, bien connu en France, était choisi par la commission pour la rédaction du projet qui semblait devoir aboutir à un résultat pratique. Malheureusement en 1870 la commission abandonna son premier plan, et termina ses travaux en recommandant au gouvernement de commencer le Digeste général ; mais jusqu'ici cette proposition n'a pas eu de suite et on peut même dire qu'elle est tombée dans un oubli presque complet.

(*a*) Voir sur les tentatives de codification des lois anglaises, un article de M. Th. Thornley (*Law Magazine*, année 1879, p. 42) : *a new basis for a Code.*

Toutefois si le silence s'est fait sur le Digeste général, la première tentative de la commission de procéder par spécialités semble avoir créé un courant d'idées favorable à la codification des matières spéciales.

C'est ainsi que quelques années plus tard, on commença l'étude du projet de loi actuelle.

Son historique est simple et, comme bien des réformes qui ont été le point de départ de changements importants, elle a passé presque inaperçue au milieu des formalités de l'adoption par le parlement. Le projet de loi avait été rédigé en 1881 par M. M. D. Chalmers, avocat du barreau de Londres, d'après les instructions de l'*Institute of Bankers* dont les décisions avaient été prises après avis demandés aux Chambres de commerce. Le *bill* ainsi élaboré fut présenté à la Chambre des Communes par sir John Lubbock, président de l'*Institute of Bankers,* mais sans qu'il pût obtenir que son projet fût pris en considération.

C'est seulement l'année dernière que sur nouvelle présentation, une commission de dix-neuf membres présidée par sir Farrer Herschell, *solicitor general,* fut nommée pour l'examiner (*a*).

C'est dans cette commission que fut résolue la fusion des lois de l'Ecosse et de l'Angleterre. Adopté enfin par la Chambre des Communes, le *bill* fut porté devant la

(*a*) Cette commission comptait parmi ses membres : Sir John Lubbock, M. C. Baring, M. Fry, M. Cohen, Q. C., M. R. B. Martin, M. Gibson et pour l'Ecosse M. Asher, *Solicitor general* d'Ecosse, et M. Williamson, le sympathique membre pour le comté de Fife.

Chambre des pairs, où il fut encore une fois discuté dans une commission spéciale composée des sommités juridiques de l'Angleterre, et le 18 août 1882 il devenait loi, entrant ce même jour en vigueur (a).

Les modifications que fait la nouvelle loi aux lois et règles antérieures sont peu nombreuses mais quelques-unes sont importantes.

Les principaux changements sont dus aux articles 7 (2), 8 (1) et (3), 15, 33, 36 (3), 49 (6), 62, 64 et 74. Il y a encore quelques points d'une importance moins grande, des solutions sur des questions qui donnaient lieu à divergence dans les décisions judiciaires ; on les trouvera dans les articles 12, 39 (4), 41 (2), 44 (2). Enfin pour d'autres articles, il faut attendre pour se prononcer les décisions des tribunaux qui, en Angleterre, peuvent constituer des précédents obligatoires.

Avant d'examiner en détail ces modifications, nous devons parler de deux mots techniques, l'un nouveau, l'autre d'un usage déjà ancien, qu'on rencontre souvent dans le texte, et dont, par là même, il est utile de préciser le sens dès maintenant.

Le nouveau terme introduit par la loi dans le vo-

(a) Ceux qui ne sont pas au courant des habitudes parlementaires de la Grande-Bretagne pourraient s'étonner de voir une loi entrer en vigueur immédiatement après le vote définitif. L'Angleterre, en effet, forme une exception à la règle que la promulgation doit être distincte de la publication. On peut dire que les membres du parlement n'étant que les mandataires de leurs électeurs, c'est de fait ces électeurs qui font la loi d'après la maxime : *Qui per alium facit, per se ipsum facere videtur*.

cabulaire de la lettre de change est le « *holder in due course,* » que nous avons traduit par *détenteur régulier*. Ce terme en remplace un autre dont l'usage est général le « *bona fide holder for value without notice,* » le détenteur de bonne foi contre valeur et sans notification de vice, ce qui est d'une longueur assez incommode.

Prenons l'explication que donne la nouvelle loi du terme « détenteur régulier » dont il vaut mieux fixer le sens ici sans nous astreindre à l'ordre de la loi qui parle de ce détenteur dans l'article 29, en pleine discussion sur un autre sujet.

On est détenteur régulier quand on a reçu une lettre qui ne porte aucune indication apparente d'irrégularité dans les conditions suivantes :

(a) On en est devenu détenteur avant échéance et sans avertissement que la lettre ait subi un refus d'acceptation ou de payement, si un tel refus a eu lieu.

(b) On a pris la lettre de bonne foi et contre valeur et on n'a été avisé au moment de la négociation d'aucun vice affectant les droits de son cédant.

Il y a titre vicieux surtout lorsque la lettre ou son acceptation a été obtenue :

par dol, violence (*a*) ou autres manœuvres contraires à la loi ;

(*a*) Le texte de la loi dit : « *by fraud duress or force and fear or other unlawful means.* » Les mots « *force and fear* » constituent l'équivalent écossais de « *duress* » qui correspond au terme français de « violence. » On se rappelle que cette loi s'applique à l'Ecosse aussi bien qu'à l'Angleterre.

pour une cause illicite;

quand la négociation constitue un abus de confiance ou qu'elle est accomplie dans des circonstances frauduleuses.

Il y a un autre mot, nous l'avons dit, qu'on rencontrera assez souvent dans ce travail et qui, sans aucune explication, semblerait bizarre à ceux qui ne sont pas habitués à la lecture des lois anglaises; c'est le mot « *reasonable* » que nous avons traduit tantôt par « convenable, » tantôt par « opportun, » tantôt par « suffisant, » mais sans pouvoir prétendre rendre son sens véritable et complet. « *Reasonable* » exprime ce qui est conforme à l'esprit de justice des hommes de bon sens et de modération. La loi parle de « *reasonable diligence,* » «*reasonable notice,* » «*reasonable time,* » etc.

Pour prendre un exemple : le porteur d'une lettre de change tirée de Melbourne sur Liverpool et payable à Londres à une certaine date ne la reçoit à Londres, à cause de la longueur du voyage, que la veille ou le jour même de l'échéance. Cette lettre doit être présentée à l'acceptation avant d'être présentée au paiement [Art. 39 (2)]. La loi excuse le retard dans la présentation au paiement résultant de ces circonstances, pourvu que le porteur ait fait preuve de « *reasonable diligence.* » Voici un autre exemple : une lettre de change est payable à un certain délai de vue. Il est évidemment contraire à l'esprit du droit de laisser s'immobiliser un tel titre; le porteur doit ou le présenter à l'acceptation ou le négocier dans un « *reasonable time* » (délai). Il faut en outre que la présentation soit faite à une « *reasonable hour* » (heure).

Ceux qui sont habitués aux dispositions très-précises et aux limites bien définies des codes français trouveront le mot « *reasonable* » bien vague, bien susceptible de produire une jurisprudence, riche en divergences d'appréciation de ce qui est « *reasonable.* » Néanmoins, pour peu qu'on y réfléchisse on admettra que la latitude d'appréciation laissée au jury est en tout conforme à l'équité, c'est-à-dire à ce qui est juste dans chaque cas particulier d'après la raison moyenne. N'oublions pas que les Anglais gardent avec une jalousie fière l'institution du *Jury* qui ne représente que cette idée, que l'appréciation des faits appartient à la société non seulement en matière criminelle mais aussi en matière civile. En effet, chacune des parties peut réclamer un « *trial by jury*. » C'est parce que ce qui est « *reasonable* » est une question de fait dont la solution est laissée au *jury* qu'il devient possible, sans laisser trop d'arbitraire aux juges, d'accorder une latitude d'appréciation inadmissible là où le jury civil n'existe pas.

Reprenons en détail chacune des modifications apportées par la présente loi.

Deux importantes modifications à la loi antérieure sont introduites par l'article 7 (2). « Une lettre peut être libellée payable à deux ou plusieurs personnes conjointement ou d'une manière alternative à l'un des deux ou bien à une ou quelques-unes de plusieurs personnes.

Une lettre peut être aussi libellée payable au titulaire

d'une fonction tant qu'il l'exerce *(holder of an office for the time being)* (*a*).

Autrefois une lettre payable alternativement n'était pas valable faute de certitude suffisante. Il en était de même d'une lettre payable au titulaire d'une fonction tant qu'il l'exerce, et cela pour la même raison.

Une autre innovation que contient la nouvelle loi est consignée dans l'article 8. Autrefois en droit anglais, une lettre payable à un individu et sans autre indication que son nom n'eût point été négociable (*b*). Comme en France, le nom du preneur devait être accompagné de la clause à ordre pour que l'effet pût circuler par voie d'endossement. En droit écossais il en était autrement. Là, une lettre payable à un individu était considérée comme transférable quoique la clause à ordre ne fût pas insérée et la simple formule « Payez à A. B. » (*pay to A. B.*) était aussi efficace pour rendre une lettre négociable que si elle eût été accompagnée de la clause à ordre. Les rédacteurs de la nouvelle loi avaient à choisir entre les deux systèmes. Ils ont adopté celui de l'Ecosse, qui d'ailleurs est celui du droit allemand (*c*). Donc désormais, pour interdire l'endossement il faudra insérer des mots restrictifs à cet effet comme par exemple « *pay to A. B. only,* » (payez à A. B. seulement) (*d*).

(*a*) « *For the time being* » est la phrase consacrée pour indiquer qu'il ne s'agit pas d'un individu considéré comme tel, mais en tant que titulaire de certaines fonctions indépendamment de sa personnalité propre.

(*b*) Smith. *Mercantile law*, p. 210.

(*c*) L. All. art. 9.

(*d*) Les mots de la loi allemande [art. 9], sont « *nicht an Order* » (non à son ordre).

1.

L'article 15 fait aussi un changement important aux lois antérieures. Autrefois le détenteur d'une lettre de change extérieure (*a*) était obligé de s'adresser au recommandataire indiqué (*b*). D'après l'article cité de la nouvelle loi on lui laisse désormais le choix de recourir ou non contre ce recommandataire, selon qu'il le juge convenable. Il y a ici un rapprochement avec la loi française, et une divergence avec la loi allemande qui considère le recommandataire comme un tiré subsidiaire (*c*).

L'ancienne législation, telle qu'elle avait été fixée par la jurisprudence, quant aux endossements conditionnels se trouve actuellement complétement modifiée. Autrefois l'accepteur qui aurait payé une lettre de change endossée sous condition (comme par exemple, « Payez à MM. A. et B. ou à leur ordre lorsque mon nom figurera dans le journal officiel comme enseigne dans un régiment de ligne et si cela se produit dans un délai de deux mois à partir d'aujourd'hui ») (*d*), sans que la condition se fût réalisée, n'eût pas été libéré de sa dette vis-à-vis de l'endosseur. Aujourd'hui ce paiement entraînera libération parfaite de son engagement. « Lorsqu'une lettre est endossée conditionnellement, le payeur (accepteur) peut ne tenir aucun compte de la condition. » [Art. 33].

(*a*) V. p.
(*b*) V. Chitty, *Bills*, p. 120.
(*c*) Loi allemande, art. 56.
(*d*) *Robertson* c. *Kensington*, 4 Taunton's Reports 30. Voir aussi *Bell* c. *Ingestre*. L. R. 12, Q. B. 317, et Story. *Bills*, p. 239. Chitty. *Bills*, p. 175. Roscoe. *Evidence*, p. 343.

L'article 36 (3) contient une nouvelle disposition quant à l'époque à laquelle une lettre sur demande doit être considérée comme échue. Une lettre payable sur demande n'était pas en général considérée comme échue à moins de refus de paiement, ce qui permettait une circulation durant souvent même des années. Désormais une telle lettre est censée échue qui a toute apparence d'avoir été en circulation pendant une période de temps *unreasonable*, ce qui est une question de fait soumise au *jury*. Il est à peu près impossible de préciser ce qui sera *unreasonable* aux yeux des différents jurys appelés à trancher cette question. Nous ne pouvons que renvoyer à ce que nous avons dit sur le sens du mot *reasonable*.

L'art. 49 (6) reconnaissant un usage fréquent parmi les banquiers, régularise le retour au tireur ou à un endosseur d'une lettre qui a subi un refus d'acceptation ou de payement, et déclare qu'il y a là notification suffisante.

L'art. 62 exige que la renonciation à ses droits faite par le détenteur soit désormais libellée par écrit, à moins bien entendu que la lettre ne soit remise à l'accepteur.

L'art. 64 protège le détenteur contre les effets de modifications essentielles et non apparentes que peut avoir subies la teneur de la lettre dans le cas où ce détenteur a pris la lettre de bonne foi, contre valeur fournie et sans notification de vice. Tandis qu'autrefois le détenteur, la lettre étant nulle, n'avait que le remède d'actionner celui qui lui avait endossé la lettre, en recouvrement de la valeur par lui fournie, il peut maintenant poursuivre le payement de la lettre d'après sa teneur primitive.

La dernière modification et peut-être la plus importante a trait à la présentation au paiement d'un chèque. D'après les règles de droit suivies jusqu'ici, quand le chèque n'était pas sans retard présenté au banquier et que celui-ci tombait en faillite, le tireur était entièrement libéré, quel que fût le taux de la distribution aux créanciers. Cette injustice a disparu dans la nouvelle loi [art. 74]. Le tireur n'est plus libéré que jusqu'à concurrence du dommage qui résulte pour lui du retard. En d'autres termes : il reste bien libéré, mais le détenteur est admis à prendre sa place et à produire à la faillite, pour le montant de cette libération.

Tels sont les changements principaux dûs à la nouvelle loi.

Il nous reste encore à parler d'une modification opérée l'année dernière en dehors de cette loi, mais qui aura une très-grande influence sur la matière régie par l'article 22 du présent *Act*.

Cet article dit que quiconque est capable de s'obliger par contrat, — disposition étendue par les art. 73 et 89 aux chèques et billets,—est capable de s'obliger comme partie à une lettre de change. L'article 22 parle dans les alinéas suivants de la capacité des corporations et des mineurs, mais passe sous silence celle des femmes mariées.

Cette omission, toute volontaire, tient à ce que pendant la dernière session du Parlement anglais si mouvementée par suite des débats sur la question ardente de l'Irlande on a pu, malgré tant de temps ainsi dépensé, faire adopter une mesure de la plus grave importance, concernant précisément la capacité de la femme mariée. Comme le *Bills of Exchange Act*, cette loi (*a*) n'a donné lieu à aucune discussion approfondie. Comme l'autre réforme, elle était, pour ainsi dire, dans l'esprit de la nation; l'ancien système depuis longtemps condamné par le sentiment général du pays qui, ces dernières années, s'est manifesté énergiquement contre toute inégalité dans les droits de l'homme et de la femme, n'était plus ni conforme aux mœurs nationales, ni en harmonie avec les réformes multiples tendant à rendre à la femme la position qui lui revient de droit.

En effet, le droit coutumier refusait à la femme mariée presque toute capacité de contracter (*b*). Cette rigueur, il est vrai, était adoucie par quelques exceptions admises par la Cour de la Chancellerie, mais cette juridiction était coûteuse et n'a jamais été qu'à la portée de la classe aisée.

Telle a été la situation devant la loi anglaise jusqu'en ces derniers temps.

La loi de 1870 (*c*) a porté le premier coup à l'ancien

(*a*) *Married women's Property Act.* 1882 (45 et 46, Vict. cap. 75), adopté le 18 août 1882. Cette loi ne s'étend pas à l'Ecosse [art 26]. V. annexe.

(*b*) Les exceptions admises par le droit coutumier s'appliquaient à la femme veuve ou dont le mari avait été banni et à la femme marchande dans la cité de Londres.

(*c*) *An act to amend the Law relating to the Property of Married* Women, 33 et 34. Vict., c. 93 (9 août 1870).

système en donnant à la femme mariée la libre disposition de toutes sommes déposées par elle dans des *Savings-Banks* (Caisses d'Epargne) reconnues par la loi, de tous les placements faits en son nom personnel en rentes sur l'Etat, ou en actions de sociétés à responsabilité limitée et dans des entreprises d'épargne, de secours mutuels et d'industrie. Surtout elle protégea comme propriété indépendante les salaires et les gages d'une femme mariée, produits d'une profession ou d'un métier exercé par elle en dehors de son mari, toutes sommes acquises par elle dans l'emploi de ses connaissances littéraires, artistiques ou scientifiques et tous placements de telles sommes. Elle lui conféra tacitement, mais seulement en ce qui concerne les différents biens sus-énoncés, la capacité de contracter, et ce sont encore ces règles que l'on applique aux engagements contractés avant le 1er janvier 1883 (*a*), époque à laquelle la nouvelle loi entre en vigueur (*b*).

Cette dernière loi qui a amené un renversement complet de l'ancien principe du droit coutumier, consacre et complète d'une façon hardie les modifications si importantes, mais plus ou moins d'essai introduites par l'*Act* de 1870. Désormais, la femme anglaise ne sera plus « fondue » *(merged)*, pour se servir le la traduction d'une expression technique anglaise, dans son mari. Elle

(*a*) V. art. 22 de la nouvelle loi sur la propriété de la femme mariée. annexe.

(*b*) La loi de 1874 ; « *An act to amend the Married Women's Property Act* 1870 37 et 38. Vict., c. 50 » (30 juillet 1874). ne s'appliquait qu'à la responsabilité du mari pour des dettes contractées par sa femme antérieurement au mariage.

sera capable de faire tous les actes de commerce, d'en percevoir et de s'en approprier tous les profits, d'ester en justice et d'être poursuivie *ex contractu* et *ex delicto* et d'être déclarée en faillite en complète indépendance de son mari.

Enfin, il faut signaler l'alinéa 2 de l'article 97 qui dispose que la loi coutumière et marchande sur la lettre de change, le billet et le chèque continuera à être appliquée en tant qu'elle ne sera pas « contraire aux termes exprès de cette loi. » En effet, comme on le verra, il y a beaucoup de matières dont la nouvelle loi ne traite qu'incidemment et, comme tout code spécial, elle suppose la connaissance de ces principes juridiques dont les articles ne sont que des déductions pratiques.

Dans ce même article sont citées quelques dispositions d'actes législatifs antérieurs qui continuent à rester en vigueur, et cela, à la différence de ce qui est dit pour la coutume marchande, nonobstant toute disposition de la nouvelle loi. Telles sont les règles s'appliquant à la faillite, les dispositions de la loi de 1870 sur le timbre (*a*), les dispositions de la loi de 1862 sur les sociétés par actions (*b*) et les restrictions que comportent les privilèges conférés aux banques d'Angleterre et d'Irlande. En Angleterre, en effet, par suite des *Bank Charter Acts* il est interdit à un banquier de faire ou d'accepter des lettres ou des billets payables au porteur sur demande.

(*a*) Voir le chapitre sur ce sujet.
(*b*) Voir le chapitre de la capacité — « corporations. »

Les rapprochements que, dans le cours de cet ouvrage, nous avons faits avec les lois étrangères, font ressortir l'existence de deux groupes distincts de législations, se rattachant à deux principes économiques différents : d'une part, le système français, de l'autre les systèmes anglais et allemand (*a*). Le premier, fidèle aux traditions historiques, voit dans la lettre de change un instrument de paiement et la simple preuve d'une opération de change. « Il ne faut pas confondre, dit Pothier, la lettre de « change avec le contrat de change. La lettre de change « appartient à l'exécution du contrat de change ; elle est « le moyen par lequel ce contrat s'exécute; elle le sup- « pose et l'établit, mais elle n'est pas le contrat « même (*b*). » Aussi le législateur de 1807, suivant cette doctrine, a maintenu dans le Code de Commerce la nécessité d'une remise de place à place, et l'indication de la valeur fournie. Le second groupe, au contraire, voit dans la lettre de change un instrument de crédit, et dès lors n'exige point ces deux clauses de *distantia loci* et d'indication de *valeur fournie*. De ces deux systèmes de législations, le premier cherche la sécurité, le second

(*a*) M. Chalmers dans l'introduction de son *Digest of the Law of Bills of Exchange* remarque, en parlant de l'ouvrage de Beawes « *Lex mercatoria,* » publié vers 1720, qu'une comparaison de la législation anglaise actuelle et du temps de Beawes avec le droit français moderne, fait ressortir ce fait intéressant qu'en ce qui concerne la lettre de change, lorsqu'il y a divergence entre les droits actuels anglais et français, ce dernier est en général d'accord avec les règles énoncées par Beawes ; qu'en effet vers 1720 ces deux législations étaient à peu près uniformes.

(*b*) Pothier, *Traité du contrat de change.*

la facilité des affaires commerciales et la négociabilité de la lettre de change.

La loi allemande de 1848 va plus loin que le droit anglais ; on pourrait même voir dans la manière dont les juristes allemands envisagent la lettre de change, un troisième système.

En effet, le droit anglais exige l'existence d'une cause de valeur, tout en établissant, il est vrai, une présomption en faveur de cette existence. Cette nécessité d'une cause de valeur qui joue dans le droit commun anglais un rôle beaucoup plus essentiel que dans le droit français, est ici restreinte pour faciliter la circulation.

Or le droit allemand est plus radical, la lettre de change doit circuler sans entrave aucune. La lettre de change, dit Hartmann, n'est pas considérée comme la preuve d'une transaction, ce n'est pas la constatation de la *causa præcedens obligationis*. Elle contient en elle-même une promesse unilatérale de payer une certaine somme et constitue un contrat indépendant de toute cause originaire, dérivant exclusivement de sa forme, et soumis aux relations personnelles des contractants d'une façon très-restreinte (*a*).

Ainsi, disent les Allemands, la lettre constitue une relation juridique qui ne repose que sur elle-même *(ein für sich bestehendes Rechtsverhältniss)*.

C'est ce dernier système qui semble destiné à prévaloir.

Toutes les lois sur la lettre de change votées récem-

(*a*) *Das Deustche Wechselrecht, historisch und dogmatisch dargestellt.* — Berlin, 1869, § 36. V. le chapitre sur la cause

ment, se sont plus ou moins inspirées de la législation allemande.

Cela est vrai, même de législations qui, à l'origine, suivaient le Code français ; ainsi la Belgique, dont la loi sur la lettre de change date du 20 mai 1872, supprime la nécessité de la remise de place à place et l'indication de valeur fournie, et admet l'endossement en blanc (*a*). De même en Italie, le Code de Commerce promulgué définitivement comme loi le 31 octobre 1882 (*b*) a reproduit la législation allemande, et puisé dans la loi belge (*c*).

D'un autre côté, dans le Nord de l'Europe, une double réforme a été faite; on a fondu ensemble les lois suédoise, norwégienne et danoise, et établi la loi scandinave qui, après avoir obtenu la sanction royale le 7 mai 1880 (*d*), est entrée en vigueur le 1er janvier 1881. Cette dernière loi aussi est la reproduction presque textuelle de la loi allemande.

On peut en dire autant de la loi fédérale suisse sur les obligations qui vient d'entrer en vigueur (*e*).

(*a*) Mais elle maintient la clause à ordre.

(*b*) Il est entré en vigueur le 1er janvier 1883.

(*c*) Comp. art. 5 de la loi belge et art. 307 du C. Com. Italien.

(*d*) V. sur l'assimilation des lois scandinaves (Suède, Norwège, Danemark), un article de M. C. Goos dans la *Revue du droit International,* année 1878, p. 551. — V. aussi une excellente traduction de cette loi par M. P. Dareste dans l'*Annuaire de législation étrangère* de 1881. Cette loi d'ailleurs, et c'est une preuve de l'importance attachée à chaque pas fait vers une codification internationale, a été déjà traduite aussi en Anglais, Allemand, Hollandais et Russe.

V. M. Asser, (*Revue du droit international,* tome XII, p. 649).

(*e*) Le 1er janvier 1883.

Enfin la Russie prépare, elle aussi, une nouvelle loi qui, d'après le projet imprimé récemment en français et en allemand, adoptera les dispositions de la loi allemande sans négliger de puiser dans les législations hongroise, scandinave, suisse et italienne, en vue de profiter des améliorations que celles-ci ont apportées à la loi qui leur a servi de base.

En France même, certains proposent ou admettent la suppression de la *distantia loci* et de la nécessité d'indiquer la valeur fournie, mais n'osent guère en général aller plus loin, craignant peut-être, comme M. Dramard (*a*), qu'une législation trop large soit une porte ouverte à la fraude ou au dol et notamment à l'usage des lettres de complaisance.

On voit que la tendance dans toutes les lois que nous avons citées et on le verra en détail à chaque pas dans le courant de cet ouvrage, est vers une assimilation. Peut-on concevoir qu'il en soit autrement quand les exigences du commerce sont partout les mêmes et que, parmi ces exigences il y en a une qui réclame par dessus toutes les autres qu'on la satisfasse, nous voulons parler de la suppression de ces divergences de législations à travers lesquelles une lettre de change dans ses nombreux voyages, amasse pour ainsi dire, un chaos de qualités au milieu desquelles il faut le savoir d'un juriste consommé pour se débrouiller.

Dans les annexes (*b*) on trouvera les propositions qui

(*a*) *Des effets de complaisance*, p. 39.
V. Dalloz, Rép. v°, Effets de commerce, n° 26 (note).
(*b*) V. p.

ont été faites aux conférences de l'Association pour la réforme et la codification du droit international, propositions en grande partie basées sur les règles allemandes. Il y a là une œuvre intelligente et utile qui n'a pas été déjà sans influence sur tout au moins une législation récente (*a*) et pour la réussite de laquelle on ne peut exprimer que les meilleurs souhaits. Il est curieux de remarquer que, vigoureusement soutenue par l'Angleterre, la Belgique, l'Allemagne, la Hollande, l'Italie et les Etats scandinaves, elle n'a pas encore trouvé, en France, tout l'appui auquel elle a droit.

Assimilation, c'est un grand mot et s'il ne s'agissait pas de la lettre de change c'est au risque d'être traité de rêveur qu'on le prononcerait, — mais ici l'assimilation est en train de se produire ; quelques efforts suffiront pour en accélérer la marche (*b*). Dans les législations du Danemark, de la Norvège et de la Suède l'assimilation est complète. On peut dire qu'il en est de même des lé-

(*a*) Le président de la Commission chargée de la rédaction définitive, le professeur Aubert, de Christiana, était un des membres du comité qui a rédigé les « principes » d'une loi uniforme proposés par l'Association lors de sa réunion en 1876, à Brême, et augmentés aux réunions d'Anvers (1877), et de Francfort-sur-Mein (1878). Ces 27 « principes, » dit M. Kirsebom, dans une traduction de la loi, publiée dans le compte-rendu des travaux de l'Association en 1881, ont été proposés par la Commission scandinave susmentionnée et ont été en majeure partie adoptés. En effet, on y trouve 22 de ces propositions reproduites presque textuellement. (V. Cohn. *Entwurf*, p. 7.)

(*b*) Sur ce sujet le *Zeitschrift für das gesammte Handelsrecht* vient de publier une intéressante étude due à la plume de M. Pappenheim de Berlin, vol. XXVIII, p. 509.

gislations allemande et autrichienne (*a*). Les lois hongroise (*b*) et suisse, (*c*) ainsi que la loi scandinave ne diffèrent de ces dernières que par des nuances. La loi italienne a adopté les principes qui forment la base des législations de ces six pays (*d*). La Russie semble vouloir en faire autant. La Belgique s'est rapprochée de cette base en plusieurs points très-importants (*e*).

L'Angleterre (*f*) a maintenant un code qui permet de penser qu'une assimilation ne serait pas un grand sacrifice de principes ni d'un coté ni d'un autre (*g*).

(*a*) La loi autrichienne n'est que le *Wechselordnung* allemand promulgué en Autriche et ce n'est que sous deux articles [art. 18 et 35], qu'il a été légèrement modifié par les dispositions réglementaires de promulgation (V. *Einführungsgesetz*, §§ 3 et 4.) Quant aux Novelles de Nuremberg, quoiqu'elles ne soient pas adoptées en Autriche, les principes qu'elles établissent y sont sauf une seule exception bien reconnus. V. p. sur les intérêts, et Pappenheim. *Zeitschrift für das Gesammte Handelsrecht*, vol. XXVIII, p. 519.

(*b*) V. sur les différences entre la loi allemande et la loi hongroise une notice par M. Ch. Lyon-Caen, dans l'*Annuaire de législation étrangère* de 1877, p. 383.

(*c*) Cette loi est en elle-même une assimilation. Les cantons de la Suisse pouvaient être divisés en trois groupes. Un de ces groupes suivait l'ancien droit allemand sur la lettre de change, un autre avait adopté les principes de la nouvelle loi et un troisième adhérait au code de commerce français ; une dizaine de cantons n'avaient pas de loi écrite sur cette matière.

(*d*) Cette loi constitue même une assimilation, car dans les provinces anciennement autrichiennes on avait laissé subsister la loi austro-allemande.

(*e*) V. *suprà*.

(*f*) On se rappelle que la nouvelle loi assimile les lois de l'Angleterre et de l'Ecosse.

(*g*) Il concorde avec la loi allemande sur beaucoup de points et les plus essentiels ; ainsi ces deux lois n'exigent ni l'une

Espérons qu'avant longtemps la France, qui n'a jamais été la dernière là où il s'agit de grandes et utiles idées s'associera à ces efforts et que sous peu, aidés par l'esprit utilitaire et l'élan de ce grand pays, ces vœux d'assimilation finiront par devenir universels, signe précurseur infaillible de leur réalisation.

ni l'autre 1° la remise de place à place; 2° l'indication de la valeur fournie; 3° la clause à ordre comme condition de négociabilité et elles admettent l'une et l'autre comme parfaitement valable l'endossement en blanc.

LA

LETTRE DE CHANGE

LE CHÈQUE

ET

LE BILLET A ORDRE

CHAPITRE PREMIER

Conditions et formes de la lettre de change.

Lettres intérieures et extérieures. — Le droit anglais distingue entre les lettres de change intérieures *(inland)* et les lettres de change extérieures *(foreign)*.

Une lettre de change tirée et payable dans les Iles Britanniques (*a*) ou tirée dans les Iles Britanniques sur quelqu'un y résidant est une lettre intérieure. Toute autre est extérieure. [art. 4] (*b*).

(*a*) Pour ce qui est compris dans les Iles Britanniques, voir l'art. 4 (1).

(*b*) Donc une lettre tirée à Londres sur un négociant à Paris et payable à l'ordre du tireur à Londres, ainsi qu'une lettre tirée à Londres sur quelqu'un qui réside en Angleterre et qui l'accepte payable à Paris sont des lettres intérieures.

Il suffit que la lettre se présente comme intérieure pour que la loi l'admette comme telle.

Si la lettre ne porte aucune indication constatant qu'elle est extérieure, le porteur peut la considérer comme lettre intérieure [art. 4 (2)].

L'intérêt de la distinction consiste en ce que le protêt *(protest for dishonour)* est indispensable [art. 51 (2)] (*a*), pour une lettre extérieure et ne l'est pas pour une lettre intérieure [art. 51 (2)] (*b*).

DÉFINITION ET CONDITIONS ESSENTIELLES. — Pour qu'un écrit jouisse du caractère de lettre de change, il faut que les conditions énoncées dans l'article suivant soient observées :

« Une lettre de change est un ordre pur et simple, en forme d'écrit, adressé par une personne à une autre, signé de celui qui le donne, et mandant à la personne à qui il est adressé de payer sur demande ou à une époque déterminée ou susceptible d'être déterminée, une somme certaine d'argent, soit à une personne désignée, ou à son ordre, soit au porteur [art. 3 (1)].

Il résulte de cet article que la lettre de change, pour valoir comme telle [art. 3 (2)], doit remplir sept conditions essentielles (*c*) :

1° Il doit y avoir un ordre de payer adressé par une personne à une autre.

(*a*) V. art. 93 et le chapitre sur le protêt.

(*b*) Aux Etats-Unis on fait une distinction analogue, en traitant les différents Etats comme étrangers. Ainsi, si le tireur et le tiré résident à Kentucky et que la lettre soit payable à la Nouvelle-Orléans, elle est extérieure; tandis que si elle est tirée à Kentucky sur un négociant de la Nouvelle-Orléans et payable à Kentucky, elle est intérieure. Daniel. *Negotiable Instruments*. Vol. I, p. 9.

(*c*) La présente abroge les dispositions de l'Act 48 Geo. 3, c. 88, qui prohibait l'émission de lettres inférieures à 20 sh. Dès lors une lettre peut donc être tirée pour quelque valeur que ce soit.

2° Cet ordre doit être pur et simple.

3° La lettre doit être écrite.

4° Elle doit être signée par celui qui donne l'ordre.

5° Elle doit mander à la personne à qui elle est adressée de payer une somme certaine et en numéraire.

6° Cette somme doit être payable soit à une personne désignée ou à son ordre, soit au porteur.

7° La lettre doit être payable soit sur demande, soit à une date déterminée ou susceptible d'être déterminée.

On remarquera que la loi anglaise ne considère comme essentielles, ni la mention de la date (*a*), ni celle de la valeur fournie (*b*), ni l'indication des lieux de la création (*c*) ou du payement [art. 3 (4) (c)] (*d*) et

(*a*) *Contra* : C. Com. français [art. 110]; C. Com. belge [art. 1]; loi allemande [art. 4 (6°)]; C. Com. italien [art. 251]; C. fédéral suisse [art. 722 (6°)]; loi scandinave [art. 1]; C. Com. hollandais, [art. 100]. On voit qu'aucune de ces lois n'a permis une telle liberté.

La proposition faite en ce sens lors de la préparation de la loi belge a été repoussée. Lyon-Caen et Renault, *Précis de droit commercial*, p. 556, note 5.

La loi allemande exige l'indication du mois et de l'année de l'émission de la lettre ; les lois scandinave et italienne requièrent la date (*tid*, *data*). Les lois suisse et hongroise ainsi que le projet russe suivent le système allemand. Il est à peine nécessaire de rappeler que d'après le C. Com. français, la lettre doit être *datée*. Le C. Com. belge n'a apporté à ceci aucun changement.

(*b*) *Sic :* loi allemande, C. fédéral suisse, loi scandinave. Les nouveaux C. Com. italien et belge ont eux aussi supprimé l'obligation d'exprimer la valeur fournie qui, au contraire, subsiste dans la loi hollandaise.

(*c*) Les lois allemande, scandinave, suisse et hongroise et le projet russe rendent obligatoire la mention du lieu de l'émission. Les lois française, belge et italienne se bornent à exiger que la lettre soit datée.

(*d*) *Contrà* : lois allemande, scandinave, suisse et hongroise.

qu'elle n'exige pas par conséquent la remise de place à place (*a*).

Toutefois si ces énonciations ne sont pas exigées, il est d'habitude de les insérer, et leur omission n'est pas à conseiller.

Ainsi, le droit anglais, quant aux conditions exigées

D'après la loi belge si la lettre n'énonce pas le lieu, elle est payable au domicile du tiré [art. 2]. La loi italienne aussi prévoit l'absence d'indication du lieu du payement [art. 253] et ainsi que le projet russe suit le système allemand ; dans l'absence de l'indication de ce lieu, c'est au lieu qui accompagne le nom du tiré que la lettre est payable, ou au lieu de l'émission s'il s'agit d'un billet à ordre [art. 8], disposition qui d'ailleurs peut être considérée comme sous entendue en droit français (Lyon-Caen et Renault, p. 555, note 1). Le projet russe prévoit aussi l'indication de plusieurs lieux. C'est en ce cas le premier lieu indiqué qui vaut [art. 8]. La question de pluralité des lieux de payement s'est présentée plusieurs fois en Allemagne et en Autriche. Le tribunal supérieur d'Autriche par une décision du 8 juillet 1862 adopta la solution consignée dans le projet russe, solution qui avait été adoptée aussi par le *Kammergericht* de Berlin le 14 mars 1855, mais le tribunal suprême de commerce de l'Allemagne le 27 septembre 1872 s'est prononcé au contraire contre la validité d'une lettre contenant l'indication de plusieurs lieux de payement, une telle indication n'étant pas conforme à cette condition de certitude, essentielle pour la lettre de change. V. sur ce point. Waechter *Encyclopœdie des Wechselrechts*. p. 423 et Rehbein, *Allg. deut.* W. O. p. 20.

(*a*) La remise de place à place est exigée par la loi française.

Le C. Com. belge l'a supprimée en adoptant la règle de la loi allemande qui ne l'exige pas; et cette règle a été suivie par le Code fédéral suisse et la loi scandinave. Le C. Com. italien abolit également par une mention spéciale la nécessité de la remise [art. 251, *in fine*].

Le C. Com. hollandais maintient le principe de la loi française [art. 100].

pour donner validité à la lettre, laisse toute la latitude possible, ne maintenant que les énonciations dont l'absence serait incompatible avec cette certitude qui est pour la lettre de change la base de son utilité dans le commerce comme effet négociable (*a*).

Cette certitude n'existerait pas si l'on pouvait la soumettre à des éventualités et des conditions susceptibles de ne pas se réaliser.

Examinons séparément chacune des conditions requises.

Il doit y avoir un ordre de payer adressé par une personne à une autre :

Une simple prière ne suffirait pas (*b*). Quant au tiré, il suffit qu'il soit nommé ou indiqué avec une certitude suffisante (*reasonable*) et ils peuvent même être deux ou plusieurs, qu'ils soient associés ou non.

Mais l'obligation de ces tirés ne doit pas être alternative ou successive, c'est-à-dire imposant le payement à l'un quelconque d'eux à défaut de l'autre (*c*), ou à l'un après l'autre. Ainsi les tirés étant A et B, il ne peut être dit que A ou B paiera; ou bien que B paiera s'il y a eu non paiement de la part de A.

Un tel ordre manquerait de certitude et par conséquent ne pourrait constituer une lettre valable comme telle [art. 6].

(*a*) La loi allemande [art. 4. (1)], ainsi que les législations qui l'ont prise pour base (par exemple : le C. fédéral suisse, C. Com. italien, la loi scandinave), exige qu'il y ait qualification de *lettre de change* exprimée dans la lettre même. Les rédacteurs de la loi belge n'ont pas cru utile d'adopter cette disposition.

(*b*) La forme anglaise est « *Pay to...* ».

(*c*) Il n'est pas besoin de faire remarquer qu'il ne s'agit pas ici du recommandataire, lequel n'est pas un tiré.

Si le tireur et le tiré sont la même personne (*a*), ou le tiré une personne fictive, ou incapable de contracter, le porteur peut, à son choix, se servir de l'effet soit comme lettre de change, soit comme billet à ordre [art. 5 (2)] et éviter ainsi dans le dernier cas toutes les formalités de la présentation à l'acceptation, de l'acceptation, du protêt, etc. [art. 89 (3)].

L'ordre de payer doit être pur et simple :

Il ne doit pas comporter de restriction, ni indiquer, par exemple, que le paiement doit se faire sur tels fonds spécialement désignés [art. 3 (3)] (*b*).

La lettre doit être écrite :

(*a*) D'après la loi allemande [art. 6], le tireur peut tirer la lettre sur lui-même, pourvu que les lieux de l'émission et de la création soient différents. De même dans la loi suisse [art. 724, 2e alinéa].

Les lois italienne, hollandaise et belge ne contiennent sur ce point aucune disposition.

D'après la loi scandinave [art. 2], la lettre payable par le tireur est considérée comme billet à ordre (*egen vexel*).

En droit français, l'effet où le tireur et le tiré sont la même personne ne peut valoir comme lettre de change, mais aurait quelque chose d'analogue avec le billet à domicile. Toutefois, on a décidé que la lettre peut être tirée sur un commis du tireur (Rouen, 20 août 1845, D. 46, 2, 108); ou sur une maison de commerce que le tireur aurait dans une autre ville, et qui serait gérée par un tiers (J. G. Effets de Com., 73). Sur ces deux derniers cas, *contrà* Lyon-Caen et Renault. *Précis de droit commercial*, p. 552 et notes.

(*b*) Reste néanmoins pur et simple un ordre qui en même temps indiquerait sur quels fonds le tiré doit se rembourser. Voir autres exemples, art. 3 (3).

V. aussi Smith. *Mercantile Law*. p. 202.

D'après sa définition le mot « écrite » (a) comprend imprimé et on peut ajouter qu'il a été décidé, quoiqu'un tel procédé puisse ne pas être sans danger, que la rédaction peut en être faite au crayon (b).

La lettre doit être signée par celui qui donne l'ordre :

En effet, personne ne se lie, ni comme tireur, ni comme endosseur ou accepteur qui ne la signe comme tel.

La loi ne donne aucune indication quant aux modalités de la signature. Elle ne prescrit que la simple signature du nom sans exiger la *sub*-scription (c).

La signature doit seulement être insérée sur la lettre et le tireur peut même signer son nom avant que la teneur de la lettre soit encore certaine. Ainsi, quand une simple signature en blanc est donnée sur une feuille de papier timbré, et celle-ci remise à une personne afin d'en permettre la conversion en une lettre de change, le signataire se trouve obligé pour toute somme qu'il plaira à cette personne de libeller sur la feuille, pourvu toutefois que son montant ne dépasse pas la valeur que la quotité du timbre apposé permet d'y insérer [art. 20 (1)].

La somme doit être certaine :

En d'autres termes il ne doit y avoir aucun doute quant

(a) V. art. 2.

(b) V. Chitty, *Bills*, p. 85. Byles, *Bills*, p. 77.

(c) La jurisprudence a même admis comme signature suffisante pour obliger le souscripteur d'un billet son nom écrit de sa main sans *sub*-scription. D'après cette décision, « *I, John Doe, promise to pay* » serait aussi valable que « *I promise to pay, John Doe.* » V. Chitty, *Bills*, p. 118. On peut ajouter que la jurisprudence permet au tireur de signer au crayon ou même en faisant une simple marque. *Op. cit.* p. 119.

au montant exact de la somme à payer. La nouvelle loi nous fournit un exemple de ce qui est certain et fait cesser toute controverse sur un point qui présentait autrefois quelques difficultés. Ainsi sont désormais considérés comme certains les paiements qui devraient être faits :

1° Avec intérêts (*a*).

2° Par fractions fixes (*b*).

(*a*) Loi allemande [art. 7]: la stipulation d'intérêts insérée dans une lettre de change est considérée comme non écrite.

En Autriche, la stipulation d'intérêts entraîne annulation de la lettre qui ne vaut plus comme telle. La disposition de la loi allemande est due aux Novelles de Nuremberg qui n'ont pas été adoptées en Autriche, quoique les principes y soient en vigueur sauf sur ce point spécial. Pappenheim, *Zeitschrift für das Gesammte Handelsrecht*, p. 509.

Le C. Com. italien [art. 254], la loi scandinave [art. 7] et le C. fédéral suisse [art. 725] sont conformes à la loi allemande; la stipulation d'intérêts y est considérée comme non écrite.

En droit français, une lettre de change peut contenir une stipulation d'intérêts sans réunion de ces intérêts au capital énoncé dans l'effet ; cette stipulation n'est pas contraire à la condition de l'indication précise de la somme à payer. (Req. 5 février 1868. D. 68, 1, 387).

Le projet russe [art. 12] rend non valables toutes stipulations d'intérêts ou de sommes pénales.

Les auteurs faisant autorité en Allemagne semblent plus ou moins divisés sur l'opportunité de la stipulation d'intérêts. V. Georg Cohn, *Entwurf*, p. 25. M. Georg Cohn lui-même est opposé à toute faculté de stipuler des intérêts (*op. cit.*) et, pour citer un des hommes les plus capables d'exprimer un avis précieux à ce sujet, quoique beaucoup de choses et d'idées soient changées depuis l'époque où il écrivait, Einert a dit que rien n'était si particulièrement opposé au caractère de la véritable lettre de change qu'une promesse de payer des intérêts sur la somme indiquée dans la lettre. V. aussi Blaschke *Oesterr. Wechselrecht*, p. 57.

(*b*) Cette faculté accordée par la loi anglaise ne se retrouve

3° Par fractions fixes avec clause qu'à défaut de paiement de l'une d'elles, le tout deviendrait exigible.

3° D'après un taux de change déterminé ou à déterminer selon les indications contenues dans la lettre elle-même.

Les intérêts stipulés dans une lettre à moins d'une énonciation contraire courent de la date de la lettre et, si elle n'est pas datée, du jour de son émission.

Si la somme est écrite en toutes lettres et en chiffres, en cas de différence on s'en tient à la somme écrite en toutes lettres [art. 9 (2)] (*a*). C'est une règle absolue

pas en général dans les autres législations. Ainsi la loi allemande porte [art. 4 (4)] par suite de l'introduction des Novelles de Nuremberg (V. Introduction), « l'échéance doit être « unique pour toute la somme indiquée en la lettre de « change » et cette disposition a été reproduite textuellement dans la loi scandinave [art. 3], le C. Com. italien [art. 252], le Code fédéral suisse [art. 722 (4)] et le projet russe [art. 6].

Cette solution avait été déjà adoptée aussi en Autriche par un décret du 21 octob. 1852 qui condamnait les lettres payables par fractions (*Raten wechsel*). La modification généralisée par les Novelles de Nuremberg a été depuis (2 nov. 1858), insérée dans la loi autrichienne sur la lettre de change.

(*a*) Il en est de même en droit allemand. L'art. 5 qui le constate en termes pareils ajoute toutefois que dans le cas où la somme est écrite plusieurs fois en toutes lettres ou plusieurs fois en chiffres on s'en tient à la somme la plus faible.

Dans les lois italienne [C. Com., art. 291] et scandinave [Art. 6], on s'en tient, en cas de différence entre la somme en chiffres et celle en lettres, à la somme la plus faible, solution qu'adopte aussi le projet russe [art. 7].

La loi suisse rend obligatoire la mention en toutes lettres.

En droit français, l'art. 110 exige simplement la mention de la somme à payer sans exiger qu'elle soit en lettres et en chiffres, et ne prévoit pas le désaccord dans les deux indications. V. Lyon-Caen et Renault, *Précis de droit commercial*, p. 557, notes 4 et 5.

et qui n'admet aucune preuve contraire; ainsi a-t-on indiqué en chiffres une somme supérieure à celle écrite en lettres, et a-t-on revêtu la lettre d'un timbre proportionnel correspondant à la somme en chiffres, on ne sera pas admis à prouver que la somme véritable est celle en chiffres (*a*).

Il a toutefois été décidé qu'on peut, pour combler une lacune évidente dans la somme en lettres, se reporter à celle écrite en chiffres. Par exemple, si la lettre est libellée « Payez à A, ou à son ordre Cent » et qu'en tête les chiffres indiquent de quelle valeur il s'agit, la lettre sera payable selon cette indication (*b*).

La somme doit être payable :

1° *au porteur* (*c*).
2° *à personne* (*d*) *désignée*.
3° *à personne désignée ou à son ordre*.

Sont payables au porteur, les lettres :
libellées « au porteur » [art. 8];
dont l'unique ou le dernier endossement est en blanc [art 8 et 34 (1)];
dont le preneur est fictif ou n'existe pas [art. 7].

Si une lettre n'est pas payable au porteur le preneur doit être nommé ou tout au moins indiqué avec une certitude suffisante [art. 7 (1)].

(*a*) V. Chitty, *Bills*, p. 432 et Chalmers, *Digest*, p. 13.

(*b*) Le droit américain reproduit les règles anglaises. Toutefois il y a un arrêt qui a décidé que l'omission de la mention en lettres, nonobstant l'indication en chiffres, rendait la lettre « fatalement nulle. » Daniel, *Negotiable instruments*, vol. I, p. 75.

(*c*) V. la définition de « porteur » art. 2. Seules les lois anglaise et des Etats-Unis permettent la création de lettres au porteur. V. toutefois l'endossement en blanc.

(*d*) On se rappelle que le mot « personne » comprend les personnes morales. Art. 2.

Contrairement à ce que nous avons vu pour le tiré, une lettre peut être libellée payable d'une manière alternative à une de deux ou bien à une ou quelques-unes de plusieurs personnes.

Elle peut être tirée au profit de deux ou plusieurs personnes conjointement ou au titulaire d'une fonction (*a*), comme tel [art. 7 (2)], au profit du tireur (*b*) et même du tiré (*c*) [art. 5 (1)].

Une lettre libellée payable à un individu sans la clause « à ordre » n'en est pas moins transférable et pour en interdire la négociation, il faut ajouter des mots indiquant cette intention [art. 8 (4)]. Que si, par exemple, on indique cette intention en écrivant « *pay to A B only,* » (Payez à A B seulement), la lettre est valable entre les parties contractantes mais ne peut être négociée (*d*).

L'alinéa 5 de l'article 8 prévoit le cas où une lettre se-

(*a*) V. Introduction.

(*b*) Il en est de même dans la loi allemande [art. 6]; le Code fédéral suisse [art. 724]; la loi belge [art. 1er, loi du 20 mai 1872]; C. Com. italien [art 255]; la loi scandinave [art. 2]; et le Code Com. hollandais [101]. En droit français, l'art. 110 permet au tireur de tirer la lettre à son ordre; mais celle-ci ne devient régulière que par l'endossement fait à un tiers.

(*c*) Il peut en effet arriver que le tiré ayant deux fonctions différentes il soit en même temps tiré et preneur. Dans un tel cas il est permis d'adresser la lettre « *pay to your own order* » (Payez à votre propre ordre).

(*d*) Ceci est nouveau. V. Introduction. En Amérique les mots « *or order* » ou autres analogues continuent d'être exigés pour donner à la lettre le caractère d'effet négociable, « puisque sans de tels mots rendant la lettre payable à A. ou à son ordre, ou au porteur, ou à A., ou ses cessionaires (*assigns*), le pouvoir de la transférer de façon à donner un droit d'action à l'endossataire contre les parties antérieures n'est pas accordé (*imparted*). Mais l'endossement donnerait le droit

rait libellée ou endossée payable à l'ordre d'une personne et non pas à elle ou à son ordre. Une telle lettre est payable au bénéficiaire ou à son ordre, à son choix.

La lettre doit être payable :

Sur demande.
A une date déterminée.
A une date susceptible d'être déterminée.

Est payable sur demande toute lettre :
sur demande;
à vue;
payable sur présentation;
ne portant aucune date pour le payement (a), ou bien acceptée ou endossée après l'échéance, vis-à-vis de ceux qui l'auraient acceptée ou endossée dans telles conditions [art. 10].

d'actionner le preneur. Daniel, *Negotiable instruments*, I, p. 92.

Le droit anglais dans cette matière en adoptant la règle écossaise (v. Introduction.), s'est rapproché du droit allemand [art. 9 et 16], et s'est écarté du droit français [art. 110]. Les nouvelles lois scandinave [art. 9], suisse [art. 127] et italienne [art. 257] ont adopté comme l'Angleterre la règle allemande et écossaise.

(*a*) *Sic*. C. Com. belge qui exige bien parmi les énonciations nécessaires de la lettre l'époque du paiement mais ajoute dans l'article suivant qu'une lettre qui n'indique pas cette époque est payable à vue [art. 2], disposition qu'a aussi adoptée la loi scandinave [art. 3 *in fine*], et qui figure dans le projet russe [art. 3. (5)].

M. Cohn qui, dans son étude sur le projet russe parle de cette innovation, l'approuve sans restriction : « *Quod sine die debetur, statim debetur* » *Entwurf*, p. 27.

Contrà. — Lois allemande [art. 4], suisse, italienne et hongroise qui ne permettent pas d'interpréter ainsi le défaut de date de payement.

En droit français, la question est controversée. V. Lyon-Caen et Renault, *Précis de droit commercial*, p. 559.

Est susceptible d'être déterminée :
un délai déterminé de vue ou de date ;
un délai déterminé, courant du jour de l'arrivée d'un événement spécifié qui doit se réaliser certainement bien que l'époque de sa réalisation soit incertaine (*a*).

Cette définition exclut le cas fortuit, si bien que même sa réalisation [art. 11] n'effacerait pas le vice originel de la lettre.

Il est permis au détenteur d'une lettre libellée payable à tant de délai de date, alors qu'elle ne porte mention d'aucune date, d'insérer la vraie date d'émission [art 12] (*b*).

Mais le détenteur, par erreur et de bonne foi, insère une date inexacte *(wrong)*: en ce cas et dans tous ceux où la date est inexacte, quand la lettre postérieurement passe entre les mains d'un détenteur régulier *(holder in due course)* (c), elle n'est pas par là même annulée, mais produit tous ses effets comme s'il n'y avait aucune erreur dans la mention de la date (*d*).

(*a*) En droit français, la lettre payable au décès d'un tiers ne vaudrait que comme simple promesse. Toulouse, 6 janvier 1827.

(*b*) Il en est de même pour l'acceptation d'une lettre de change libellée payable à un certain délai de vue [art. 12].

En droit allemand aussi la date de la lettre peut être insérée postérieurement à la création, pourvu qu'elle y soit au moment de la faire valoir. Waechter. *Encycl.*, p. 420.

(*c*) V. Introduction.

(*d*) Les erreurs dans la date n'enlèvent pas à la lettre sa validité, dit Waechter parlant du droit allemand (*Encycl.* p. 419). Hartmann fait remarquer sur ce même sujet que pour donner validité à la lettre, l'indication d'*une* date et d'*un* lieu est nécessaire. « Mais c'est la date écrite et non celle à laquelle l'émission a réellement eu lieu qui régit la lettre. » (*Deutsche Wechsel*-R. § 63).

De plus, il a été décidé que des indications contradictoires dans les dates d'émission et d'échéance annulaient la lettre. V. Borchardt, *Allg.* D. W. *O.* p. 61.

D'ailleurs la date que portent la lettre de change, l'acceptation ou un endossement est toujours présumée exacte [art. 13 (1)]; et alors même que la lettre de change est antidatée ou postdatée (*a*) ou datée d'un dimanche (*b*), elle n'en reste pas moins valable. [art. 13 (2)].

Il nous reste à parler de quelques dispositions rangées par la loi actuelle dans les formes et conditions de la lettre de change.

RECOMMANDATAIRE. — Le tireur ou un endosseur d'une lettre de change peut indiquer un recommandataire *(referee in case of need)* (*c*), à qui le détenteur a faculté de s'adresser en cas de refus d'acceptation ou de payement [art. 15 (1)].

CLAUSES : « SANS RECOURS, » « SANS FRAIS. » — Ils peuvent aussi insérer une stipulation dégageant ou limitant leur responsabilité envers le détenteur par l'emploi par exemple des mots « sans recours ou « *without recourse* » [art. 16 et 31 (5)] (*d*), ou dispensant le

(*a*) D'après le droit allemand aussi l'antidate et la postdate ne portent pas atteinte à la validité de la lettre. Waechter, *Encycl.* p. 420.

(*b*) D'après la loi de Charles II (29 Car. II, c. 7), aucun commerçant, ouvrier ou autre personne ne doit se livrer à son travail habituel le dimanche (sauf dans les cas d'urgence, ou quand il s'agit d'œuvres de charité). La nouvelle loi ne change en rien cette disposition, de telle sorte qu'une lettre de change donnée à la suite d'un engagement contracté en contravention du statut de Charles II demeurerait nulle entre les parties immédiates et la nullité pourrait être également opposée à celui qui l'aurait prise nonobstant notification à lui faite du vice qui l'affecte (Chitty, *Bills*, p. 69).

(*c*) V. le chapitre sur l'intervention et le besoin.

(*d*) En allemand « *ohne obligo.* » La loi all. dans l'art. 14

détenteur de l'accomplissement de quelques formalités par l'addition des mots « sans frais » [art. 16 (2)] (*a*).

CAS OU IL N'Y A PAS LETTRE DE CHANGE. — Les articles 6 (2) et 11 (2) disent, le premier, qu'une lettre ne peut être tirée sur deux ou plusieurs personnes pour n'être présentée à la deuxième qu'à défaut de paiement par la première; le second, qu'on ne peut subordonner le paiement à l'arrivée d'un cas fortuit. Dans ces deux cas, il n'y a pas lettre de change.

Pas de lettre encore si on ne s'est pas conformé aux prescriptions de l'article 3 (1).

Mais cet écrit qui ne peut valoir comme lettre a-t-il cependant quelque valeur? La loi ne le dit pas. On rentre en effet dans le droit commun, et on se trouve en présence d'une simple cession civile (*equitable assignment*) (*b*).

OMISSIONS. — Que l'écrit soit, à sa création, conditionnel, ou ordonne que le paiement sera fait en autre chose qu'en numéraire, il ne peut valoir comme lettre de change, et aucun événement postérieur ne pourra lui donner un pareil caractère. Il n'en est pas de même de l'omission. Tant qu'elle existe, il est vrai, la lettre est irrégulière et incomplète, mais l'article 20 *in fine* autorise expressément celui qui est en possession d'une lettre à réparer, comme il le juge convenable, l'omission qu'elle pourrait contenir (*c*).

reconnaît la mention de cette clause par l'endosseur. La validité de son insertion par le tireur est contestée.

(*a*) On se sert souvent de mots français dans les lettres de change; comme « au besoin, » « sans frais, » « sans recours. »

(*b*) V. Snell, *Equity*, p. 94, qui donne de longues explications sur l'*equitable assignment*.

(*c*) Quant à l'omission de la date, v. art. 12.

Bien plus, s'il y a simple signature donnée sur une feuille en blanc de papier timbré, on est autorisé par le même article 20 à libeller cette feuille jusqu'à concurrence de la somme pour laquelle le timbre est valable.

Toutefois, pour lier une personne qui est devenue partie à la lettre alors qu'elle contenait quelque omission, il faut que celle-ci soit réparée dans un délai raisonnable *(reasonable)* (*a*), et en stricte conformité avec les pouvoirs accordés [art. 20 (2)], pouvoirs qui semblent résulter et du blanc-seing donné et de l'apposition du timbre.

DÉLIVRANCE. — La dernière formalité dont traite notre loi est la délivrance (*b*). Jusqu'à délivrance de la lettre par le tireur, l'accepteur ou l'endosseur, l'obligation que contracte chacun d'eux reste imparfaite et révocable [art. 21 (1)] (*c*).

Il a même été décidé que si un effet a été endossé par un *de cujus*, mais n'est délivré qu'après sa mort par son représentant testamentaire, il ne confère aucun droit à la personne à qui ce *de cujus* l'avait endossé (*d*).

Toutefois et spécialement quant à l'acceptation, celle-ci est parfaite et valable et lie l'accepteur quand, par avis émanant de lui, elle est portée à la connaissance du

(*a*) V. Introduction.

(*b*) La délivrance, en anglais *delivery*, n'est que la tradition du droit romain. C'est la translation de la possession qui peut consister en une délivrance réelle (*traditio vera*), ou en une délivrance fictive (*traditio ficta*). On appelle cette dernière *Constructive delivery* (*a constructione juris*).

(*c*) La loi anglaise et le projet russe paraissent seuls contenir cette utile disposition. Le projet russe porte : « La lettre « a force comme telle à partir du moment où le tireur la dé- « livre au preneur » [art. 15]. V. Cohn, *Entwurf*. p. 31.

(*d*) Bromage c. Lloyd. L. R. 1 Ex. 32. V. aussi Chitty, *Bills*, p. 153 et 159.

détenteur [art. 21 (1)]. Dans cette dernière disposition, la loi semble indiquer jusqu'où peut aller la *constructive delivery*.

Mais contre cette nécessité de la remise dont l'absence rend imparfaite la négociation de l'effet, le détenteur régulier qui a la lettre entre les mains est protégé par la présomption de droit absolue que la remise a été valablement faite, obligeant toutes les parties qui le précèdent. S'agit-il de tout autre qu'un détenteur régulier, cette présomption n'existe plus (*a*).

(*a*) V. art. 21 (2) et (3), pour plus de détails.

CHAPITRE II

De la capacité (*a*).

Toute personne qui peut s'obliger par contrat a capacité pour s'engager par lettre de change [art. 22] (*b*).

Les personnes réelles ou morales qui sont frappées d'incapacité, soit absolue, soit partielle sont :

les mineurs ;
les personnes non saines d'esprit et en état d'ivresse ;
les personnes condamnées à des peines criminelles ;
les mandataires ;
les corporations (sociétés) ;
les associés (*c*).

(*a*) Le titre complet de ce chapitre est « *Capacity and Authority of Parties.* » M. Chalmers qui fut chargé de la première rédaction du projet explique dans son *Digest,* p. 56, que *Capacity* veut dire pouvoir de contracter en vue de s'obliger soi-même ; *authority*, faculté d'obliger un tiers. La capacité de contracter est créée par la loi ; l'*authority* résulte du fait des parties elles-mêmes.

(*b*) L'article est conçu en termes encore plus compréhensifs.

(*c*) Certaines législations établissent des incapacités spéciales. Ainsi, en Autriche, les officiers en activité de service ou retraités, et les soldats de l'armée active, avec quelques distinctions, sont incapables de tirer des lettres de change. V. Blaschke. *Œster. W. O.*, p. 99.

Autrefois, c'est-à-dire avant la loi sur la naturalisation de 1870 (*a*), les étrangers ennemis devaient être rangés parmi les incapables. Cette loi a fait disparaître cette incapacité.

Quant aux femmes mariées (*b*), désormais elles sont

Rappelons que dans l'ancien droit français tout négoce était interdit aux ecclésiastiques.

Sous l'empire du code, un ecclésiastique peut-il faire le commerce? V. Dalloz, J. G. v° *Culte*, n° 122.

(*a*) 33 et 34. Vict. c. 14.

(*b*) Comp. C. Com. français [art. 45 et 113].

En droit allemand, la capacité de la femme est réglée par les lois particulières à chaque Etat.

C'est ainsi que le droit prussien exige l'autorisation du mari, tandis que d'après le droit commun allemand, la femme mariée est capable de s'engager sans autorisation. (Rehbein. *Allg. Deutsche.* W. O., p. 10.)

Quant à la femme marchande, d'après le C. Com. allemand [art. 7, 8 et 9], elle ne peut le devenir sans le consentement exprès ou tacite de son mari; et dès lors, elle engage les biens de la communauté.

V. aussi à ce sujet les observations de Borchardt, *Allg. D. W. O.*, p. 15.

Les autres législations sont plus ou moins analogues aux lois française et allemande. V. pour la Suisse: Code fédéral des Obligations [art. 34-35], et la loi fédérale sur la Capacité civile [art. 7]. — Italie: C. civ. [art. 134-135], et C. Com. [art. 13 et 14]. — Pays-Bas: C. civ. [art. 168].

Aux Etats-Unis, la capacité contractuelle de la femme mariée est réglée soit par les lois particulières à chaque Etat, soit, dans l'absence d'une loi spéciale, par l'ancien droit coutumier anglais.

En Russie, dit M. Zézas, chaque époux a la libre disposition de ses biens personnels, sans avoir besoin du concours ou du consentement ou de la procuration de son conjoint. Il existe une restriction à ce principe: la femme commerçante, mais dont le commerce n'est pas exclusivement géré par elle, ne peut souscrire des lettres de change sans y avoir été spéciale-

3.

presque sur le pied d'égalité avec les hommes. On peut dire en thèse générale que leur incapacité au point de vue commercial, sauf certaines restrictions relativement aux droits acquis indiquées dans l'introduction de cet ouvrage, n'existe plus à partir du 1er janvier 1883 (*a*).

Reprenons avec quelques détails les incapacités absolues ou partielles, dans l'ordre où nous les avons indiquées (*b*).

MINEURS. — La loi de 1874 (*c*) qui est toujours en vigueur déclare absolument nuls tous les contrats des mineurs de 21 ans (*d*) pour le paiement d'argent déjà prêté ou à être prêté ou pour les marchandises fournies ou à être fournies (excepté quand il s'agit de choses nécessaires au besoin de la vie) (*e*) — cela sans qu'ils

ment autorisée par son mari. (*Études historiques sur la législation russe*, p. 232.

Le projet russe ne fait que reproduire l'article 1er de la loi allemande, qui est d'ailleurs conforme à l'art. 22 (1) de la loi anglaise.

(*a*) V. Introduction.

(*b*) On aura remarqué qu'il n'est pas question des interdits. C'est qu'en effet, l'interdiction n'existe pas en Angleterre.

(*c*) *An Act to amend the law as to contracts of infants*, 37 et 38 Vict. c. 62 (7 août 1874).

(*d*) En Autriche la majorité est fixée à 24 ans, en Espagne, à 25 ans.

(*e*) *Necessaries*. Les choses d'un caractère purement et simplement de luxe ne sont pas *necessaries*. Sont *necessaries* des articles achetés par un mineur « à l'effet de se maintenir d'une façon convenable dans sa position et son rang. » (Peters c. Fleming. Meeson et Welsby's Reports.) Une paire de solitaires ornée de joyaux et d'une valeur de 25 l. st. et un gobelet antique de 15 l. 15 sh. ne sont pas des choses nécessaires pour un mineur, recevant de son père, un *baronet*, une somme annuelle de 500 livres (Ryder c. Wombwell. 3 Ex. 90 ; 4 Ex. 32).

puissent même être ratifiés par le mineur devenu majeur (*a*).

Néanmoins et quoique en général le mineur soit incapable de s'obliger par contrat et conséquemment par lettres de change, il tire et endosse valablement une lettre de change dont le détenteur pourra exiger l'exécution de toute autre partie que le mineur [art. 22 (2)].

PERSONNES NON SAINES D'ESPRIT OU EN ÉTAT D'IVRESSE. — La non-sanité d'esprit ne constitue pas un moyen de défense absolu. Ainsi un aliéné (*b*) s'oblige pour toute dette contractée pour fournitures d'objets nécessaires (*c*), et en rapport avec sa position et son rang, pourvu qu'on n'ait pas abusé de sa faiblesse d'esprit.

Il s'oblige même pour fournitures d'objets qui ne lui seraient pas nécessaires, si l'autre partie contractante ignorait son état d'incapacité et avait agi de bonne foi.

Les actes d'une personne non saine d'esprit pendant un intervalle lucide sont valables.

La raison qui fait refuser à une personne non saine d'esprit la capacité de s'obliger par contrat existe également chez celle en état d'ivresse et le contrat fait par elle dans un tel état qu'elle ne puisse com-

(*a*) Le droit anglais n'admet pas le principe de l'art. 1311. C. civ. français, ni d'ailleurs l'application de la règle : *Restituitur minor non tanquam minor sed tanquam læsus*, conservée dans l'art. 1312 du même Code.

En Allemagne, on admet comme en France la ratification à la majorité. V. Rebbein. *Allg. D. W. O.* p. 9.

L'émancipation n'existe pas en Angleterre.

(*b*) Le mot employé pour désigner les aliénés et les imbéciles, comprend tous les deux. C'est « *persons of unsound mind.* »

(*c*) *Necessaries*, V. *supra*.

prendre la véritable nature de ses actes est annulable. Elle peut toujours le ratifier en recouvrant la possession de ses facultés (*a*).

Personnes frappées de peines criminelles. — Une personne condamnée pour un crime (*treason or felony*) ne peut, pendant la durée de sa condamnation, contracter valablement. Elle ne peut non plus ester en justice pour obliger un tiers à l'exécution d'un contrat fait antérieurement à sa condamnation, excepté par l'intermédiaire d'un curateur (*administrator*) nommé à cet effet par la justice.

Mandataires. — C'est un principe général du droit anglais que celui qui a capacité pour faire une chose a capacité pour la faire faire par un mandataire (*b*) Ainsi même un mineur peut apposer sa signature par procuration (*c*).

Le mandataire doit agir dans les limites exactes de son mandat. [Art. 25]. L'autorisation pour tirer n'implique donc aucunement l'autorisation pour endosser et quoique l'acceptation d'une lettre de change tirée par procuration constitue une ratification de l'autorisation de tirer, elle ne concède aucune autorisation d'endosser, même quand cet endossement figurait sur la lettre de change au moment de l'acceptation (*d*).

(*a*) Voir le procès de Matthews, c. Baxter. L. R., 8 Ex. 132. Anson, *Contract*, p. 114. Chitty, *Contract*, 136, 137.

(*b*) V. art. 91.

(*c*) V. art. 1990. C. civ. français. Le mandat peut être donné à un mineur, même non émancipé, et le mandataire est tenu d'exécuter le contrat ainsi passé De même, la femme mariée peut être mandataire sans l'autorisation de son mari. Dalloz, *J. G.* v° *Mandat*, n° 63. — V. aussi dans le même sens, Domenget, *Du mandat, de la commission et de la gestion d'affaires*, n° 228.

(*d*) Chitty, *Bills*, p. 28.

Aussi quand il s'agit d'une autorisation tacite, les tribunaux requièrent-ils que preuve en soit faite d'une manière évidente. Il faut, par exemple, plusieurs ratifications tacites du mandant et que ces ratifications s'appliquent au même genre de transactions (*a*).

L'autorisation continue à lier le mandant jusqu'à ce que la révocation du mandat ait été notifiée au commerce c'est-à-dire par annonce dans le journal officiel (*Gazette*) et individuellement à tous les correspondants.

Si une personne se donnant comme mandataire de quelqu'un signe une lettre de change sans autorisation, elle n'est pas responsable comme signataire, quoiqu'elle ait été coupable de dol, mais elle pourrait être actionnée en dommages-intérêts (*b*). Toutefois si le commettant prétendu n'a aucune existence le soi-disant mandataire est personnellement obligé (*c*).

(*a*) V. Chitty. *Bills*, p. 30.

(*b*) Roscoe. *Evidence*, p. 93. Lewis c. Nicholson 18, Queen's, Bench Reports, 503.

Les décisions des tribunaux américains ne sont pas uniformes, tantôt rendant le soi-disant mandataire responsable, tantôt suivant le système anglais qui d'ailleurs semble être accepté par la doctrine, comme étant le plus juste. (Daniel. *Negotiable instruments*, vol. Ier, p. 252.)

La loi allemande [art. 95] dispose expressément que celui qui signe en qualité de mandataire, sans avoir mandat, est tenu personnellement, comme l'aurait été le prétendu mandant, si le mandat avait été réel.

Cette disposition de la loi allemande qui a été suivie par le le Code fédéral suisse [art. 821] et le projet russe [art. 142], ne figure point dans les lois scandinave et italienne.

(*c*) Kelner c Baxter. L. R. 2 C. P. 174, et Roscoe. *Evidence*, p. 93.

En droit français d'après un arrêt de la cour de Limoges, du 20 juillet 1837, lorsqu'une lettre a été tirée en vertu d'un mandat spécial, le mandant est lié seul, pourvu que, dans la traite

L'article 23 dispose que personne n'est responsable comme tireur, endosseur ou accepteur d'une lettre de change qui ne l'a pas signée comme tel.

Lisons cette article dans la forme affirmative. Une personne est responsable comme tireur, etc., d'une lettre de change qui l'a signée comme tel. Ainsi un mandataire ne devrait pas signer de son seul nom. Il devrait signer de façon à faire ressortir son caractère de mandataire et indiquer suffisamment son commettant, par exemple A étant le mandataire de B : « *A for B,* » ou « *B per A*, » ou « *B per procuration A* » (*a*).

Corporations (*b*). — « Rien, » dit l'article 22, « dans cet article n'habilitera une corporation à s'engager comme tireur, accepteur ou endosseur d'une lettre de change, à moins qu'elle n'en soit rendue capable par les

même, le mandataire ait tiré au nom du mandant et qu'il y ait un mandant sérieux. Ainsi, l'individu constitué caissier d'une compagnie qui n'a pas d'existence réelle, est personnellement responsable des effets qu'il a souscrits, en vertu du mandat exprès que lui a conféré le soi-disant gérant de cette prétendue compagnie. Mais si le mandant est réel et connu, et non pas un être imaginaire, le mandataire de bonne foi n'est pas obligé. V. D. J. G. Effets de commerce, n° 159.

(*a*) L'article 26 met en garde contre une simple signature, même suivie de la seule addition des mots exprimant que le mandataire agit comme tel, sans indication de son commettant. Ainsi, A tire une lettre et la signe « *J A, agent,* » il est seul lié comme tireur et son commettant ne l'est pas.

La théorie est la même dans le droit des Etats-Unis. Si, dit Daniel, le mandataire signe un billet de son propre nom, et ne révèle pas de commettant, il est lié personnellement. *Negotiable Instruments.* Vol. I, p. 250.

(*b*) « *Corporation* » signifie ici toute espèce de société excepté la société en nom collectif.

lois en vigueur relativement aux corporations (*a*). »

D'après le droit coutumier, les corporations n'ont capacité pour faire un contrat valable que par acte solennel (*deed*) (*b*) et puisque les actes solennels ne sont pas susceptibles d'être négociés, un des éléments essentiels de la lettre de change manque. « Sans autorisation expresse ou tacite, une corporation n'a pas capacité pour tirer, endosser ou accepter des lettres de change ou des billets » (*c*).

Lorsque la capacité d'émettre des lettres de change n'est pas accordée par les statuts en termes exprès, une jurisprudence à peu près constante tend à admettre qu'une corporation peut émettre des lettres de change si ses statuts, interprétés d'une façon raisonnable, semblent l'y autoriser ou si ses opérations sont telles qu'on ne pourrait se dispenser de l'emploi de lettres de change, sans abandonner les voies ordinaires du commerce (*d*).

La loi sur les sociétés par action, de 1862, dans l'article 47, dit :

« Un billet ou une lettre de change sont censés tirés, acceptés ou endossés pour une société, s'ils sont tirés, acceptés ou endossés au nom ou pour le compte de cette

(*a*) V. art. 97 (3).

(*b*) Un *deed* correspond plus ou moins à l'acte authentique du droit français.

(*c*) Byles. p. 69. Voir aussi le procès de Bateman, c. Mid-Wales Railway Company dans lequel il fut décidé qu'une société fondée de la façon ordinaire, pour la création et l'exploitation d'un chemin de fer, n'a pas capacité pour tirer, accepter ou endosser des lettres de change. L. R. 1, C. P. 499.

(*d*) Voir Buckley, *Companies Acts*, art. 47, notes, et General Estates Company, *ex parte* City Bank, L. R. 3, Ch. 768 et 762, et Peruvian Railway Co. c. Thames etc. Insurance Co. L. R. 2 Ch. ap. 617.

société par une personne agissant sous l'autorité de cette société. »

D'ailleurs, comme nous l'avons fait remarquer en traitant des mandataires, il faut bien faire ressortir qu'on a signé non pour soi, mais pour la société (*a*).

Enfin, dans le cas d'une corporation incapable de s'obliger par lettres de change, le détenteur d'une lettre de change tirée ou endossée par cette corporation peut toujours en exiger l'exécution des tierces parties [art. 22 (2)] (*b*).

Lorsqu'une signature est requise par la loi, il suffit d'employer le sceau de la corporation [art. 91 (2)].

Associés. — Il nous reste à traiter de la capacité d'un associé en nom collectif pour tirer une lettre de change engageant la société. Il faut distinguer entre les sociétés dont le but est le commerce et les sociétés qui ont un autre objet comme, par exemple, les sociétés minières, agricoles, de gaz. Une lettre de change, tirée par un associé dans une telle société, ne lie pas les autres associés sans leur autorisation expresse ou tacite et ils pourraient la répudier (*c*). Autre est le cas d'une société pour faire le commerce. D'après la loi marchande, si un associé tire, accepte ou endosse une lettre de change ou un billet au nom et pour le compte de la société, celle-ci

(*a*) V. le procès Dutton, c. Marsh. (L. R. 6. Q. B. 361), où quatre administrateurs d'une société par actions ont commencé un billet à ordre par « *We the directors of the...* » et ont employé le sceau social. Il a été décidé qu'il n'y avait là aucune indication les dégageant de toute responsabilité, et que dès lors ils étaient tenus personnellement.

On voit combien il est nécessaire d'indiquer bien distinctement sa qualité de mandataire.

(*b*) C'est la même théorie que dans le cas d'une lettre tirée ou endossée par un mineur.

(*c*) V. Chitty. *Bills*, p. 39.

est rendue responsable envers un détenteur de bonne foi, quoique cette lettre de change ou ce billet n'ait aucun rapport avec le commerce social et quoique les autres associés aient ignoré le fait ou même aient été victimes du dol de leur co-associé (*a*). Néanmoins, la société n'est pas engagée par une lettre de change adressée à *un seul associé*, bien que celui-ci l'ait acceptée au nom de la société. Ceci n'est que la conséquence logique du principe que seul avec l'accepteur par intervention le tiré peut accepter (*b*). Aussi, au cas de dol, c'est-à-dire au cas de collusion entre le détenteur qui dès lors n'est pas régulier et l'associé qui agit en dehors de ses pouvoirs et pour son seul gain, les co-associés peuvent repousser la présomption de leur responsabilité (*c*).

Lorsque par leurs statuts, les associés se sont interdit le droit d'émettre des lettres de change ou des billets, le détenteur quoique ignorant l'existence de cette disposition statutaire ou l'excès de pouvoir commis par l'associé émetteur, serait néanmoins obligé de prouver qu'il a reçu la lettre de change ou le billet contre valeur donnée (*d*).

Quant à la nouvelle loi, elle ne parle de l'associé, en nom collectif, que dans un alinéa. Voici cet alinéa [art. 23 (2)].

« La signature sous la raison sociale vaut signature de tous les noms de ceux engagés comme associés sous cette raison (*e*). »

(*a*) V. Chitty. *Bills*, p. 36.
(*b*) V. Chitty. *Bills*, p. 37.
(*c*) V. Chitty. *Bills*, p. 40.
(*d*) V. Chitty. *Bills*, p. 40.
(*e*) Comp. art. 22, C. com. français. D'après cet article, le gérant d'une société en nom collectif qui contracte sous la raison sociale oblige la société, cela alors même qu'il n'agirait pas dans l'intérêt social, à moins que dans ce dernier cas, il n'y

C'est une dérogation au principe posé dans ce même article que personne n'est responsable comme tireur, endosseur ou accepteur d'une lettre qui ne l'a pas signée comme tel.

Nom commercial. — Il y a en quelque sorte une seconde dérogation à ce principe quand on signe sous un nom commercial ou supposé (*trade or assumed name*), et la responsabilité est alors la même que si on avait signé de son propre nom [art. 23 (1)] (*a*).

Effets du défaut de capacité des parties. — Les articles 5 (2) et 22 (2) parlent des effets des signatures données par des personnes incapables.

ait mauvaise foi évidente de la part des tiers. Cass. 11 mai 1836, 22 avril 1845, 7 mai 1851 et 21 février 1860.

D'autre part, il n'est pas nécessaire pour lier la société que le gérant signe de la raison sociale.

Quid du cas où l'engagement est contracté par un associé non gérant. V. Lyon-Caen et Renault. *Précis du droit commercial*, p. 161.

C. com. allemand, art. 114. Chaque associé ayant qualité pour représenter la société a le droit de faire toutes les affaires et actes de toute nature au nom de la société... La société acquiert les droits et contracte les obligations résultant des actes que fait en son nom un associé ayant qualité pour la représenter ; peu importe d'ailleurs que l'acte ait été expressément fait au nom de la société ou qu'il résulte des circonstances que d'après la volonté des contractants, il ait été fait pour la société. V. l'art 111 du même code.

V. aussi l'ouvrage de M. Deloison, *Traité des Sociétés commerciales françaises et étrangères*, vol. I, p. 281.

(*a*) Il arrive souvent qu'un commerçant traite sous un nom supposé ou commercial, tel que A. B et Cie, alors même qu'il est tout seul. En signant ainsi, il est personnellement responsable et peut être poursuivi soit sous le nom commercial, soit sous son propre nom.

L'article 5 (2) assimile le tiré qui est incapable au tiré qui est personne fictive et à celui qui est en même temps tireur et donne au détenteur le droit de considérer l'effet soit comme lettre de change, soit comme billet à ordre (*a*).

Aussi, d'après l'article 22 (2), lorsque la lettre est tirée ou endossée par un mineur ou par une corporation n'ayant aucune capacité de s'obliger, cela n'empêche pas les autres signataires d'être obligés (*b*), et la lettre nonobstant l'incapacité de son émetteur n'en reste pas moins valablement créée vis-à-vis des parties subséquentes.

Le simple fait qu'un mineur s'est présenté à tort

(*a*) V. le chapitre sur la forme de la lettre.

(*b*) Cette disposition est conforme à la règle suivie dans la plupart des législations du continent. V. loi allemande [art. 3] le code fédéral suisse [art. 721], et la loi hongroise [art. 2]. La loi scandinave [art. 88], et le C. Com. italien [art. 327] ainsi que le projet russe [art. 143], traitent cette question en même temps que celle du faux dans les signatures et assimilent à cet égard les signatures fausses à celle donnée par un incapable. V. le ch. sur les signatures fausses.

Le droit français adopte, en ce qui concerne le mineur non-commerçant, une solution analogue à celle de la loi anglaise, quand il figure comme endosseur ou accepteur; mais si le mineur a lui-même tiré la lettre, la nullité dont elle est frappée ne lui permet plus de produire le moindre effet entre qui que ce soit (Bédarride, *Lettre de change*, vol. I, p. 171).

Il faut reconnaître que ce dernier système est très-logique, mais que, d'autre part, celui admis par les autres législations protège d'une manière plus efficace les droits des tiers détenteurs.

Il ne s'agit ici, bien entendu, que du mineur non-commerçant; car en vertu de l'art. 1308, C. Civ., le mineur commerçant n'est point restituable contre les engagements qu'il a pris à raison de son commerce. Pour ce qu'on doit entendre par mineur commerçant, v. art. 2, C. Com.

comme majeur et dans l'intention de tromper, ne l'empêche pas de se prévaloir de son incapacité (a). Ainsi, un mineur avait obtenu un bail d'un appartement meublé en se donnant pour majeur. Il a été décidé (b) que le mineur n'était pas tenu de payer les loyers, bien qu'il eût occupé les locaux.

(a) Idem, en droit français, V. Lyon-Caen et Renault, *Précis du droit commercial*, p. 87, — et en droit allemand, V. Waechter, *Encycl.* p. 447.

(b) Lemprière c. Lange. L. R. 12 Ch. Div. 675.

CHAPITRE III

De la cause.

Toute cause de valeur suffisante pour former un contrat simple suffit comme cause d'une lettre de change [art. 27].

CAUSE DE VALEUR. — La loi parle de cause de valeur. C'est qu'en droit anglais la bienfaisance n'est pas une cause suffisante et que les seules causes qui peuvent donner validité à un contrat sont celles qui ont un caractère onéreux (*a*).

(*a*) Il serait donc trop de dire en droit anglais que « la cause est dans l'intérêt réciproque des parties ou dans la bienfaisance de l'une d'elles » (Bigot-Préameneu, *Exposé des motifs*), ou que dans les contrats intéressés, la cause de l'engagement que contracte l'une des parties est ce que l'autre partie lui donne, ou s'engage à lui donner, ou le risque dont elle se charge, et que dans les contrats de bienfaisance, la libéralité que l'une des parties veut exercer envers l'autre est une cause suffisante de l'engagement qu'elle contracte envers elle ; mais on pourrait dire en se basant sur cette définition de Pothier qu'en tout contrat simple la cause de l'engagement que contracte l'une des parties est ce que l'autre partie lui donne ou s'engage à lui donner, ou le risque dont elle se charge, et que sans une telle cause le contrat n'aurait aucune force obligatoire. Quant au contrat de bienfaisance, il n'entraînerait pas d'obligation parce qu'il y manque le *quid pro quo* donné, ou risque dont on s'est chargé. Donnons maintenant la définition anglaise « une cause suffisante peut consister soit dans un droit ou

4

CONTRAT SIMPLE. — En ce qui concerne la signification du terme « contrat simple, » il faut savoir qu'en droit anglais les engagements contractuels sont rangés en trois classes : contrats résultant de jugements, aveux et cautionnements; contrats par acte solennel *(deed)*; et contrats simples.

Le lien qui, dans le contrat par acte solennel, résulte de sa solennité, est remplacé dans le contrat simple par la cause de valeur, la « *consideration.* »

POSITION EXCEPTIONNELLE DE LA LETTRE DE CHANGE. — Mais il y a entre le contrat simple en général et la lettre de change comme forme de contrat simple une différence très-importante. Cette différence consiste en ce que, contrairement à ce qui est exigé pour les contrats simples en général, on présume, jusqu'à preuves

intérêt accordés, soit dans un profit ou bénéfice reçus par une des parties, soit en quelque abstention, détriment, perte ou responsabilité subis par l'autre. » (Currie c. Misa. L. R. 10 Ex. 162).

Enfin un contrat, pour se servir de la définition du code civil, étant une convention par laquelle une ou plusieurs personnes s'obligent envers une ou plusieurs autres à donner, à faire ou à ne pas faire quelque chose, la cause ou « *consideration* » est la compensation, l'abstention subie ou le bénéfice accordé en considération des choses promises en vertu du contrat; par suite la gratitude ou la bienfaisance, la parenté ou l'affection naturelle ne sont pas reconnues par la loi anglaise comme cause suffisante.

La loi sur le contrat pour les Indes Orientales entrée en vigueur le 1er sept 1872, il est intéressant de le remarquer, reconnait au contraire des promesses faites en considération de l'affection lorsque les parties sont de proches parents pourvu que ces promesses soient par écrit et enregistrées. [Art. 25]. Voir à ce sujet Cunningham et Shepherd, *The Indian Contract Act.* p. 115 et s.

contraires, l'existence d'une cause de valeur dans une lettre de change [art. 30] (*a*).

La cause doit être licite. — La cause doit toutefois être licite. Elle ne doit pas être contraire aux bonnes mœurs, comme le serait le loyer d'une maison ou d'une voiture (*b*) qui, au su du bailleur, serait destinée à un usage immoral ou encore la publication d'un livre immoral, indécent ou diffamatoire. Elle ne doit pas non plus être contraire à l'ordre public; y serait contraire un contrat qui, par exemple, aurait pour but d'arrêter l'exercice de l'action publique, cela même en matières de douanes et de contributions indirectes (*c*).

Ne sont non plus licites une dette de jeu, et la renonciation générale à exercer un commerce (*d*).

Toute lettre de change qui aurait une cause illicite serait nulle entre les parties premières à cet écrit (*e*) et si dans l'action il est admis ou prouvé que l'acceptation,

(*a*) Comme nous l'avons indiqué dans l'introduction le droit allemand, d'après les juristes allemands les plus distingués, n'exige nullement l'existence d'une cause. Ainsi, dit Renaud, *Lehrbuch des Allg. deutschen Wechselrechts* (§ 10) : la « promesse contenue dans une lettre de change est une « promesse de payer une somme d'argent dont la forme rem- « place la nécessité d'une *causa debendi* matérielle et qu'on « ne peut faire prévaloir qu'en vertu de l'acte de change « (*Wechselurkunde*). »

Liebe, *Entwurf einer Wechsel-Ordnung für das Herzogthum Braunschweig* p. 29, qui envisage la lettre de change comme un acte ne devant sa force qu'à sa propre forme et la compare à la *stipulatio* romaine, conclut aussi qu'aucune *causa debendi* n'est nécessaire à sa validité.

(*b*) Pearce c. Brooks. L. R. 1 Ex. 213.

(*c*) V, Chitty, *Bills*, p. 65. *Contrà*, en droit français.

(*d*) Il n'y a rien d'illicite dans une renonciation à faire le commerce qui reste limitée à un rayon raisonnable.

(*e*) V. Chitty. *Bills*, p. 66.

l'émission ou l'endossement repose sur une cause illicite ou est atteint de dol ou de violence, c'est au détenteur qu'il incombe de prouver que, postérieurement à l'existence de l'illégalité, valeur avait été donnée et cela de bonne foi [art. 30] (*a*).

D'ailleurs une dette ou obligation antérieure constitue une cause de valeur suffisante, que la lettre de change soit payable sur demande ou à une date future [art. 27] (*b*). Il a été même décidé dans plusieurs procès (*c*) qu'une dette préexistante quoique prescrite est cause suffisante.

De l'exercice du droit de rétention suffisant comme cause de valeur. — Le détenteur qui a un droit exprès ou légal (*d*) de rétention (*lien*) sur une lettre de

(*a*) M. Daniel dans son ouvrage sur les effets de commerce dans le droit américain remarque qu'il n'est pas nécessaire de fournir la preuve de l'existence d'une cause, car dans la lettre de change il y a toujours présomption d'une cause. Toutefois, si la lettre ne vaut pas comme véritable lettre de change comme étant payable sur un fonds spécial ou sous condition ou par un autre moyen qu'en numéraire, cette présomption d'existence d'une cause n'existe plus ; il faut la prouver, à moins qu'il ne soit constaté que la lettre a été donnée contre « valeur reçue » par l'insertion soit de ces mêmes mots soit de tous autres équivalents, ce qui constituerait bien dès lors la présomption de l'existence d'une cause. *Negotiable instruments*, vol. I, p. 137.

(*b*) En matière de contrats en général, la jurisprudence tend à exiger, pour qu'une promesse postérieure à la réalisation de la cause lie le promettant, que la demande (*request*) et la promesse (*promise*) expresses ou tacites ainsi que la cause de valeur (*consideration*), les trois éléments d'un contrat, d'après le droit anglais, ne forment qu'une seule et même opération.

V. Anson, *Contract*, p. 88.

(*c*) V, Chitty, *Bills*, p. 59.

(*d*) La phrase anglaise est « *by implication of law*. »

change, comme par exemple un banquier qui a fait des avances contre nantissement (*a*), est censé détenteur contre valeur jusqu'à concurrence de la somme garantie [art. 27].

Valeur reçue. — Puisqu'il est présumé par le droit anglais que valeur a été fournie et que l'obligation résultant de la lettre de change a une cause, il est facile de comprendre que les mots « valeur reçue » qu'on a l'habitude d'inscrire sur l'acte (*b*) n'ont aucune vertu légale. Non-seulement il n'est pas nécessaire que la nature de la valeur soit exprimée, mais on peut même omettre ces mots sans déroger à la validité de l'acte et à plus forte raison ne sont-ils d'aucune nécessité dans l'endossement (*c*).

Lettre de complaisance. —La cause est présumée, mais on peut exciper de son défaut. Il y aurait exception valable dans le fait que la lettre n'aurait été tirée, acceptée ou endossée que par complaisance et sans valeur fournie, qu'elle ne serait qu'une lettre de complaisance (*accommodation bill*) (*d*). Toutefois, c'est une ex-

(*a*) Le banquier a un droit de rétention, sans stipulation expresse, sur tous les titres de ses clients qui passent entre ses mains dans le courant des affaires

(*b*) « Une lettre de change est valable bien qu'elle ne spécifie point que valeur ait été donnée ou quelle valeur a été donnée. » [Art. 13 (4)]. V. dans le chapitre sur « la Forme » les comparaisons avec les législations étrangères, p. 3.

(*c*) V. le chapitre sur l'endossement.

(*d*) *Accommodation bill* est une lettre que quelqu'un a signée comme accepteur, endosseur ou tireur et sans cause, dans le but de fournir au bénéficiaire le moyen de se procurer de l'argent. V. art. 28 (1).

ception qui ne pourrait être invoquée que par un défendeur qui aurait tiré, accepté ou endossé par complaisance pour le demandeur (*a*). Elle ne pourrait être invoquée au détriment des droits d'un détenteur régulier (*b*) quand bien même celui-ci aurait su en prenant la lettre qu'elle n'était qu'une lettre de complaisance [art. 28]. Entre l'accepteur et le tireur on présume qu'il y a un engagement de la part de ce dernier de payer ou de fournir les moyens de payer la lettre à son échéance (*c*). Si l'accepteur a dû payer à découvert, le tireur est tenu de rembourser le montant (*d*) de ce paiement et comme l'accepteur est censé avoir payé à la demande du tireur, il peut, par la voie de l'action connue sous le nom de « action pour argent payé » (*action for money paid* (*e*),

(*a*) Chitty, *Bills*, p. 54.

(*b*) Voir Introduction, p. VI.

(*c*) Smith. *Common law*, p. 274.

(*d*) Souvent l'accepteur tire en même temps sur son tireur pour se garantir et dans tous les cas il est plus ou moins d'usage de se faire donner par le tireur une reconnaissance écrite de la transaction avec promesse de fournir les moyens de payer à l'échéance la lettre ainsi que les frais qui pourraient être encourus par l'accepteur par suite de sa complaisance.

Il semble néanmoins que ces garanties ne sont pas d'une nécessité rigoureuse, puisque, en cas de faillite du tireur, l'accepteur par complaisance est admis à produire pour le montant de la lettre. Chitty, *Bills*, p. 218 et Baldwin, *Bankruptcy*, p. 261.

(*e*) Roscoe, *Evidence*, p. 537. Le but de cette action est de faire obtenir au demandeur le remboursement des avances par lui faites ; il ne faut donc pas y voir une *condictio indebiti*. C'est une véritable *actio mandati contraria*.

On voit que la lettre de complaisance joue en Angleterre un rôle beaucoup plus important qu'en France. En effet elle y est peut-être moins mal vue que sur le continent et quoiqu'il ne

recouvrer la somme en justice.

manque pas d'économistes pour en faire ressortir les dangers, ces mêmes économistes sont loin d'en condamner absolument l'usage. Voir p. ex. J. St. Mill, *Political Economy*, III, 11, § 4 et Macleod, *Principles of Economics*, vol. I, p. 586, qui en dit : « *There is, therefore, clearly nothing in the nature of this species of paper worse than in the other, and, when carefully used, nothing more dangerous.* »

En France, la majorité des auteurs s'élève contre l'usage des lettres de complaisance et refuse au tireur toute action en justice contre l'accepteur pour poursuivre le recouvrement des titres impayés. Quant au tiers de bonne foi, il n'est pas permis d'invoquer contre lui cette nullité de la lettre de complaisance pour paralyser l'exercice de son droit.

Dans certaines circonstances, l'émission et la négociation d'une lettre de complaisance pourraient constituer une escroquerie.

V. Rousseau, *Du trafic des billets de complaisance*. — Dramard, *Traité des effets de complaisance*.

CHAPITRE IV

De la provision.

La provision, en droit anglais n'est assujettie à aucune règle établie directement par la loi (*a*). Néanmoins, quoique la nouvelle loi ne contienne sur ce sujet aucun article spécial, on peut trouver dans le courant du texte quelques règles relatives à cette matière, bien que différant de celles admises en droit français.

Ainsi quant aux rapports entre le tireur et le tiré, le tiré, à moins qu'il ne se soit engagé par une convention et pour une cause spéciale (*b*) à accepter la lettre n'y est pas obligé par la loi, bien qu'il soit redevable envers le tireur d'uno somme égale au montant de la lettre (*c*)

(*a*) Les lois allemande, scandinave et le C. Com. italien ne parlent pas spécialement de la provision.

(*b*) V. p. 61.

(*c*) En droit français MM. Lyon-Caen et Renault disent sur ce point qu'il y a controverse quand, sans avoir pris d'engagement spécial, le tiré est tenu envers le tireur d'une dette liquide et exigible. « Cette circonstance suffit-elle pour que son créancier ait le droit de recouvrer sa créance en tirant une lettre sur lui et de se plaindre de son refus d'accepter ? Voici ce qui, dans le silence de la loi, parait admis dans la pratique : le créancier n'a pas ce droit, quand son débiteur n'est pas à la fois commerçant et tenu d'une dette commerciale, parce

et que même une somme suffisante lui ait été remise comme moyen de payment (*a*).

D'autre part nous avons vu (*b*) que le tireur d'une lettre de complaisance doit fournir à l'accepteur par complaisance les moyens de payer la lettre à l'échéance et que s'il ne les fournit pas il peut être contraint de l'indemniser (*c*) obligation qui résulte implicitement des

qu'il aggraverait ainsi la condition de son débiteur; l'obligation résultant d'une lettre de change est, en effet, particulièrement rigoureuse. Il en est autrement entre commerçants et pour dettes commerciales : le droit du créancier de recouvrer de cette façon ce qui lui est dû est généralement reconnu dans le commerce; les commerçants qui contractent sont censés s'être référés à cet usage, il y a un engagement tacite, valable par cela même qu'un engagement exprès pourrait intervenir. » *Précis*, n° 1153.

La loi belge a consacré ce système (qui d'ailleurs était déjà appliqué dans le code hollandais [art. 113]) dans un nouvel article [art. 8] ainsi conçu : Entre commerçants et pour dettes commerciales, le créancier a le droit, sauf convention contraire, de tirer sur son débiteur une lettre de change pour une somme qui n'excède pas le montant de la dette, et le tiré est tenu d'accepter.

Le droit américain est conforme sur ce point au droit anglais. Daniel, *Negotiable instruments*. Vol. I, p. 370.

Le droit allemand semble aussi conforme sur ce point au droit anglais (Waechter, *Encycl.*, p. 46).

(*a*) Chitty, *Bills.*, p. 200. En droit français il semble qu'au contraire « la provision fournie produit cet effet que le tiré n'a aucune bonne raison pour refuser de faire le payement que le tireur le charge de faire, et qu'il se trouve par conséquent obligé envers le tireur à faire honneur à sa signature, sous peine de dommages-intérêts envers celui-ci, s'il ne le faisait pas ». (Boistel, *Précis*, p. 509.)

(*b*) V. p. 36.

(*c*) V. Chitty, *Bills*, p. 218-9 et Chalmers, *Act.* p. 17.

relations entre toutes parties « complue » et « complaisante » (*a*).

« Une lettre de change, » dit l'article 53, « par elle-même ne vaut pas cession entre les mains du tiré des fonds propres *(available for)* à être appliqués au payement de cette lettre. » En d'autres termes une lettre de change en droit n'opère point cession de créance (*b*).

(*a*) Chalmers, *Digest.*, p. 195.

La partie qui s'est obligée par complaisance sur la lettre de change est dans la situation d'un mandataire ; l'action en remboursement des pertes que celui-ci a essuyées par suite de l'exécution du mandat constitue, on a vu, une véritable *actio mandati contraria*, telle qu'elle est réglée par les articles 1999 et 2000 du C. civ. français.

En droit allemand le tiré a une action analogue (*Deckungsklage* ou *Recalirungsklage*) contre le tireur non pour compte en remboursement de ce qu'il a payè sans couverture (V. Renaud, *Wechselrecht*, p. 144). Pourtant, l'obligation du tireur envers le tiré n'est qu'une obligation de droit civil et commun, car d'après la loi allemande sur le change « l'acceptation oblige le tiré, par droit de change, même envers le tireur » et « le tiré ne peut agir contre le tireur par droit de change » [art. 23]. Mais l'accepteur peut en « procédure de change » (*Wechselverfahren*) se servir de l'absence de couverture comme exception, lorsque c'est le tireur qui agit contre lui. Waechter, *Encycl.*, p. 199. D'ailleurs, dit Borchardt, quoique le rapport entre le tireur et le tiré soit très-fréquemment celui de mandant à mandataire, la simple forme d'une lettre de change ne satisfait pas à cet égard aux exigences du droit civil. Il faut que la réclamation, quant à la couverture, soit établie par les circonstances, que les affaires qui ont donné lieu à la création de la lettre soient constatées et que l'obligation du tireur ou de fournir la provisiou, on de rembourser le montant de la lettre soit démontrée. *Allg. D. Wechselordnung* , p. 156.

(*b*) Il en est autrement en Ecosse et la nouvelle loi maintient expressément la distinction. En effet, en Ecosse une lettre de

A cette disposition il faut signaler une exception maintenue par l'article 97 (1) de la présente loi qui dispose que « les règles sur la faillite relatives aux effets de « commerce restent en vigueur nonobstant toutes dis- « positions contenues dans l'Act ».

Cette exception se présente dans le cas où il y a insolvabilité du tireur et de l'accepteur d'une lettre de change.

change vaut comme cession de fonds à partir du moment où la lettre est présentée au tiré [art. 53 (2)].

La question des droits du porteur sur la provision lorsque le tiré n'a pas encore accepté est controversée en France. Le C. de com. annoté de Dalloz, mentionne sous l'art. 116 (n°s 53 et suiv.) trois systèmes. V. une discussion avec développements de cette controverse. Boistel, *Cours*, p. 511 et s. MM. Lyon-Caen et Renault disent : « Dans l'opinion aujourd'hui dominante, le porteur est propriétaire de la provision et par suite, il peut la revendiquer à l'encontre des créanciers de la faillite du tireur..... On ne voit pas rationnellement pourquoi les droits du porteur sur la provision dépendraient de la circonstance que le tiré a accepté.» (*Précis*, p. 617 et 618), et ils fondent leur argumentation sur l'art. 149, C. com., d'après lequel il n'est admis d'opposition au paiement qu'en cas de perte de la lettre ou de faillite du porteur.

Il reste bien entendu que jusqu'à l'échéance, le tireur peut retirer la provision et que le tiré qui n'a pas accepté ne peut s'y opposer, à moins que opposition ne lui ait été signifiée par le porteur. Mais la question, ajoutent ces auteurs (p. 616, note 2), n'a pas d'intérêt tant que le tireur est solvable, et il est probable que les tribuuaux repousseraient la prétention du porteur qui s'opposerait au retrait de la provision.

Les rédacteurs du C. com. hollandais ont tranché la difficulté de la façon suivante : « Le détenteur d'une lettre de change protestée n'a dans aucun cas droit aux fonds déposés par le tireur entre les mains du tiré. Si la lettre n'a pas été acceptée, ces fonds dépendront de l'actif du tireur s'il tombe en faillite. Si elle a été acceptée, ces fonds, jusqu'à concurrence du montant de la lettre, restent au tiré, qui est

Il faut supposer que leurs biens sont administrés en faillite ou par arrangement sous le contrôle de la justice et que l'un d'eux a entre les mains certaines marchandises ou effets de commerce donnés par l'autre comme couverture de la lettre. Dès lors, le détenteur est en droit d'exiger que le produit de ces marchandises ou effets soit appliqué au payement de sa lettre.

Ainsi le tireur et l'accepteur d'une lettre tombent tous les deux en faillite. L'accepteur détient pour le couvrir de son acceptation, des effets à courte échéance appartenant au tireur. Le détenteur de la lettre a droit au produit de ces effets une fois réalisés et si ce produit ne représente pas le montant exact de la lettre, il est admis comme créancier à la faillite pour le surplus (*a*).

tenu envers le détenteur, pour le libérer de son acceptation. »

Les rédacteurs du nouveau C. com. belge, au contraire, ont décidé en faveur du porteur. Art. 6 : « Le porteura, vis-à-vis des créanciers du tireur, un droit exclusif à la provision qui existe entre les mains du tiré, lors de l'exigibilité de la traite. » V. les discussions parlementaires auxquelles a donné lieu la rédaction de cet article : Namur, *C. com. belge revisé*, p. 283 et s.

Le droit allemand se rapproche du droit anglais. La relation quant à la provision, n'existe qu'entre le tireur et le tiré et celle-ci n'est nullement acquise au porteur. Waechter, *Encycl.* p. 197. Il peut, toutefois, conformément à l'art. 83 de la loi allemande, revendiquer la provision contre l'accepteur, si la lettre est prescrite et que l'accepteur se soit enrichi à ses dépens. Seulement il ne s'agit pas là d'une cession, mais d'une action spéciale qui repose sur le principe *nemo cum damno alterius locupletior fieri debet*, et qui résulte de l'enrichissement d'une personne aux dépens d'une autre. Les Allemands donnent à cette action, prévue par l'art. 83 de la loi allemande sur le change, le nom de *Bereicherungsklage* ou action pour cause d'enrichissement.

(*a*) C'est la règle *ex parte Waring*. V. Chalmers, *Digest*, p. 257 et s., et Baldwin, *Bankruptcy*, p. 165 et p. 284.

La disposition de l'article 53 ne semble pas non plus déroger aux droits ordinaires qui peuvent naître entre les parties quant à la propriété de la couverture ou provision destinée au payement de la lettre. Ainsi lorsque le tireur d'une lettre remet au tiré des effets ou des marchandises pour le couvrir, le droit de celui-ci sur ces effets ou marchandises dépend de son acceptation, et s'il tombe en faillite avant l'échéance ou refuse de payer à l'échéance il perd tout droit sur ces marchandises ou effets et ne les détient plus qu'au nom du tireur (*a*).

(*a*) V. *Ex parte*, Kelly & C°. *In re* Smith, Fleming & C°, L. R. 11 Ch. D., 306. La jurisprudence n'est pas très-fixée sur ce point, mais la solution que nous donnons semble être celle indiquée par les arrêts. Cfr., Chalmers, *Digest*, p. 253 et s.

CHAPITRE V

De l'échéance.

USANCES. — La nouvelle loi ne parle pas des usances. En effet, l'usage de tirer à usances a presque disparu en Angleterre. Toutefois ce mot continue à être employé pour indiquer les délais habituels dans lesquels les lettres de change sont tirées sur des places étrangères (*a*).

(*a*) Voir Sweet. *Dictionary*, mot « *Usance*, » et Chitty, *Bills*, p. 260.

L'excellent ouvrage de Chitty (*Bills of exchange*) contient une table très complète des différents délais en usage entre les premières maisons de commerce de Londres et les places étrangères. Nous lui empruntons les principaux :

Allemagne	30 jours	de date.
Antilles	31 jours	de l'acceptation.
Anvers	1 mois	de date.
Berlin	14 jours	de vue.
Bordeaux	30 jours	de date.
Brésil (Rio-Janeiro-Bahia).	aucune	»
Bruges	1 mois	de date.
Buenos-Ayres	aucune	»
Cadix	2 mois	de date.
Constantinople et Smyrne..	31 jours	de date
Dantzich	14 jours	de l'acceptation.
France	30 jours	de date.
Francfort-sur-Mein	14 jours	de l'acceptation.

DÉLAI DE GRACE.—Lorsqu'une lettre n'est pas payable sur demande (*a*), le jour de son exigibilité, à moins d'indication contraire, est déterminé avec bénéfice de trois jours de grâce [art. 14] (*b*). Si le dernier jour de grâce est

Florence	30 jours	de date.
Genève	30 jours	id.
Hambourg	1 mois	id.
Hollande (Rotterdam, Amsterdam)	1 mois	id.
Italie (Gênes, Livourne, Lucques, Milan, Naples, Venise, Rome)	3 mois	id.
Lille	1 mois	id.
Madrid et toute l'Espagne excepté Cadix	60 jours	id.
Paris	1 mois	id.
Portugal (Lisbonne, Porto).	60 jours	id.
Rouen	1 mois	id.
Suède	30 jours	de vue.
Trieste et Vienne	14 jours	de l'acceptation.

(*a*) Les jours de grâce furent déjà abolis pour les lettres et les billets payables à vue ou sur présentation (V. art. 10) par une loi adoptée en 1871.

(*b*) Les jours de grâce ont été expressément abolis par le C. Com. français [art. 135], la loi all. [art. 33], le code fédéral suisse [art. 752], le C. Com. italien [art. 290], la loi scandinave [art. 31] et le Code espagnol [art. 447]. — Le Code belge n'en parle pas.

L'art. 162, C. Com. français exige toutefois que le protêt faute de paiement ne soit fait que le lendemain de l'échéance; il y a donc là un délai en faveur du tiré ou accepteur. Dans la loi allemande, l'art. 41 dit que le protêt peut être fait le jour de l'échéance et doit être fait au plus tard le second jour ouvrable après l'échéance. Il y a bien ici un délai, mais en faveur du porteur, et il ne lui est pas imposé comme dans les lois française et anglaise. La loi hollandaise [art. 179], a suivi la loi française: que le protêt soit fait le lendemain de l'échéance, et la loi suisse [art. 762], qui dispose que le protêt

un dimanche, le jour de Noël, le Vendredi-Saint ou jour de fête par proclamation de la Reine, la lettre est exigible le jour précédent. Le dernier jour de grâce est-il un jour férié d'après le *Bank Holidays Act, 1871* (*a*), ou un dimanche, et le second jour de grâce un tel jour férié, la lettre est exigible le jour suivant.

CALCUL DE L'ÉCHÉANCE. — L'échéance d'une lettre payable à un certain délai de date, de vue ou après l'arrivée d'un événement déterminé est calculée en excluant le jour d'où le délai commence à courir mais en comptant le jour du paiement [art. 14 (2)] (*b*).

L'échéance d'une lettre payable à un certain délai de vue est fixée par la date de l'acceptation ou s'il y a eu

ne peut être fait le jour même de l'échéance, et doit être dressé au plus tard le second jour non férié après celui de l'échéance, se rattache aux principes des lois et allemande et française. Le C. Com. italien [art. 296 et 307],et la loi belge [art. 53] contiennent des dispositions semblables à celle de la loi allemande.

(*a*) Le « *Bank Holidays Act*, 1871, » décide que les jours suivants seront considérés en Angleterre et en Irlande comme jours fériés : le lundi de Pâques, le lundi de la Pentecôte, le premier lundi du mois d'août et le 26 décembre et, si celui-ci tombe un dimanche, le lundi suivant.

En Ecosse ce sont le jour de l'An et les premiers lundis de mai et d'août. Le jour de Noël et le Vendredi-Saint qui étaient antérieurement classés comme *Bank holidays* ne le sont plus depuis la nouvelle loi. Les articles cités dans le texte s'appliquent à tout le Royaume-Uni.

En droit français, si l'échéance tombe un jour férié légal, la lettre est payable la veille [art. 134]. En droit allemand, au contraire, le paiement doit être fait le lendemain du jour férié [art. 92]. Il en est de même en Italie [art. 288]. — *Sic*, C. Com. hollandais [154 et 179], loi scandinave [art. 94]. Le C. Com. belge [art. 25], conserve la disposition de la loi française.

(*b*) Comp. loi all. [art. 32] qui règle avec beaucoup de précision les délais possibles.

constat *(noting)* (*a*) ou protêt faute d'acceptation, par la date du constat ou du protêt [art. 14 (3)] (*b*).

Les mois sont tels qu'ils sont fixés dans le calendrier grégorien [art. 14 (4)].

Enfin, quant à l'échéance d'une lettre payable sur demande, une telle lettre est considérée comme échue quand il est évident qu'elle a été en circulation pendant une période de temps exagérée, c'est-à-dire qui a cessé d'être « raisonnable ». (*c*).

(*a*) V. le ch. sur le protêt.

(*b*) Comp. loi all. [art. 32].

(*c*) V. Introduction p. 11 et s. et ch. sur le Billet de change et sur l'acceptation par intervention. — Echéance d'une lettre acceptée par intervention.

CHAPITRE VI

De la présentation à l'acceptation.

Le détenteur de la lettre a le droit de la présenter à l'acceptation (*a*). Il lui est loisible de le faire ou non, excepté dans les cas suivants :

1° Lorsqu'il a été expressément stipulé dans une lettre de change qu'elle serait présentée à l'acceptation [art. 39].

2° Lorsqu'elle est tirée payable ailleurs qu'à la résidence ou le siège d'affaires (*b*) du tiré [art. 39 (2)] (*c*).

(*a*) La loi allemande [art. 18] interdit même toute convention contraire en tant qu'il s'agit des règles spéciales qui s'appliquent à la lettre de change. En droit français les lettres non acceptables sont admises. (V. Lyon-Caen et Renault, *Précis*, p. 623.

L'interdiction de la loi allemande a été adoptée par le code fédéral suisse [art. 736] et la loi scandinave [art. 17]; mais non par le code com. italien qui, comme les lois française, anglaise et belge, ne mentionne aucune restriction à cet égard.

De même, le projet russe n'a pas admis la nullité de toute convention contraire, nullité qui ne fut insérée d'ailleurs dans la loi allemande que lors des conférences de Nuremberg en 1857.

(*b*) La théorie du domicile, comme elle est établie dans le Titre III du C. Civ. français est inconnue en Angleterre.

(*c*) La loi allemande qui, en général, ne permet aucune dé-

3° Lorsque la lettre est payable à tant de délai de vue [art. 39 (1)] (*a*).

Dans les deux premiers cas, la présentation à l'acceptation doit, sous peine de perte du recours contre le tireur et les endosseurs, précéder la présentation au payement qui ne peut être exigé qu'à cette condition [art. 39 (2 et 4)] (*b*).

rogation au droit absolu du détenteur d'agir à son gré en ce qui concerne la présentation, fait ici une exception en autorisant le tireur d une lettre payable ailleurs qu'au domicile du tiré à prescrire la présentation à l'acceptation et en ce cas le porteur qui ne se conforme pas à cet ordre perd son recours contre le tireur et les endosseurs [art. 24].

La loi suisse adopte expressément cette disposition de la loi allemande [art. 743]; mais les rédacteurs de la loi scandinave l'ont modifiée en rendant la présentation à l'acceptation des lettres domiciliées obligatoires dans le cas où la lettre n'indique pas la personne chargée du payement. Par conséquent la loi scandinave se rapproche davantage du droit anglais.

(*a*) Les lois allemande [art. 19], scandinave [art. 19], suisse [art. 737] et le Code com. italien [art. 261], exigent de même en ce cas la présentation à l'acceptation et cela aussi sous peine de perte du recours contre le tireur et les endosseurs.

En France, il a été décidé par plusieurs arrêts de la Cour de cassation que la nécessité de l'acceptation et les délais prescrits par l'article 160 C. com. pour les lettres de change tirées du continent sur les possessions européennes de la France sont applicables aux lettres de change à vue tirées d'une ville de France sur une autre ville de France. Civ. c. 1er Juillet 1845, D. P. 45, 1, 287. — Civ. c. 3 janvier 1855, D. P. 55, 1, 14; et Boistel, *Cours*, p. 541.

(*b*) En droit français le porteur est libre d'user ou non de son droit de présenter la lettre à l'acceptation et n'encourt aucune déchéance pour avoir négligé d'user de ce droit; même si la faculté de requérir l'acceptation avait été transfor-

Dans le dernier cas, la présentation à l'acceptation est nécessaire pour fixer la date de l'échéance et elle doit avoir lieu dans un délai raisonnable sous peine pour le détenteur qui ne l'aurait pas présentée ou négociée dans un délai raisonnable de perte du recours contre le tireur et les endosseurs [art. 40 (1) (2)].

Toutefois, il est souvent préférable de présenter la lettre, même quand la présentation ne serait pas imposée par la loi, puisque, en cas de refus d'acceptation, le recours contre les parties antérieures s'ouvre immédiatement après ce refus [art. 43 (2)].

A QUI ET PAR QUI SE FAIT LA PRÉSENTATION. — La présentation doit être faite par ou au nom du détenteur au tiré ou à toute autre personne autorisée par lui [art. 41 (1)].

Il n'est pas nécessaire que l'autorisation donnée à un tiers soit expresse, mais il faut, lorsqu'on ne trouve pas le tiré lui-même, présenter la lettre à celui qui, dans le commerce, est censé être son mandataire. Ainsi, il y a présentation valable si la lettre est déposée entre les mains du commis d'une maison de commerce, et, au contraire, la lettre a-t-elle été donnée au domestique d'une personne non-commerçante, la présentation n'est pas valable (*a*).

mée en obligation par une clause expresse, la non-présentation à l'acceptation n'entraînerait aucune déchéance et ne donnerait lieu qu'à des dommages-intérêts dans les termes du droit commun. (Lyon-Caen et Renault, *Précis*, p. 623-5).

Mais il doit exiger ou le payement ou l'acceptation d'une lettre soit à vue, soit à un délai de vue dans les délais indiqués par l'art. 160.

(*a*) Chalmers, *Act.* p. 26.

S'il y a deux ou plusieurs tirés et qu'ils ne soient pas associés, il est nécessaire, faute d'autorisation donnée à l'un d'eux d'agir pour les autres, de présenter la lettre à chacun d'eux [art. 41 (1 b)] (*a*).

Dans le cas où le tiré est en faillite, la présentation peut être faite (*b*) soit à lui soit au syndic [art. 41 (1 d.)] et s'il est mort, à son représentant personnel quant à sa fortune mobilière [art. 41 (1 c.].

QUAND SE FAIT LA PRÉSENTATION. — Une difficulté peut naître quant au délai dans lequel la lettre doit être présentée à l'acceptation lorsqu'il s'agit d'une lettre payable à un certain délai de vue.

Pour éviter que l'obligation des parties reste trop longtemps en suspens, les tribunaux anglais ont pris pour règle d'exiger que le délai jusqu'à présentation ne soit pas excessif. Cette règle est consacrée par la nou-

(*a*) Il en est de même en droit allemand (Waechter, *Encycl.* p. 717). Par exemple, il faudrait présenter la lettre au mari et à la femme séparément, si la lettre était tirée sur tous les deux.

(*b*) V. excuses, p. 55 et article 41 [2] qui donne même au détenteur le droit de considérer la lettre comme « déshonorée ».

En droit allemand on ne semble pas admettre la présentation au syndic, il faut présenter au tiré. V. Waechter, *Encycl.* p. 717 et Cohn, *Entwurf.* p. 52.

Le Code de Com. français ne parle pas de la faillite du tiré, survenue avant la présentation à l'acceptation. En effet, la faillite dépouille le failli du droit de s'obliger, et le porteur peut dès lors, puisqu'il n'y a plus d'acceptation possible, considérer la lettre comme n'ayant pas été acceptée. — Le porteur fait un protêt fauté d'acceptation et en vertu de l'article 120, les endosseurs sont tenus de donner caution pour payement de la lettre à l'échéance, ou de payer immédiatement ladite lettre.

velle loi. En effet, la lettre doit être présentée dans un délai raisonnable *(within a reasonable time)*, sous peine de la perte du droit de recours contre le tireur et les endosseurs [art. 40] (*a*).

La loi ajoute que pour déterminer si ce délai a été raisonnable on doit tenir compte des usages du commerce et des circonstances spéciales se rattachant à la lettre en question [art. 40 (3)] (*b*).

La lettre doit être présentée à l'acceptation avant

(*a*) L'art. 19 de la loi allemande qui porte que la présentation à l'acceptation n'est obligatoire que pour les lettres payables à un délai de vue prescrit que le porteur doit, en ce cas, sous peine de perdre son recours fondé sur le droit de change contre les endosseurs et le tireur, présenter la lettre à l'acceptation dans le délai fixé par la lettre, ou, à défaut de fixation, dans le délai de deux ans à partir de l'émission. L'endosseur qui, sur une lettre de ce genre, a indiqué dans son endossement un délai pour la présentation, cesse d'être obligé par droit de change si la présentation n'a pas eu lieu dans le délai fixé.

Les rédacteurs des codes italien et suisse et de la loi scandinave ont préféré fixer un délai légal plus court. Les codes italien [art. 261] et suisse [art. 737], prescrivent un an au lieu des deux ans de la loi allemande. La loi scandinave le réduit même à six mois si la lettre est tirée d'un lieu ou sur un lieu d'Europe et dans l'année si elle est tirée sur quelque lieu hors d'Europe [art. 19].

Les codes de commerce français [art 160], belge [art. 51] et hollandais [art. 116] prescrivent des délais différents suivant les distances pour la présentation soit au payement soit à l'acceptation et, en Belgique, soit au visa pour les lettres à vue ou un délai de vue.

(*b*) V. Chitty. *Bills*, p. 196 pour la jurisprudence en matière de délais.

Cfr. C. com. français, art. 160 et s.

l'échéance [art. 41 (1 a.)] (*a*), ce qui, remarquons-le, n'empêche pas l'acceptation après l'échéance (*b*).

Quant aux lettres payables sur demande, ce qui comprend celles payables à vue ou sur présentation et celles qui ne portent aucune date pour le payement [art. 10] la présentation à l'acceptation n'est pas exigée pour sauvegarder au porteur son droit de recours (*c*).

La présentation doit d'ailleurs être faite à une heure convenable et un jour ouvrable.

OÙ SE FAIT LA PRÉSENTATION. — La lettre est présentée à la résidence ou au siège d'affaires du tiré, sans égard à l'endroit où le payement est exigible (*d*). S'il a

(*a*) Le projet russe ne permettrait même pas (suivant la traduction française) de présenter la lettre après l'échéance [art. 27]. On ne voit pas la nécessité de cette disposition qui ne peut interdire après tout la présentation à l'acceptation après l'échéance, mais la rend seulement sans utilité en cas de refus du tiré d'accepter.

MM. Lyon-Caen et Renault (*Précis* n° 1136) remarquent que l'acceptation ne peut être demandée après l'échéance; car celle-ci une fois arrivée, il ne peut plus être question d'acceptation, mais de payement.

De même Dalloz (J. G. v. Effets de commerce n°s 74 et 75), dit que le porteur ne peut requérir l'acceptation après l'échéance; ce serait en effet changer l'époque indiquée pour le payement le tiré pouvant garder la lettre pendant vingt-quatre heures; le porteur serait alors déchu de tout droit de recours contre le tireur qui a fait provision ou les endosseurs pour n'avoir pas fait protester en temps utile après l'échéance.

(*b*) V. p. 62.

(*c*) L'art. 160 du C. com. français ne fait pas de distinction entre les lettres à vue et à un délai de vue et il est suivi en ceci par la loi belge [art. 51] et le C. com. hollandais [art. 116].

(*d*) La loi belge dispose expressément qu'il faut présenter les lettres domiciliées au domicile du tiré [art. 14].

quitté le Royaume-Uni, il suffit de présenter la lettre en sa demeure particulière, mais a-t-il un mandataire connu, c'est à celui-ci que la présentation doit être faite (*a*).

FORMALITÉS DE LA PRÉSENTATION. — Il ne suffit pas de notifier au tiré que la lettre est entre les mains du détenteur, il faut que la lettre soit mise matériellement à la disposition du tiré pour qu'il puisse délibérer sur son acceptation. Le tiré a même droit de retenir la lettre pendant le délai d'usage [art. 42 (1)].

L'usage anglais en général est de vingt-quatre heures (*b*).

La présentation par la poste, c'est-à-dire par lettre, n'est permise que lorsqu'elle est autorisée par un engagement entre les parties ou par l'usage. [art. 41 (2)] (*c*).

Il en est de même en Allemagne (Waechter, *Encyclopaedie*, p. 228), et on semble admettre cette solution aussi en France. (Lyon-Caen et Renault, *Précis*, p. 625-6.)

Le droit américain est conforme au droit anglais sur ce point (Daniel, *Negotiable instruments*, vol. I, p. 376) : en effet le lieu du payement n'entrant en jeu qu'après l'acceptation, il est difficile de comprendre une autre solution.

(*a*) V. Chitty. *Bills*, p. 196.

(*b*) V. p. 62.

(*c*) La présentation par la poste, où la poste agit comme mandataire du présentant, est réglée minutieusement en Allemagne par des arrêtés du ministre des postes du 18 juillet 1876 et du 3 mai 1878.

La Belgique, par la loi du 30 mai 1879 [art. 35], a, elle aussi, créé un service pour la présentation par l'administration des postes des effets de commerce à l'acceptation, service qui est réglé dans l'arrêté royal du 12 oct. 1879 par une section spéciale de 18 articles.

En France, une première loi en date du 5 avril 1879 a autorisé le recouvrement de tous effets de commerce payables sans frais; une loi postérieure du 17 Juillet 1880 a étendu les dispositions de la loi du 5 avril 1879, aux valeurs protestables.

EXCUSES ET DISPENSES. — Le défaut de présentation est excusé lorsque, malgré toute diligence, la lettre n'a pu être présentée, ou que le tiré est mort ou en faillite (*a*), qu'il est frappé d'incapacité, ou est personne fictive. Dans tous ces cas, la lettre peut être traitée comme si l'acceptation avait été refusée [art. 41 (2)] (*b*).

Le détenteur d'une lettre de change payable autre part qu'au lieu de résidence ou d'affaires du tiré, et qui n'a pas eu le temps, malgré toute diligence, de la présenter à l'acceptation avant l'échéance, est excusé pour le retard qu'occasionne la présentation de la lettre à l'acceptation avant la présentation pour le paiement (*c*) et il ne perd pas son recours sur le tireur et les endosseurs. Cette disposition de la nouvelle loi donne la solution d'un point douteux. Autrefois il était d'usage de protester la lettre au lieu du paiement sans la présenter à l'acceptation [art. 39 (4)].

EFFETS DE LA NON-PRÉSENTATION A L'ACCEPTATION. — La non-présentation à l'acceptation d'une lettre dont la présentation est requise par la loi, lorsqu'il n'existe pas de circonstances qui l'excusent, entraîne, on l'a vu, la perte du recours contre le tireur et les endosseurs. Elle annule non-seulement la lettre vis-à-vis de celui contre

Mais la présentation à l'acceptation ne rentre pas dans les attributions de la poste en France. V. ch. sur le Protêt.

(*a*) Si le détenteur présente la lettre, l'article 41 (1. d.) dit, qu'en cas de faillite du tiré, il peut la présenter à lui ou à son syndic.

(*b*) Mais de ce que le détenteur croit savoir que l'acceptation serait refusée, il ne peut trouver là un motif d'excuse [art. 41 (3)].

(*c*) Tel serait le cas d'une lettre payable à un mois de date, tirée de New-York sur Liverpool payable à Londres et que le preneur anglais aurait reçu seulement le jour de l'échéance. V. Chalmers. *Act.* p. 25.

qui le recours est perdu, elle annule même la dette en payement de laquelle la lettre lui avait été donnée (*a*).

(*a*) V. Chalmers, *Digest.* p. 130 et *Act.* p. 24.
Ceci est admis également en droit américain. Daniel, *Negotiable instruments.* Vol. I, p. 371.

CHAPITRE VII

De l'acceptation.

Formes et conditions. — Elle doit être écrite sur la lettre de change et signée par le tiré. La simple signature sans autre mention est suffisante (*a*).

Elle ne doit pas spécifier que le tiré exécutera sa promesse par un autre moyen qu'un payement en numéraire.

L'acceptation n'a pas besoin d'être datée ; toutefois, dans le cas d'une lettre payable à tant de délai de vue l'acceptation devrait porter une date. En est-il autrement, on peut sans doute par tout autre moyen faire la preuve de l'époque où a été donnée l'acceptation non datée. Ainsi le détenteur peut faire insérer la vraie date de l'acceptation, et la lettre sera payable en conséquence.

(*a*) Cette disposition reproduit l'art. 1 du *Bills of Exchange Act, 1878* qui, lui-même, renversa une jurisprudence contraire telle qu'elle avait été établie dans le procès Hindaugh c. Blakey, L. R. 3 C. P. D., 136.

La simple signature suffit aussi en droit allemand [art, 21]. Le C. com. français [art. 122] exige que l'acceptation soit exprimée par le mot « accepté. » Le C. com. belge [art. 12] a modifié l'article du C. com. fr. dans le sens allemand qui est d'ailleurs adopté aussi par le nouveau C. com. italien [art. 262], la nouvelle loi scandinave [art. 21], et le C. féd. suisse [art. 739] : donc par toutes les nouvelles lois. Le projet russe s'y conforme aussi [art. 33].

Bien plus, quand un détenteur a par erreur et de bonne foi inséré une date erronnée, et dans tous les cas où il y a date erronnée, la lettre n'en reste pas moins valable entre les mains d'un détenteur régulier, et devient payable dans le délai de cette date, absolument comme si elle était régulière. [art. 12] (*a*).

L'acceptation doit être écrite sur la lettre même [art. 17 (2 a.)] ; elle ne pourrait donc être donnée sur feuille séparée (*b*) ou sur une copie. Il est bien entendu que

(*a*) V. Chalmers, *Digest.*, p. 33.

Le C. Com. fr. dispose qu'en cas de défaut de date de l'acceptation la lettre devient exigible dans le délai y exprimé, à compter de sa date [art. 122].

Dans la même hypothèse la loi allemande [art. 20], porte que le porteur doit, sous peine de perdre son recours contre les endosseurs et le tireur, faire constater la présentation en temps opportun, au moyen d'un protêt fait dans le délai de la présentation. Le jour du protêt vaut, dans ce cas, comme jour de la présentation. A défaut de protêt, le délai de l'échéance se calcule, à l'égard de l'accepteur qui a omis de dater son acceptation, à compter du dernier jour de la présentation.

Dans le C. com. italien [art. 263], l'acceptation d'une lettre payable à tant de vue, doit être datée ; à défaut de date, le délai court du jour de la présentation constatée par un protêt.

L'art. 738 du Code féd. suisse et l'art. 19 de la loi scandinave reproduisent la loi allemande. Il en est de même du projet russe [art. 53]. Le C. com. hollandais, au contraire, [art. 115], suit la loi française.

(*b*) On retrouve la même disposition dans la loi allemande [art. 21], le C. com. italien [art. 262], le C. féd. suisse [article 739], la loi scandinave [art. 21]. En droit français, en présence des termes de l'art. 122 qui n'exigent pas expressément que l'acceptation soit sur la lettre, il y a controverse sur la question de savoir si l'acceptation donnée par acte séparé lie l'accepteur par droit de change. — Pour l'affirmative, Nouguier, *De la lettre de change*, II, n° 321.

si la lettre est par plusieurs exemplaires l'acceptation ne doit être donnée que sur un.

Acceptations générales et Acceptations modifiées. — La loi anglaise distingue les acceptations en deux catégories.

L'acceptation peut être ou générale ou modifiée (spéciale).

Elle est générale lorsqu'elle ne comporte aucune condition ou modification (*qualification*) à l'ordre du tireur, modifiée (*qualified*) lorsqu'elle en modifie la teneur ou y insère une condition Ainsi une acceptation est modifiée lorsqu'elle est sous condition (*a*) ou ne porte que sur partie du montant de la lettre (*b*) ou qu'elle indique un endroit où seul le payement sera effectué (*c*) ou qu'elle modifie les délais (*d*) ou que quelques-uns seulement des tirés acceptent et non pas tous. [art. 19.]

Le C. com. belge a fait cesser cette controverse en décidant dans l'art. 12 que l'acceptation doit être sur la lettre même. L'acceptation donnée en dehors de la lettre ne vaudrait que comme obligation ordinaire. (Namur, *Code de com. belge revisé*. T. I, p. 313).

(*a*) Par exemple lorsque le payement est sous condition de la remise de connaissements.

(*b*) En droit français les acceptations conditionnelles ne sont pas permises. [C. com., art. 124]. Le C. com. français [art. 124] qui est ici d'accord avec la loi allemande [art. 22] n'admet que la restriction quant à la somme. C'est là aussi le système suivi par la loi scandinave [art. 22], le Code féd. suisse [art. 741], le C. com. italien [art, 266], la loi belge [art. 15], et le projet russe [art. 33].

(*c*) Si l'acceptation n'indique pas que le payement sera effectué à tel endroit exclusivement, elle est générale [art. 19]. L'acceptation « payable au London & Westminster Bank » est générale. L'addition du mot « seulement » la rendrait spéciale.

(*d*) Ainsi l'acceptation pour payer à six mois de date une lettre tirée payable à deux mois de date, ou bien encore l'ac-

L'intérêt de cette distinction consiste dans les différences suivantes :

La présentation au payement n'est pas exigée pour lier l'accepteur si l'acceptation est générale [art. 52 (1)]; mais l'accepteur peut, par une acceptation modifiée, prescrire la présentation qui doit alors avoir lieu (*a*).

Le détenteur d'une lettre peut refuser une acceptation modifiée et traiter la lettre comme non-acceptée. [art 44 (1)] (*b*).

La loi anglaise ne fait à cet égard aucune distinction entre les différentes restrictions.

Dans le cas d'une telle acceptation modifiée, non-

ceptation donnée sous condition que l'effet sera renouvelé pour six mois. (Chalmers, *Digest*, p. 38).

(*a*) Cfr., art. 52 (2).

(*b*) Les législations allemande, suisse et italienne portent que toute autre restriction que celle portant sur une partie de la somme indiquée dans la lettre, équivaut à un refus d'acceptation. C'est là aussi le droit français. (V. Lyon-Caen et Renault, *Précis*, p. 629.)

La nouvelle loi scandinave considère toute autre restriction que celle portant sur une partie du montant comme non écrite [art. 22]. Les rédacteurs du projet russe se sont ralliés à cet égard à la loi scandinave [art. 33].

D'après ce dernier système, on accepte purement et simplement ou on n'accepte pas. Si l'on accepte avec une restriction, autre que celle portant sur la somme, cette restriction est réputée non écrite, et l'accepteur est censé, malgré la restriction, avoir accepté purement et simplement. Dans les autres législations une acceptation modifiée, sauf quant à la somme, équivaut à un refus.

On peut donner de bonnes raisons à l'appui du système scandinave. Toutefois on peut se demander si l'avantage de la certitude qu'il donne au porteur, quant à ses droits. n'est pas amoindrie par ce fait qu'il pourrait préférer une acceptation modifiée à une non-acceptation.

agréée par le détenteur, il y a lieu à notification faute d'acceptation, acte qui doit être distingué de la notification d'acceptation modifiée mentionnée plus bas. Si le détenteur notifie qu'il y a eu refus, il ne peut plus arguer ou profiter de l'acceptation modifiée (*a*).

Le porteur doit donner notification aux tireur et endosseurs d'une acceptation modifiée agréée par lui et les tireur et endosseurs sont tenus d'exprimer leur opposition *(dissent)* sans trop de retard *(within a reasonable time)* après notification d'une acceptation modifiée, faute de quoi ils sont censés l'avoir ratifiée. [art. 44 (3)].

Une acceptation modifiée, agréée sans l'autorisation ou la ratification du tireur ou d'un endosseur antérieur, fait perdre tout droit de recours contre ceux-ci [art. 44 (2)].

Toutefois le détenteur peut agréer une acceptation restreinte quant à la somme et, pourvu qu'il en donne due notification aux tireur et endosseur, il ne perd pas son recours contre eux. [art. 44 (2)].

Lorsqu'il s'agit d'une telle acceptation donnée sur une lettre étrangère, le porteur est tenu de la faire protester pour le surplus. [art. 44. (2.)] (*b*).

Obligation pour le tiré d'accepter. — Le tireur n'est pas tenu d'accepter la lettre même alors qu'une somme suffisante lui a été remise comme moyen de payement (*c*), à moins qu'il ne se soit engagé expressément ou tacitement à accepter en considération d'une cause indépendante. Mais en ce cas il est tenu d'accepter et, s'il refuse de remplir son engagement, le tireur peut l'actionner et obtenir des dommages-et-intérêts en répa-

(*a*) Chalmers, *Digest*, p. 138.
(*b*) Cfr. C. com. français, art. 124.
(*c*) V. p. 38.

ration du préjudice produit par le refus d'acceptation (*a*).

On peut même déduire un engagement tacite d'accepter de la nature des relations commerciales existant antérieurement entre les parties (*b*).

DÉLAI ACCORDÉ A L'ACCEPTEUR. — L'accepteur jouit d'un délai de 24 heures pour délibérer s'il doit accepter ou non (*c*).

QUAND L'ACCEPTATION PEUT ÊTRE DONNÉE. — Une lettre de change peut être acceptée même avant d'avoir été signée du tireur ou bien encore après échéance (*d*) ou refus d'acceptation ou de payement. [art. 18].

Ainsi l'obligation imposée par l'article 41 (1 a.) de

(*a*) Chitty, *Bills*, p. 201.

En droit français solutions analogues. V. Dalloz, J. G. Effets de commerce, n°s 297 et s., et Lyon-Caen et Renault. *Précis*, n° 1153 et notes.

(*b*) Chitty, *Bills*, p. 200. *Sic*, il semble, aussi en Allemagne. Waechter, *Encycl.*, p. 47.

V. aussi p. 38, note *c*.

(*c*) V. Chalmers, *Digest*, p. 135. Cfr. art. 125 du C. com. français, et art. 16 de la loi belge.

Ce délai de 24 heures est également accordé par les lois suisse [art. 736], scandinave [art. 21], italienne [art. 265].

Mais la loi allemande, au contraire, refuse au tiré tout délai ; il doit accepter immédiatement [art. 18]. V. p. 54.

(*d*) L'art. 28 de la loi scandinave porte : lorsque le tiré après protêt, offre de donner son acceptation complète et rembourse les frais résultant du refus d'acceptation, celui qui a présenté la lettre de change ne peut pas refuser de recevoir l'acceptation, s'il en est encore porteur. L'acceptation une fois donnée, comme il vient d'être dit, le droit de demander sûreté cesse. Les sûretés déjà données seront restituées. (Traduction de M. Dareste.)

En Allemagne, aussi, on peut accepter après protêt, mais contre restitution des frais. (Waechter, *Encycl.* p. 57.)

présenter à l'acceptation avant l'échéance, n'empêche pas une acceptation donnée après cette époque d'être valable; mais, passé l'échéance le refus d'accepter sur présentation resterait sans sanction.

Quand la lettre de change, étant payable à tant de délai de vue, subit un refus d'acceptation et est acceptée postérieurement par le tiré, le détenteur, en l'absence de tout arrangement différent, a le droit d'exiger que cette acceptation soit datée comme si elle avait été donnée lors de la première présentation au tiré pour l'acceptation. [art. 18 (3)].

OBLIGATIONS RÉSULTANT DE L'ACCEPTATION. — L'acceptation par le tiré d'une lettre de change constitue signification de son assentiment à l'ordre du tireur. [art. 17 (1)] (*a*).

Celui qui accepte, contracte l'obligation de payer suivant la teneur de son acceptation (*b*). C'est lui qui devient le principal obligé, le tireur et les endosseurs n'étant que ses garants, faute de paiement par lui (*c*). Ainsi le tireur qui a été obligé de payer peut recouvrer le montant de la lettre contre l'accepteur [art. 57 (1)] et [art. 59 (2)] (*d*) ainsi que le montant des intérêts et des frais [art. 57 (1)]. Sur les rapports entre le tiré et le tireur il ne faut pas oublier qu'en Angleterre, la théorie du C.

(*a*) On se rappellera que le tiré, quoique redevable envers le tireur d'une somme égale au montant de la lettre, n'est pas obligé par cela seul de l'accepter. Voir p. 38.

(*b*) Art. 54, (1).

(*c*) Chitty, *Bills*, p. 209.

(*d*) *Sic* loi allemande [art. 23], loi scandinave [art. 23], code féd. suisse [art. 742], code italien [art. 268).

En droit français, s'il y avait provision, le tireur qui a payé a toujours action contre le tiré, que celui-ci ait accepté ou non. Lyon-Caen et Renault, *Précis*, n° 1259.

V. Ch. sur le Payement. — Payement par le tireur, — par un endosseur.

Com. français sur la provision n'existe pas, et que dès lors, l'obligation du tireur contre le tiré est régie par le droit commun (*a*).

(*a*) En droit français, l'action du tiré contre le tireur tient-elle au droit de change ou ne s'agit-il que d'une obligation civile ? Cette question n'a pas été tranchée soit par la jurisprudence, soit par les auteurs d'une manière uniforme. Un jugement du tribunal de Riom (3 mars 1854, D. P., 55, 2, 250), décide que l'action n'a rien de commercial et dérive du contrat de mandat, tandis que, au contraire, un jugement antérieur du tribunal de Montpellier (21 janvier 1839) avait décidé que l'action était commerciale et se prescrivait par cinq ans.

Une des conséquences importantes, en effet, de l'adoption de l'un ou l'autre système se rencontre dans la durée de la prescription : considère-t-on qu'il y a obligation de change, la prescription sera de cinq ans; ne voit-on qu'une obligation civile, la prescription sera de trente ans.

Pour les auteurs : Boistel (*Cours*, p. 566), voit dans l'espèce une obligation de change. Lyon-Caen et Renault concluent, au contraire, au caractère purement civil de l'obligation (*Précis*, n° 282), ainsi que Nouguier, *Des lettres de change et des effets de commerce*, II, n° 980.

Quant à la question de savoir si l'action de l'accepteur contre le tireur naît du droit de change ou d'une simple obligation civile, elle est tranchée dans le dernier sens. Selon Pothier (n° 199) l'action qu'a l'accepteur qui a payé sans que le tireur lui ait remis les fonds, est une action purement civile; il n'est créancier que de la somme qu'il a déboursée pour le tireur en acquittant la lettre, et non de la lettre même.

Dans le même sens : Boistel, par *a contrario* (*Cours*, p. 566); Dutruc (*Dictionnaire du contentieux*, v. Lettre de change, n° 533, *in fine*).

En Belgique on considère que l'action du tiré contre le tireur qui n'a pas fourni provision se prescrit par cinq ans, durée de la prescription de toutes actions relatives aux lettres de change. On admet, en effet, que cette action du tiré contre le tireur se rattache à la lettre de change (Namur, *Code com. belge révisé*, I, p. 485).

En Allemagne (loi sur le change, art. 23), le tiré ne peut agir

D'ailleurs il n'existe pour la lettre de change ni procédure ni prescription spéciales.

Il ne peut refuser d'admettre vis-à-vis d'un détenteur de bonne foi et contre valeur :

1° L'existence du tireur, l'authenticité de sa signature, sa capacité ou l'autorisation qu'il aurait reçue de tirer ;

2° Dans le cas d'une lettre de change payable à l'ordre du tireur, la capacité au moment de l'acceptation du tireur à endosser (mais il est admis à contester l'authenticité ou la validité de son endossement) ;

3° Dans le cas d'une lettre de change payable à l'ordre d'une tierce personne, l'existence du bénéficiaire et sa capacité au moment de l'acceptation d'endosser (sous réserve toujours de la faculté pour lui de contester l'authenticité ou la validité de l'endossement) (art. 54).

Biffure de l'acceptation. — « L'acceptation, dit l'article 2 de la nouvelle loi, indique une acceptation complétée par la délivrance ou la notification. » Plus loin à l'article 21 (1), cette même loi porte que tout contrat né de la lettre de change, qu'il s'agisse de l'émission, de l'acceptation ou de l'endossement, est imparfait et révocable jusqu'à la délivrance du titre en vue de lui donner effet (*a*).

Toutefois quand il y a acceptation libellée sur la lettre et que le tiré fait notification au titulaire qu'il a accepté, celle-là devient dès lors parfaite et irrévocable.

contre le tireur par droit de change, théorie que l'on retrouve dans les lois italienne (l'accepteur n'a pas de recours contre le tireur par droit de change, art. 268), suisse [art. 742], et scandinave [art. 23].

Ces dernières lois ne font pas de distinction entre le tiré non accepteur et l'accepteur ; cette confusion tient à l'absence de la théorie de la provision dans ces mêmes législations.

(*a*) V. sur la délivrance, p. 16,

Donc, jusqu'à la délivrance l'acceptation est révocable et à moins que l'accepteur n'ait communiqué le fait de son acceptation au détenteur ou ait opéré la délivrance de la lettre acceptée, il peut biffer son acceptation (*a*) et

(*a*) V. Chitty, *Bills*, p. 211-212.

Cette question de la biffure a donné lieu à beaucoup de controverses lors de la rédaction des nouvelles législations sur la lettre de change, et la doctrine est très-partagée quant au droit que peut avoir l'accepteur de rayer une acceptation une fois écrite. On a présenté de part et d'autre de bons arguments et les différentes lois se sont ralliées, tantôt à l'une de ces deux théories, tantôt à l'autre. Ainsi on peut citer d'abord les extrêmes. La loi anglaise, on le voit, permet la biffure d'une acceptation jusqu'à la délivrance, ou jusqu'à ce que avis de l'acceptation ait été donné. Jusque là, en effet, on peut le dire, personne n'a à se plaindre, puisque la biffure par l'accepteur de son acceptation, acceptation dont aucune partie n'a connaissance, ne peut nuire à personne; il lui est loisible d'accepter ou non, et une telle acceptation biffée est tout simplement comme une tache d'encre.

Ce système est suivi dans les Etats-Unis (Daniel, *Negotiable Instruments*, vol. I, p. 398), et par le nouveau Code de commerce en Italie, mais avec moins de précision et sans mention de notification.

L'art. 265 de ce Code porte que « l'acceptation ne peut être révoquée après que la lettre a été restituée » par l'accepteur. C'est aussi le système qui semble prévaloir en France (V. Lyon-Caen et Renault, *Précis*, p. 633 et Boistel, *Cours*, p. 523.)

De l'autre côté, la loi scandinave porte que « lorsque l'acceptation a été écrite sur la lettre, elle ne peut plus être valablement biffée, modifiée ou révoquée (*ut strykas aendras eller återkallas*) [art. 21]. C'est le système suivi par le Code suisse [art. 740], le projet russe [art. 31], et, bien avant toutes les nouvelles législations, par le Code hollandais [art. 119],

C'est ici une exception à la règle que personne n'est obligé par une simple intention, car une acceptation, dont aucun intéressé n'a connaissance, n'est encore qu'une intention. On

se dégager de toute responsabilité.

justifie cette exception en arguant qu'autrement la voie est ouverte à des collusions entre le tiré et le détenteur, au préjudice des autres intéressés (V. Cohn. *Entwurf*, p. 60) et que des abus peuvent surgir quand la lettre est négociée par copie ou tirée à plusieurs exemplaires ; dans ce cas, l'accepteur reste souvent nanti de la lettre qui lui a été envoyée et dont la délivrance au porteur ne se réalise que dans un temps voisin de l'échéance. L'accepteur, apprenant le mauvais état des affaires du tireur, peut encore revenir sur son acceptation (arguments de M. Dupont lors du projet de la loi actuelle belge. V. Namur, *Code Com. belge révisé*, I, p. 306.)

Les rédacteurs de la loi belge (contre le gré de beaucoup d'hommes autorisés, et parmi eux, de M. Namur) ont choisi un parti moyen entre les deux systèmes. « Le tiré peut, » porte l'art. 11 de cette loi, « s'il ne s'est pas dessaisi du titre, biffer son acceptation aussi longtemps que le délai de vingt-quatre heures qui lui est accordé par l'art. 16, n'est pas expiré. — Si le tiré ne donne pas au porteur connaissance de la biffure dans le délai préindiqué, la biffure est nulle. »

La loi allemande porte seulement : « l'acceptation, une fois donnée (ou plutôt « ayant eu lieu, » le mot allemand étant *erfolgte*) ne peut plus être retirée. » L'interprétation de cet article est encore controversée. (Cfr. Waechter, *Encycl.* p. 45; Borchardt, *Allg. D. W. O.*, p. 149; Hoffmann, *Allg. D. W. O.*, p. 299. Renaud, *Wechselrecht*, p. 130, etc.) On semble plutôt incliner vers une interprétation dans le sens des lois scandinave et suisse.

CHAPITRE VIII

De l'endossement.

Une lettre de change payable à une personne ou payable à l'ordre d'une personne se transmet par l'endossement du détenteur avec délivrance [art. 31 (3)] (*a*).

Comme nous l'avons déjà fait remarquer (*b*), la clause à ordre n'est plus essentielle et nécessaire pour rendre transmissible une lettre de change. Le simple ordre de payer à quelqu'un, sans avoir à ajouter la clause à ordre, suffit pour conférer à la personne dénommée le droit d'endosser à un tiers, et il faut désormais pour interdire la transmissibilité qu'il y ait indication précise à cette fin (*c*).

Quant à l'interdiction dans l'endossement, autrefois déjà il n'était pas nécessaire pour permettre la négociation d'une lettre de change que les mots « à ordre » (*or order*) fussent insérés dans l'endossement. Il suffisait qu'ils figurassent déjà dans la teneur même de la lettre.

(*a*) V. p. 16 et art. 21.

(*b*) V. « Introduction » p. IX et chapitre I, p. 11.

(*c*) Le droit anglais est désormais sur ce point assimilé au système allemand [art. 9], adopté aussi par la loi scendinave [art. 9], le Code fédéral suisse [art. 727], la loi hongroise [art. 8] et le C. com. italien [art. 257].

La loi belge conserve la nécessité de la clause à ordre comme le C. com. français.

La nouvelle loi, donc, ne fait plus de distinction entre l'interdiction de transmissibilité écrite dans le corps de la lettre et dans l'endossement [art. 36] (*a*).

CONDITIONS GÉNÉRALES. — L'article 32 indique à quelles conditions générales doit se conformer un endossement pour être valable :

1° Il doit être écrit sur la lettre même, sur une allonge ou sur la copie d'une lettre émise ou négociée dans un pays où les copies sont admises [art. 32 (1)] (*b*), il doit

(*a*) La loi allemande [art. 9 et 15] suivie par les lois scandinave [art. 9 et 15], suisse [art. 727 et 733] et hongroise [art. 8 et 15] fait une distinction entre l'interdiction de transmissibilité insérée dans le corps de la lettre et celle insérée dans l'endossement. Est-elle insérée dans le corps de la lettre, l'endossement « ne saurait valoir comme produisant les effets qui résultent de la lettre de change » [art. 9] ; insérée dans l'endossement, son effet est de mettre l'endosseur « à l'abri de tout recours de la part des tiers à qui la lettre aurait été transmise par celui à qui il l'a endossée. » [art. 15].

Il est à peine nécessaire de signaler la différence qu'il y a entre une telle interdiction dans l'endos et la clause « sans recours. » Par la dernière l'endosseur n'encourt aucune responsabilité.

Le code de commerce italien ne distingue pas entre l'interdiction de transmissibilité dans le corps de la lettre et dans l'endos, mais il porte : « si le tireur, le souscripteur ou l'endosseur a interdit le transfert de l'effet (*cambiale*) par moyen de l'endossement avec la clause « non à ordre » ou son équivalent, l'endossement fait malgré l'interdiction ne produit vis-à-vis de celui qui insère cette clause que les effets d'une simple cession » [art. 257]. Ceci paraît être le système de l'art. 15 de la loi allemande.

Le droit américain conserve l'ancien système anglais, V. Daniel. *Negotiable instruments*, vol. I, p. 526.

(*b*) La loi allemande dit que l'endossement peut être écrit snr une copie ou sur une allonge [art. 11] et assimile à cet égard la copie à la lettre même [art. 71]. En ce sens, loi scan-

être signé de l'endosseur et la simple signature est suffisante (*a*) tellement que celui qui signe une lettre de change autrement que comme tireur ou accepteur, est soumis à toutes les obligations d'un endosseur vis-à-vis d'un détenteur régulier [art. 56].

dinave [art. 11 et 72], loi suisse [art. 729 et 788] et loi hongroise [art. 10 et 75].

Quant au code com. italien, il dit simplement dans l'art. 258 que l'endossement doit être fait sur la lettre ; mais plus loin, d'après l'art. 282, l'endossement original fait sur la copie engage l'endosseur comme s'il était libellé sur la lettre même.

Les rédacteurs de la loi belge ont omis avec intention d'insérer dans l'art. 27 l'autorisation d'endosser sur une copie. V. Namur, *Code de com. belge révisé*, I, n° 548.

Sous quelles conditions est permise en droit français la négociation par copie. V. Bedarride, *La lettre de change*, I, n°s 110 et s.

(*a*) *Sic* en droit allemand [art. 12] ; code fédéral suisse [art. 730]; loi scandinave [art. 12] ; et loi hongroise [art. 10].

Le législateur italien a préféré maintenir en ce cas la nécessité d'indiquer la date [art. 258].

La loi belge dit dans l'art. 27 que l'endossement est daté, mais l'absence de date n'entraîne pas nullité, c'est au porteur, en cas de contestation, à établir quelle est cette date. [art. 29].

La loi française exige expressément que l'endossement soit daté et indique la valeur fournie [art. 137]. A défaut de l'une de ces mentions, l'endossement est irrégulier ; il ne vaut que comme procuration [art. 138], et ne transfère pas la propriété de la lettre. (V. note sous l'endossement restrictif, p. 75). Toutefois il est généralement admis que cette présomption n'est pas absolue en ce sens qu'entre les parties (le cédant et le cessionnaire), il peut être prouvé qu'il y a eu valeur fournie et que l'endossement a bien eu pour but le transfert de la propriété. Mais vis-à-vis des tiers la présomption ne peut être combattue. En ce sens Lyon-Caen et Renault. *Précis*, p. 601. Bédarride, *Lettre de change*, I, n°s 321 et 322, et les nombreux arrêts cités par ces auteurs.

2° L'endossement doit porter sur la valeur totale de la lettre [art. 32 (2)] (*a*).

3° Lorsque la lettre est payable à l'ordre de deux ou plusieurs bénéficiaires qui ne sont pas associés *(partners)* tous doivent faire l'endossement à moins que l'un d'eux n'ait été autorisé à le faire pour les autres.

Il n'est exigé ni d'exprimer la valeur fournie [art. 3 et 32] ni de dater ; aussi n'y a-t-il pas de pénalité encourue pour antidate ou postedate [art. 13 et 32] (*b*).

SIGNATURES. — Quant à la forme de la signature, on peut dire qu'ordinairement l'endosseur signe son nom comme il est écrit sur la lettre, sans ajouter sa signature usuelle (*c*). Si le nom du bénéficiaire est inexact ou mal orthographié, il lui est permis d'endos-

Sur la nécessité d'indiquer le nom de celui à l'ordre de qui l'endossement est passé, nous renvoyons aux notes sous l'endossement en blanc.

(*a*) Donc on n'opère pas le transfert d'une lettre en l'endossant à deux bénéficiaires séparément.

En Allemagne, les autenrs sont divisés sur la question de savoir si l'endossement pour partie est valable, mais il semble que la jurisprudence tende à l'admettre. V. Borchardt. *Allg. D. W. O.* p. 96.

Comme la loi allemande, les autres législations du continent ne parlent pas de l'endossement partiel. Malgré le silence de l'art. 137, C. com. français, il est admis en France que l'endossement pour partie d'un effet est valable. Dalloz, J. G. v° *Effets de commerce* n° 371.

(*b*) Art. 139, C. com. français. « Il est défendu d'antidater les ordres à peine de faux. » Mais, dit M. Bédarride, *Lettre de change* I, n° 338, le créancier qui se plaindrait d'une antidate devrait prouver le préjudice réel ou possible.

L'art. 29 (2) de la loi belge reproduit textuellement l'art. 139. du C. com. français.

(*c*) V. Chalmers, *Act.* p. 21.

ser la lettre d'après la fausse désignation avec addition, s'il le juge désirable, de sa propre signature [art. 32 (4)].

Il peut arriver qu'une femme mariée qui, d'après l'habitude en Angleterre, serait désignée du nom de baptême de son mari, ne sache comment signer pour faire un endossement régulier. Il semble que la forme qu'elle devrait employer serait d'écrire sa propre signature en ajoutant le nom de son mari (*a*).

Ajoutons que celui qui endosse par autorisation et comme représentant doit formellement indiquer qu'il n'agit que comme tel; autrement, il se trouverait lié par sa signature [art 31 (5)].

Effets de l'endossement régulier. — En endossant régulièrement une lettre, l'endosseur s'engage à l'accepter et payer conformément à sa teneur, et, dans le cas où elle subirait un refus, à indemniser le détenteur ou l'endosseur postérieur qui aurait été forcé de l'acquitter, pourvu que les formalités requises en cas de refus d'acceptation ou de payement aient été dûment remplies.

Il ne peut contester au détenteur de bonne foi la validité de la signature du tireur et des endosseurs antérieurs. De plus, il reconnaît, en endossant la lettre, que celle-ci est valable et qu'il a bien titre suffisant pour l'endosser [art. 55 (2)] (*b*).

(*a*) Ainsi si la lettre est payable à « Madame John Jones » et que son nom de baptême soit « Ellen », elle devrait signer « Ellen Jones, femme de John Jones ». Voir Chalmers, *Act.* p. 21.

(*b*) On peut dire que l'endosseur est en quelque sorte un nouveau tireur et que l'endossement opère contre lui de même manière que s'il y avait nouvelle émission de la lettre par lui. C'est ainsi que si le tiré refuse d'accepter, l'endosseur peut être poursuivi immédiatement. Chitty. *Bills*, p. 179 et s., V. aussi le chapitre sur la « Provision ».

D'un autre côté, l'endossement régulier transfère la propriété de la lettre. Le détenteur régulier peut dès lors poursuivre en son propre nom, et, si le droit du cédant est entaché de quelque irrégularité, celle-ci ne peut être opposée au cessionnaire dont la demande ne saurait être repoussée par les exceptions dont les parties antérieures pourraient exciper entre elles. Il peut poursuivre toutes les parties signataires à la lettre.

Ainsi, bien que le cédant n'ait qu'un titre imparfait, le cessionnaire régulier recevra une lettre régulière et valable, et le payement à lui fait entraînera libération valable [art. 38].

Différentes espèces d'endossements. — On distingue quatre espèces d'endossements qui, tout en restant soumis aux règles générales, ont leurs formes et leurs effets particuliers. Ce sont :

L'endossement spécial.
L'endossement en blanc.
L'endossement restrictif.
L'endossement conditionnel.

Endossement spécial. — L'endossement qui indique la personne à qui ou à l'ordre de qui la lettre est payable, est dit spécial.

Les dispositions de la nouvelle loi qui traitent du preneur s'appliquent aussi, avec les modifications nécessaires, au bénéficiaire d'un endossement spécial [art. 34] (*a*).

Endossement en blanc. — C'est la forme la plus usitée en Angleterre (*b*). C'est l'endossement où il n'y a pas indication d'un endossataire.

Un endossement en blanc rend la lettre payable au

(*a*) V. art. 7 et 8.
(*b*) Chitty, *Bills*, p. 172.

porteur [art. 8 (3)] (*a*) ; mais tout détenteur peut convertir un endossement en blanc en un endossement spécial en écrivant au-dessus de la signature de l'endosseur, l'ordre de payer la lettre à lui ou à son ordre ou à un tiers ou à son ordre [art. 34 (4)] (*b*).

(*a*) V. le chapitre sur le « Transfert des lettres au porteur ».

D'après la loi allemande, l'endossement en blanc est valable et a les effets d'un véritable endossement [art. 12 et 13].

La règle allemande a été suivie par les lois italienne [art. 257], suisse [art. 730], scandinave [art. 12 et 13].

La loi belge dans l'art. 27 C. com., ainsi que la loi hollandaise [art. 136] adoptent la théorie allemande, supprimant l'art. 138. du C. com. français.

D'après ce dernier article, l'endossement en blanc est irrégulier et ne peut valoir que comme procuration, (v° note sous « l'endossement restrictif »).

(*b*) Cet usage était déjà admis dans l'ancien droit français. Pothier, *Traité du contrat de change* n° 40, après avoir dit que les endossements en blanc sont défendus et qu'il ne peut en résulter d'action que le nom n'en soit rempli, ajoute : « Au « reste, il n'importe peu de quelle main l'endossement soit « rempli ; quand même il le serait de la main de la personne « au profit de qui il est fait, il ne laisserait pas d'être valable, « pourvu qu'il contienne toutes les choses requises. » Telle était aussi l'opinion de Savary, II, *parer* 8 et de d'Aguesseau dans sa réponse au Parlement de Toulouse.

Telle est encore la pratique actuelle ; on admet que le détenteur contre valeur d'une lettre à lui endossée en blanc a faculté, comme en droit anglais, de remplir l'endossement, faculté née d'une espèce de mandat que lui a ainsi donné son endosseur. Mais de ce qu'il y a mandat, l'endossement ne peut plus être rempli après la faillite ou la mort de l'endosseur.

Remarquons enfin que dans les législations où la lettre au porteur est prohibée, mais où l'on admet la lettre tirée à l'ordre de soi-même et l'endossement en blanc, on arrive par ces moyens à créer quelque chose d'analogue aux lettres au por-

ENDOSSEMENT RESTRICTIF. — Un endossement est restrictif soit quand il interdit toute négociation postérieure, c'est-à-dire lorsqu'il indique que le payement ne devra être fait qu'à une personne dénommée et à elle seule : par exemple « *Pay D. only* » (payez à D. seul), — soit lorsqu'il donne quelque ordre concernant le payement sans transférer la propriété de la lettre. Seraient tels les endossements libellés. « *Pay D for the account of X...* » (Payez à D... pour le compte de X...), ou « *Pay D... or order for collection* » (payez à D... ou à son ordre pour encaissement) [art. 35 (1)] *(a)*.

Un endossement restrictif confère à l'endossataire le droit de recevoir le payement de la lettre et de poursuivre toute partie que l'endosseur aurait pu poursuivre lui-même; mais, à moins que l'endossement ne l'y auto-

teur. Cela est vrai notamment dans les législations allemande et française. V. Lyon-Caen et Renault. *Précis*, p. 519 et notes.

(a) La plupart des législations sont d'accord sur ce point qu'un endossement restrictif enlève à la lettre son caractère de négociabilité. Un tel endossement, ainsi que celui de procuration qui est, lui aussi, un véritable endossement restrictif, permet seulement l'encaissement, le protêt, les poursuites, mais non un transfert ultérieur. (Lois all. [art. 17] ; scandinave [art. 16] ; suisse [art. 735] ; hongroise [art. 15] ; italienne [art. 259])

En droit français, il y a divergence sur les effets à accorder à l'endossement donné par procuration, surtout sur le point de savoir si celui à qui la lettre a été ainsi endossée peut en transférer la propriété. Toutefois, la majorité des auteurs et la jurisprudence admettent le droit de transférer la propriété de la lettre, mais contrairement à ce qui passerait pour le mandataire, l'endossataire deviendrait en endossant responsable vis-à-vis du porteur. D'ailleurs rien n'empêche un banquier chargé, par exemple, de faire des recouvrements pour un client, de faire un endossement de procuration en le libellant « Payez à D. valeur en *recouvrement* ».

rise en termes exprès, il ne peut opérer aucun transfert de ses droits comme endossataire [art. 35 (2)].Toutefois, si les termes d'un endossement sont tels qu'ils permettent une transmission postérieure, tous endossataires à qui la lettre est endossée après l'endossement restrictif restent soumis aux effets de cet endossement restrictif [art. 35 (3)].

En d'autres termes, une fois le caractère de négociabilité éteint, on ne peut plus le faire revivre; et un endossataire par procuration ne peut, par un endossement subséquent, autoriser un nouvel endossataire à toucher la lettre (*a*). Ainsi dans l'exemple que nous citons plus haut « payez à D... pour le compte de X...,» D... endossataire par procuration ne peut transmettre la lettre à E... par un nouvel endossement de procuration. Il faut une autorisation expresse.

Endossement conditionnel. — Serait endossement sous condition celui soumis, par exemple, à la condition de l'arrivée d'un navire ou du mariage du preneur avec une certaine personne (*b*).

Le payeur peut ne pas tenir compte d'un tel endossement et payer à celui à qui la lettre a été endossée, que la condition se soit réalisée ou non [art. 33].

Toutefois, si la personne à qui un tel endossement aurait été fait, en touchait le montant conformément aux

(*a*) Les lois allemande, suisse, hongroise et italienne permettent un nouvel endossement par procuration en ce cas ; la loi scandinave le permet à moins d'interdiction expresse formulée dans l'endos.

En droit français, il est admis sans difficulté que le premier endossataire par procuration peut constituer un autre mandataire.

(*b*) V. Chalmers. *Act.* p. 21. L'endossement conditionnel est également admis dans le droit américain.

dispositions de la loi, et sans que la condition se fût réalisée, elle recevrait, semble-t-il, le payement à titre de procuration pour le compte de l'endosseur (*a*).

Omission de l'endossement. — Le transfert d'une lettre à ordre sans endossement quoique contre valeur, ne confère que le titre qu'avait le transférant [art. 31 (4)] (*b*).

Une telle lettre se trouve dans la même position qu'une lettre qui n'est point négociable (*c*) et la protection qu'accorde l'article 38, alinéa 2, à un détenteur régulier, nonobstant les défauts de titre des parties antérieures, ne s'applique pas ici. Toutefois, le détenteur a droit d'exiger l'endossement de son cédant.

Transfert a une partie déja obligée par la lettre. — Quand, dit l'article 37, une lettre est négociée au tireur ou à un endosseur antérieur, ou à l'accepteur, ceux-ci peuvent, eu égard aux dispositions de la loi, de nouveau remettre la lettre en circulation et la négocier, mais ils ne sont pas en droit d'en réclamer le payement d'une partie, vis-à-vis de qui ils étaient tenus antérieurement à cette nouvelle mise en circulation.

Le texte dit : « eu égard aux autres dispositions de la loi. » Ces autres dispositions sont celles des articles 59 (3) et 61, qui établissent que lorsqu'une lettre de complaisance est payée à l'échéance ou après l'échéance de la lettre, elle est éteinte [art. 59 (3)] et que, lorsque l'accepteur d'une lettre en est ou en devient détenteur de son propre chef, lors ou après son échéance, il y a également extinction [art. 61].

(*a*) V. Chalmers, *Act.* p. 21.

(*b*) Comp. chap. suivant. Voir aussi Snell. *Equity*, sur *equitable assignments*, p. 94.

(*c*) Story, *Bills* p. 218.

Donc, si une lettre de change retourne avant l'échéance entre les mains de l'accepteur (*a*), il lui est permis de la transférer de nouveau, sans que pour cela il lui soit loisible de poursuivre le payement de la lettre contre une partie intermédiaire quelconque vis-à-vis de qui il a été déjà lié par la lettre. Si celle-ci lui revient à l'échéance

(*a*) Sur ce point les différentes législations présentent de nombreuses divergences.

La loi allemande dispose sans distinction que l'endossement peut avoir lieu valablement au profit, entre autres, de l'accepteur [art. 10], et, en effet, la jurisprudence allemande envisage cette disposition comme étant applicable à l'endossement des lettres échues et « préjudiciées », c'est-à-dire qui n'ont pas été protestées faute de payement ou qui n'ont pas été protestées à temps ou en due forme (arrêt de la cour suprême de commerce, 10 oct. 1876. Buge c. Lehment), mais non pas aux lettres qui ont été dûment protestées faute de payement et qui, après l'échéance et contre payement, sont transférées à l'accepteur. Il y a là confusion et la lettre est éteinte. (Arrêt de la C. sup. de com. 20 déc. 1878. Bacherach c. Dingel.)

La loi hongroise [art. 9], la loi scandinave [art. 10], le Code fédéral suisse [art. 728] et le projet russe [art. 17] reproduisent le sens de l'art. 10 de la loi allemande.

La jurisprudence française s'écarte des dispositions des lois anglaise et belge ainsi que de celles de la loi allemande et des législations qui l'ont prise pour base.

M. Bédarride dit :

« La négociation de la lettre à l'ordre du tiré n'opèrerait pas la confusion... Mais si, au moment où la lettre de change arrive à sa possession, le tiré avait déjà accepté, ou s'il l'accepte pendant qu'il l'a en main, la lettre est censée payée. (*La lettre de change*, II, p. 410). « Le tiré accepteur, disent MM. Lyon-Caen et Renault, est le débiteur direct et principal de la lettre, d'où il est naturel de conclure que l'endossement fait à son profit entraîne extinction de la lettre par confusion ou si l'on veut par une sorte de payement anticipé. » *Précis*, p. 596.

ou après et que ce soit de son propre chef qu'il en devient détenteur, il ne peut plus la transférer.

Le code italien ne parle pas du transfert à une partie figurant déjà sur la lettre.

La loi belge porte que « si la lettre a été endossée au profit du tireur, d'un endosseur antérieur ou *même de l'accepteur* et si elle a été de nouveau endossée par eux *avant l'échéance*, tous les endosseurs restent néanmoins tenus vis-à-vis du porteur » [art. 28]. « Par cette disposition, dit M. Namur, on a « voulu favoriser la circulation des lettres de change en « ayant égard à la bonne foi des tiers porteurs, qui, le « plus souvent, ne savent pas que les qualités de débiteur « et de créancier se sont trouvées réunies momentané- « ment dans la même personne, encore qu'on puisse con- « naître cette circonstance si l'on fait attention à toutes « les signatures qui se trouvent sur la lettre. » Mais il ne s'agit ici que du cas où après son extinction la lettre de change est, *avant l'échéance*, remise en circulation par un nouvel endossement. Si ce nouvel endossement était donné postérieurement à l'échéance, la solution ne serait plus la même. « En effet, ajoute M. Namur, après l'échéance l'endosseur ne peut transférer plus de droits qu'il n'en a lui-même. Les intéressés peuvent opposer au cessionnaire toutes les exceptions qui leur compètent vis-à-vis du cédant ». On voit que la loi belge se rapproche bien du droit anglais sur ce point.

CHAPITRE IX

Du transfert des lettres au porteur.

Nous avons vu que le droit anglais permet les lettres au porteur, et qu'une lettre est au porteur lorsque le seul ou le dernier endossement est en blanc (*a*) ; que de plus peut être traitée comme telle celle où le preneur est une personne fictive [art. 7 (3)].

Nous savons, en outre, que l'endossement et la délivrance sont requis pour la transmission d'une lettre à ordre.

Pour la transmission des lettres au porteur, il est à peine nécessaire de le dire, l'endossement qui est la conséquence de la clause à ordre ou de son équivalent (*b*), n'est point requis.

La délivrance, c'est-à-dire le transfert seul de la possession suffit [art. 31 (2)].

Le détenteur d'une lettre de change au porteur, en la transférant par simple délivrance, ne se soumet à aucun recours [art. 58 (1 et 2)]. Il ne fait que garantir à son cessionnaire immédiat, pourvu que la cession ait été opérée contre valeur, qu'il a bien le droit de lui transférer la lettre et que, au moment du transfert, il ne connaît aucun vice pouvant affecter sa valeur [art. 58 (3)].

Une lettre au porteur en effet circule comme papier-

(*a*) Voir p. 73 et art. 8.
(*b*) V. art. 8.

monnaie (*a*). Celui qui la possède de bonne foi en est propriétaire quel que soit le titre de son cédant, et quoiqu'il se soit montré en la prenant coupable de négligence, à moins toutefois que cette négligence ne soit si flagrante, qu'elle constitue une preuve de mauvaise foi.

(*a*) Les billets de banque en Angleterre, sont en effet de simples billets, payables au porteur sur demande.

CHAPITRE X

Du transfert après échéance ou après non-acceptation.

Une lettre de change transférable à l'origine reste telle tant qu'elle ne porte pas un endossement restrictif (*a*), ou qu'elle n'a pas été payée ou autrement acquittée [art. 36 (1)].

On peut donc la transférer après son échéance et après refus d'acceptation.

TRANSFERT APRÈS ÉCHÉANCE. — Le preneur reste soumis à tout vice de titre qui affecte la lettre lors de son échéance [art. 36 (3)]; il n'a et ne peut conférer que le titre qu'avait son cédant. En d'autres termes, il ne jouit plus de la protection accordée par la loi au détenteur régulier [art. 29] qui détient la lettre sans que ses droits puissent être restreints par les défauts de titre des parties antérieures (*b*).

Il faut se rappeler que pour conserver son droit de recours sur le tireur et les endosseurs, la lettre, à moins d'excuse ou de dispense [art. 46], doit être dûment pré-

(*a*) Voir p. 75.
(*b*) V. art. 38 et Introduction, p. VI.

sentée au payement [art. 45]; que, d'autre part, s'il y a refus de payement ou dispense de présentation ou excuse pour défaut de présentation et que la lettre arrive à échéance et reste impayée, notification doit en être donnée aux parties [art 48], conformément aux dispositions de la loi [art. 49].

Donc, la notification, aussi bien que la présentation, est nécessaire pour conserver le recours au cas de non-payement.

Lorsqu'on a négligé d'opérer la présentation et de donner notification du non-payement, on perd son droit de recours contre le tireur et les endosseurs et on ne conserve que ses droits contre l'accepteur [52 (1)] (*a*).

(*b*) La loi allemande [art. 16], fait une distinction entre les cas où la lettre a été ou n'a pas été protestée avant l'endossement en question. Si la lettre a été protestée faute de payement avant l'endossement, celui au profit de qui elle a été endossée a les droits de son endosseur contre les accepteur, tireur et endosseurs antérieurs au protêt. Or la notification, prenant en droit anglais, pour les lettres intérieures, la place que le protêt prend sur le continent, le principe des lois anglaise et allemande est ici le même. Il est aussi semblable pour le cas où une lettre est endossée après l'expiration du délai fixé pour le protêt faute de payement (lisons pour le droit anglais: notification). Celui au profit de qui elle est endossée, acquiert, comme en droit anglais, contre le tiré les droits résultant de l'acceptation, mais il n'a, par suite du défaut de protêt (non-notification), aucun recours contre les tireur et endosseurs antérieurs au protêt. La loi allemande ajoute qu'il a un droit de recours contre ceux qui ont endossé la lettre après l'expiration du délai. (V. aussi loi all., art. 41.)

En droit français, la question n'est pas tranchée par le Code, et la jurisprudence, sur l'effet qu'il faut accorder aux lettres échues, a été longtemps hésitante. Il y a en présence deux systèmes absolument opposés.

Le premier ressemble à celui de l'Angleterre : le porteur d'une lettre échue demeure assujetti à toutes les exceptions

Dès lors, le cessionnaire par endossement après échéance se verra opposer comme on l'aurait opposé à son cédant le défaut de présentation ou de notification.

Mais une lettre sur demande, quand est-elle échue?

L'article 36 nous dit que désormais les lettres sur de-

qui auraient pu être opposées à son cédant. (Paris, 24 janvier 1809, J. G. de D. Effets de comm., 408. — Paris, 4 jan. 1817. — Rennes, 15 juillet 1844, *ibid.*)

D'après l'autre système, l'endossement d'un effet de commerce échu produit tous les effets d'un endossement régulier fait avant l'échéance, sans qu'il soit besoin que le porteur le fasse signifier au tiré ou au souscripteur. Il devient également en cas de non-payement, créancier direct des endosseurs..... (Civ. r., 29 août 1854, D. R. P. 54, 1, 287, et Civ. c. 21 juil. 1855, *op cit.* 55, 1, 288.)

En ce sens : Lyon-Caen et Renault, *Précis*, p. 595; Bédarride : *Lettre de change*, I, n° 298.

Il a été toutefois jugé que la transmission par endossement après l'échéance n'est valable qu'autant que l'effet de commerce n'a pas été protesté, le protêt fixant la créance entre les mains de celui à la requête de qui il a été fait. (Grenoble, 14 juillet 1824; Dalloz, J. G., *Effets de commerce*, 411.) *Sic* Alauzet, *Commentaire*, IV, 1350 et 1351. M. Boistel au contraire, dit : « Peut-« on endosser un effet après l'échéance? Nous admettons que « oui, pourvu que le porteur ait conservé son droit de recours « par un protêt, afin qu'il ait quelque chose à céder. » (*Cours*, p. 495). Il est évident que ni la doctrine française, ni la jurisprudence ne sont bien fixées quant aux effets à accorder à la lettre échue.

L'art. 26 du C. com. belge modifie ainsi l'article 136 du C. com. français : « La propriété d'une lettre de change se transmet par voie d'endossement, même après l'échéance, avec les garanties hypothécaires qui y sont attachées. Toutefois, si l'endossement est postérieur à l'échéance, le tiré pourra opposer au cessionnaire les exceptions qui lui compétaient contre le propriétaire de la lettre au moment où elle est échue. »

D'après le C. com. italien [art. 260], le C. com. espagnol [art. 474], et le C. com. portugais [art. 360], l'endossement

mande sont censées échues lorsqu'elles sont restées trop longtemps en circulation : pendant une période qui est *unreasonable* (*a*).

Tout endossement est présumé avoir été fait avant l'échéance [art. 36 (4)], à moins que, bien entendu, l'endossement ne soit daté et que la date ne soit postérieure à l'échéance [art. 36 (4)].

TRANSFERT APRÈS NON-ACCEPTATION. — Lorsqu'une lettre de change qui n'est pas encore échue, a subi un refus d'acceptation, toute personne à qui notification en a été faite la prend soumise à tous les vices de titre qui l'affectent au moment du refus d'acceptation [art. 36 (5)].

Cette règle ne porte pas atteinte aux droits d'un détenteur régulier, c'est-à-dire d'un détenteur qui a reçu la lettre contre valeur et sans notification du vice dont elle est frappée.

d'une lettre échue ne produit que les effets d'une cession civile ou ordinaire (*gli effetti di una cessione*; *cesion ordinaria*; *cessão ordinaria de creditos*).

Le droit hollandais en restreint davantage encore les effets. « Les lettres de change échues, » dit le C. com. [art. 139] : « ..... ne peuvent être endossées, mais la propriété doit en être transmise par un acte de cession séparé, selon les dispositions du Code civil. »

Le Code fédéral suisse [art. 734] adopte les distinctions allemandes.

Quant à la loi scandinave, M. Dareste, dans sa traduction de cette loi (*Annuaire de lég. étrang.* 1881) remarque à propos de l'art. 15, que « l'article 16 de la loi allemande, relatif à l'endossement après le protêt ou après l'expiration du délai de protêt, a été supprimé, comme disposition inutile et d'application difficile. La loi suédoise de 1851 l'avait déjà omis. » Cette loi ne parle pas de l'endossement après l'échéance.

Le projet russe met l'endossement après et l'endossement avant l'échéance sur le même pied [art. 18 et 23].

(*a*) V. « Introduction, » p. VII.

Aux termes de l'article 73, cette disposition s'applique aussi aux chèques. — V. le chapitre sur les « Chèques. »

CHAPITRE XI

De la présentation au payement (*a*).

L'obligation que contractent le tireur et chaque endosseur est de payer, mais seulement au cas où la lettre ayant été présentée à l'accepteur, celui-ci a refusé de faire honneur à sa signature, et que notification a été faite de ce refus. Ainsi le droit de recours du porteur contre le tireur et les endosseurs, dépend de la due présentation de la lettre au payement (*b*).

Il serait en effet nuisible aux intérêts du commerce que le détenteur pût prolonger les délais et étendre, pour ainsi dire, le crédit de l'accepteur, alors que la lettre ne lui donne aucunement ce droit, puis, plus tard, l'ac-

(*a*) Nombre de points traités dans ce chapitre ne peuvent être qu'une répétition de ce que nous avons dit sur la présentation à l'acceptation. Nous renvoyons à ce dernier chapitre pour toutes les comparaisons avec les lois du continent qui ne sont pas traitées dans le présent chapitre.

(*b*) V. Chitty, *Bills*. p. 249. Il faut, comme on le verra dans le chapitre sur la « Notification », pour conserver le recours sur les autres parties non-seulement présenter la lettre mais aussi donner notification à ces parties du refus de payement, la notification remplaçant pour les lettres intérieures en droit anglais le protêt du droit français.

cepteur devenant insolvable, recourir contre les endosseurs et le tireur.

Autre bien entendu est la situation de l'accepteur. En s'obligeant à payer la lettre à l'échéance, il s'est soumis à un contrat qui, à partir de l'échéance, devient une convention ordinaire par laquelle il est lié jusqu'à l'arrivée de la prescription (*a*).

Même lorsque l'acceptation est une acceptation spéciale ou modifiée et de nature à exiger la présentation au payement, l'accepteur n'est pas relevé de son obligation par l'omission de cette présentation, à moins de stipulation expresse à cet égard [art. 52 (2)] (*b*).

Où se fait la présentation. — Quant à l'endroit où il faut faire la présentation, la loi donne certaines règles :

1. Le lieu de payement est spécifié dans la lettre : c'est là que la présentation doit être faite.

2. Aucun lieu pour le payement n'est désigné, mais l'adresse du tiré ou accepteur est indiquée : la lettre est valablement présentée à cette adresse.

3. Ni le lieu de payement, ni l'adresse ne sont indiqués : la lettre est valablement présentée au siège d'affaires du tiré ou accepteur ; si le siège de ses affaires n'est pas connu, et qu'on sache où il a sa résidence habituelle, la présentation est valablement faite à cette dernière.

(*a*) V. le chapitre sur la « Prescription », et Chitty, *Bills*, p. 248. — Broom, *Common Law*, p. 451.

Cfr. aussi art. 52 sur le billet de change « domicilié. »

(*b*) V. Acceptation, p. 60.

Donc le droit anglais ne comporte pas l'exception consignée dans l'art. 43 de la loi allemande en ce qui concerne la lettre domiciliée.

4. Dans tous les autres cas, la présentation est faite valablement si la lettre est présentée au tiré ou accepteur à l'endroit où on le trouve, ou si elle est présentée à son dernier lieu connu d'affaires ou de résidence [art. 45 (4)].

QUAND A LIEU LA PRÉSENTATION. — Les lettres de change sont ou payables sur demande (*a*), ou payables à une date.

Sont-elles payables sur demande, le détenteur doit effectuer la présentation dans un délai raisonnable (*b*) après l'émission, sous peine de perdre son droit de recours contre le tireur, et dans un délai raisonnable après l'endossement, sous peine de perte du droit de recours contre l'endosseur (*c*).

La lettre n'est-elle pas payable sur demande, la présentation doit avoir lieu au jour de l'échéance [art. 45 (4)] (*d*).

Quant au fait même de la présentation, elle doit avoir lieu à une heure convenable et un jour ouvrable.

(*a*) Voir pour la définition des lettres qui sont considérées comme payables sur demande, [art. 10] et p. 12.

(*b*) Voir art. 40 (3) et art. 45.

(*c*) Le C. Com. fr., art. 160, (L. 3 mai 1862), accorde un délai de trois mois de la date de la lettre avec des prorogations suivant les distances ; la loi allemande, qui sous l'art. 31 traite spécialement des lettres à vue, donne un délai de deux ans partant de la création de la lettre. Ni la loi allemande ni la loi anglaise ne parlant de la provision, il ne peut s'agir de la restriction que comporte l'art. 160, C. Com. français, quant au recours contre le tireur.

Il faut remarquer.que les règles relatives à la nécessité de la présentation du billet de change diffèrent de celles relatives à la lettre. [V.art. 86 (3)], et le chapitre sur le «billet de change.»

(*d*) V. sur les jours de grâce, dimanches et jours fériés. p. 45.

PAR ET A QUI EST FAITE LA PRÉSENTATION. — La présentation est faite par le détenteur ou par un tiers de lui autorisé à recevoir le payement en son nom ; elle doit être faite au payeur indiqué ou à un tiers de lui autorisé si avec toute diligence ces personnes peuvent être trouvées [art. 45 (3)].

Quand il y a deux ou plusieurs tirés ou accepteurs qui ne sont pas associés et qu'aucun lieu n'est indiqué pour le payement, la présentation doit être faite à chacun d'eux [art. 45 (6)].

Si le tiré ou accepteur est mort et qu'aucun lieu ne soit indiqué pour le payement, la présentation doit être faite à un représentant de la fortune mobilière (*personal representative*) s'il en existe un, et si, toute diligence déployée, il est trouvable [art. 45 (7)].

MODE DE PRÉSENTATION. — Le détenteur exhibe la lettre à la personne à qui il demande payement. Aussitôt qu'elle est payée, il la remet à celui qui vient ainsi de l'acquitter [art. 52 (4)].

Comme pour la présentation à l'acceptation, la présentation au payement par la poste (c'est-à-dire par lettre) suffit lorsque ce mode est sanctionné par l'usage ou par convention [art. 45 (8)] (*a*).

EXCUSES ET DISPENSES (*b*). — Il peut arriver que le

(*a*) En Belgique (loi du 30 mai 1879 [art. 35], et arrêté royal du 12 oct. 1879 [art. 34 et suiv.]), en Allemagne (règlement postal du 30 nov. 1871 et une série d'arrêtés. V. Waechter, *Encycl.* p. 740), et en France (loi du 17 juillet 1880 et décret du 15 fév. 1881), la poste entreprend même le recouvrement.

(*b*) Les lois suisse [art. 763] et scandinave [art. 42], disposent expressément que les clauses « sans protêt » et « sans frais » et locutions analogues ne dispensent pas de la présentation. Cfr. le chap. sur la « Notification. »

détenteur, par suite de quelque empêchement, n'ait pu présenter au payement en temps utile. Son retard n'est excusable qu'autant qu'il est dû à un cas de force majeure et qu'il ne peut être attribué à sa faute ou à sa négligence. Aussi doit-il, la cause de ce retard ayant cessé d'exister, effectuer la présentation avec diligence suffisante *(reasonable)* [art. 46 (1)].

La loi dispense le détenteur de la présentation au payement lorsque, même en employant toute diligence, elle n'a pu être effectuée (*a*) ou que le tiré est personne fictive [art. 46 (2)].

Il est aussi dispensé de la nécessité de la présentation pour conserver son recours contre le tireur, lorsque le tiré ou accepteur n'est pas obligé de payer, et que le tireur n'a aucune raison de croire que la lettre serait payée si elle était présentée [art. 46 (2 c)] (*b*).

Même dispense pour garder son recours contre un endosseur lorsque la lettre a été faite ou acceptée par simple complaisance pour celui-ci *(for the accommodation of that indorser)*; cet endosseur ne peut attendre que l'accepteur fasse honneur à la lettre [art. 46 (2)].

Enfin il est permis au tireur ou à l'endosseur, soit expressément, soit tacitement, de renoncer à la présentation au payement [art. 46 (2)].

La renonciation peut même intervenir après l'expiration du délai pour la présentation (*c*).

On aura remarqué qu'à la différence de la présenta-

(*a*) De ce que le détenteur a lieu de croire que la lettre ne sera pas payée, il n'est pas dispensé pour cela de la présentation. (art. 46).

(*b*) Il est évident que dans un tel cas la raison d'être de la présentation n'existe plus.

(*c*) Une promesse de payer nonobstant que la lettre n'ait pas été dûment présentée, vaut renonciation. V. Chalmers. *Act*, p. 31.

tion à l'acceptation, ni la mort, ni la faillite du tiré ou accepteur ne constituent excuses valables pour défaut de présentation au payement (*a*).

Au contraire, le détenteur est dispensé de la présentation au payement lorsque la lettre a subi un refus d'acceptation [art. 43 (2)] (*b*).

(*a*) Il en est autrement de la présentation à l'acceptation. V. p. 55.

(*b*) *Contrà*. C. Com. fr. [art. 163] et dans toutes les législations récentes excepté celles de l'Angleterre et des pays scandinaves.

CHAPITRE XII

Du payement et des autres modes d'extinction.

DIFFÉRENTS MODES D'EXTINCTION. — Les modes d'extinction dont la nouvelle loi fait mention sont : A. le payement; B. la remise expresse ; C. l'annulation (*biffure*) ; D. une modification des termes essentiels par une des parties sans l'assentiment des autres ; E. la confusion et F. la compensation.

A. *Du payement.*

CONDITIONS DE VALIDITÉ DU PAYEMENT. — Le payement par le tiré ou accepteur, pour être libératoire doit être fait : à l'échéance ou après l'échéance ; au détenteur ; de bonne foi et sans notification que le titre du détenteur soit vicié [art. 59 (1)] (*a*).

Un tel payement est appelé « régulier » (*payment in due course*), et c'est en ce sens que le mot est employé dans ce chapitre.

QUAND DOIT ÊTRE FAIT LE PAYEMENT. — Le payement

(*a*) La notification peut être fictive et consister en tout fait qui, dans des limites raisonnables, est susceptible d'éveiller l'attention.

par le tiré ou accepteur doit être fait à l'échéance. Il peut être fait après l'échéance, mais fait avant, il ne constitue qu'un simple achat de la lettre par ce tiré ou accepteur qui peut la négocier de nouveau et la remettre en circulation (*a*).

D'ailleurs si la lettre payée avant l'échéance se perd et tombe plus tard entre les mains d'un détenteur de bonne foi, l'accepteur peut avoir à payer une seconde fois (*b*), tandis que le payement à l'échéance opère extinction complète de la lettre. Celui qui prend une lettre échue ne jouit que des droits de celui dont il la tient [art. 36 (2)].

L'accepteur doit payer sur présentation de la lettre faite le jour de l'exigibilité du payement.

Si sur présentation la lettre n'est pas payée, le détenteur peut traiter celle-ci comme ayant subi un refus de payement et il n'est pas dès lors nécessaire d'attendre la fin de la journée pour exercer le recours, car le con-

(*a*) Chalmers, *Digest.* p. 203. *Sic* en droit allemand [art. 10], suisse [art. 728], scandinave [art. 10] et belge [art. 28].

(*b*) Le C. Com. français [art. 141], suivi par la loi belge [art. 34] et le nouveau C. Com. italien [art. 294], porte que celui qui paye une lettre de change avant son échéance est responsable de la validité du payement. De même, d'après le Code suisse, le payement par anticipation « est aux risques et périls de celui qui l'effectue. » [Art. 760]. La loi scandinave est plus précise encore. Elle dit que si la lettre est payée avant l'échéance et qu'il vienne à être reconnu plus tard que le payement n'a pas été fait au légitime détenteur, celui qui l'a payée répond de tous dommages résultant de ce payement. (Traduction de P. Dareste).

Sic projet russe [art. 77].

En Allemagne, bien que la loi sur le change ne parle pas du payement anticipé, on suit la même doctrine (V. Waechter, *Encycl.*, p. 1047).

trat de l'accepteur est de payer sur demande au jour où le payement est dû (*a*). Toutefois, il semble que le payement effectué le jour où il est dû, même après un refus ce même jour, vaut exécution valable du contrat (*b*).

D'autre part, le payement n'est-il pas demandé à l'échéance, le dépôt du montant de la lettre ne confère au tiré aucun droit ; d'ailleurs le dépôt judiciaire en Angleterre appartient à la procédure d'une action et hors de l'action ne produit pas d'effet (*c*).

COMMENT SE FAIT LE PAYEMENT. — Le payement doit avoir lieu de la manière indiquée par la lettre, c'est-à-dire en numéraire (*d*).

Lorsque la lettre est tirée hors du Royaume-Uni, mais qu'elle y est payable et que la somme à payer n'est pas exprimée dans la monnaie courante du Royaume-Uni, on doit en calculer le montant, en l'absence de toute stipulation expresse, d'après le taux de change pour les traites à vue au lieu du payement au jour de l'échéance [art. 72 (4)] (*e*).

(*a*) V. Chitty, *Bills*. p. 281.

(*b*) V. *op. cit.* p. 281. Cette question parait être tranchée définitivement en ce sens aux Etats-Unis. Daniel, *Negotiable Instruments*, II. p. 243.

(*c*) En France une loi du 6 thermidor an III autorise le débiteur qui veut se libérer à consigner, dans les trois jours de l'échéance, le montant de la lettre à la Caisse des Dépôts et Consignations, cela aux frais et risques du porteur. Celui-ci étant inconnu, le débiteur n'est pas tenu de lui faire sommation.

La même disposition se retrouve dans la loi allemande [art. 40], et le nouveau C. Com. italien [art. 297].

(*d*) V. ch. sur la « Forme, » p. 3, et art. 3 (1) et (2).

(*e*) La loi anglaise traite de cette question dans le chapitre sur le « Conflit des Lois ». Mais il parait plus rationnel de ranger la solution de cette difficulté dans le « Payement » car il n'y a pas ici, à proprement parler, règlement d'un conflit de législations.

Ainsi, la somme à payer sur une lettre tirée de Paris sur Londres et dont le montant est porté en francs, sera calculée d'après cette règle, c'est-à-dire d'après le taux de change au jour où l'effet est payable *(a)*.

C'est ainsi que les législations allemande, suisse, belge et scandinave en ont traité sous le « Payement ». Il en est de même dans le projet russe.

Dans le nouveau Code italien, la solution en est donnée par l'art. 39, au chapitre des « Obligations commerciales en général ».

(*a*) La loi allemande qui tranche cette question d'une façon plus générale porte que lorsqu'une lettre est stipulée payable en une monnaie qui n'a pas cours au lieu du payement ou en une monnaie de compte, la somme peut être payée en monnaie du lieu où le payement doit être effectué, d'après sa valeur au jour de l'échéance, à moins que le tireur n'ait précisé par ces mots : « en effectif, » ou par une expression équivalente, les espèces dans lesquelles la lettre de change doit être payée. [art. 37].

Le Code suisse [art. 756] reproduit cet article, et c'est en s'inspirant probablement du même système que les rédacteurs du Code belge ont comblé une lacune de l'art. 143 du C. Com. français en ajoutant que « s'il s'agit d'une monnaie étrangère, le payement peut se faire en monnaie nationale au cours du change au jour de l'échéance ou au cours fixé par l'effet, à moins cependant que le tireur n'ait prescrit formellement le payement en monnaie étrangère (art. 33).

M. Namur interprète ce second alinéa en ce sens que, à moins que le payement en monnaie étrangère ne soit prescrit formellement, « le payement *peut* se faire en monnaie nationale, au cours fixé par l'effet, ou, à défaut d'une telle indication, au cours du change au jour de l'échéance ».

« A la vérité, continue M. Namur, la rédaction du 2e alinéa de l'article 33 n'est pas tout à fait claire, car elle semble donner au tiré une option entre deux cours différents : le cours du change au jour de l'échéance, et le cours fixé par l'effet. Mais notre interprétation, conforme aux principes généraux du droit suivant lesquels la convention fait la loi des parties, est

Lorsque la lettre est payable à l'étranger, on a vu(*a*), qu'il peut être requis de payer en tenant compte du taux de change déterminé, ou de celui qui sera constaté de la façon indiquée par la lettre. [art. 9 (1, d)]; le payement peut en outre avoir lieu par fractions fixes avec clause que le défaut de payement de l'une d'elles rendra le tout exigible. [art. 9 (1, c.)]

PAR QUI EST FAIT LE PAYEMENT (*b*). — Une lettre

encore confirmée par les travaux préparatoires de la nouvelle loi. » (*Code de Com. belge révisé*, p. 372).

La rédaction de la loi scandinave [art. 35], est presque conforme à celle de la loi anglaise. Cette loi porte que « la lettre de change doit être payée dans la monnaie qu'elle indique. Si cette monnaie n'a pas cours au lieu du payement, et que le tireur n'ait point spécialement ordonné le payement en monnaie étrangère par l'expression « *effective* » ou quelque autre formule analogue, la lettre de change peut être payée en monnaie du pays, au cours des effets de commerce payables à vue en la même monnaie étrangère, au lieu du payement ou sur la place de change nationale la plus rapprochée, et à l'époque où le payement est effectué. » (Traduction de M. Dareste).

C'est à cette rédaction combinée avec celle de l'art. 33 de la loi belge que s'est rallié le nouveau C. Com. italien : « *Se la moneta indicata in un contratto non ha corso legale o commerciale nel Regno e se il corso non fu expresso, il pagamento puó essere fatto colla moneta del paese secondo il corso del cambio a vista nel giorno della scadenza e nel luogo del pagamento....., salvo se il contratto porti la clausola « effettivo » od altra equivalente.* » [art. 39].

Il est à remarquer que le projet russe ne semble pas admettre la validité d'une stipulation expresse que le payement serait fait dans la monnaie indiquée par la lettre [art. 73[.

(*a*) V. « Conditions et formes de la lettre de change. »

(*b*) Quant à celui qui paye sur une seconde, troisième, quatrième, etc., Voir chap. sur « La pluralité d'exemplaires » et art. 71.

de change peut être payée par le tiré ou l'accepteur, par le tireur, par un endosseur, par un recommandataire ou par un étranger par intervention *(a)*.

PAYEMENT PAR LE TIREUR. — Le tireur, après payement fait par lui d'une lettre payable à un tiers, ou à son ordre, peut se faire rembourser par l'accepteur *(b)*, mais il ne peut plus remettre la lettre en circulation. [art. 59 (2)].

Au contraire lorsque la lettre est payable à son propre ordre, il est réintégré dans ses droits antérieurs et peut, s'il le juge convenable, après avoir effacé son endossement et les endossements postérieurs au sien, remettre la lettre en circulation [art. 59 (2)].

PAYEMENT PAR L'ENDOSSEUR. — L'endosseur qui paye une lettre est dans la même position que le tireur dont nous venons de parler en dernier lieu [art. 59 (2)].

Payement en effet par un endosseur ou par le tireur, avec l'exception indiquée, ne vaut que comme simple achat de la lettre et non comme mode d'extinction [art. 59 (2)] *(c)*.

PAYEMENT D'UNE LETTRE DE COMPLAISANCE. — Lorsque la personne pour qui une lettre de complaisance a été acceptée la paye à son échéance, ce payement en opère la libération.

(a) Nous traitons plus loin, chapitre XVIII, du recommandataire et du payeur par intervention, ne nous occupant ici que des tiré et endosseurs.

Il n'y a pas nécessité de parler spécialement du tiré-accepteur qui est le principal obligé et de qui en premier lieu s'occupe ce chapitre.

(b) V. « Acceptation. » — Des obligations résultant de l'acceptation, p. 63.

(c) Chalmers. *Dig*. p. 201.

Cela résulte de la relation existant entre les parties à une telle lettre, l'accepteur ayant droit d'être indemnisé et la partie « accomodée » étant la partie responsable en dernier lieu *(a)*.

A QUI DOIT ÊTRE FAIT LE PAYEMENT. — Pour opérer libération de la lettre nous avons dit que le payement doit être fait au détenteur (ou, bien entendu, à quelqu'un, autorisé par lui à le recevoir en son nom).

Un détenteur dont le titre repose sur un endossement faux ne peut donner décharge sauf le cas où la personne dont la signature a été faussée l'a ratifiée et a laissé ainsi croire au preneur que la lettre était régulière. [art. 24].

Mais le payement, même au voleur, d'une lettre au porteur ou endossée en blanc est libératoire si toutes les autres conditions de bonne foi, d'absence de notification de vice et de présentation à l'échéance sont remplies (*b*).

EFFETS DU PAYEMENT. — Le payement régulier, c'est-à-dire le payement opéré suivant les conditions sus-énoncées par le tiré ou accepteur opère la libération de la lettre [art. 59 (1)] (*c*) ; même si le détenteur de la lettre n'a qu'un titre vicié celui qui la paye de cette façon régulière est libéré valablement [art. 38 (3 b)].

Mais le payeur n'est pas protégé autant qu'on pourrait le croire tout d'abord à la lecture de cet article et la nouvelle loi sur ce point laisse beaucoup à désirer en fait de précision.

(*a*) Mais l'action du payeur par complaisance ne naît pas du droit de change : elle est de droit commun comme le serait celle d'un accepteur qui aurait payé pour ses co-accepteurs. Aussi survit-elle à la libération de la lettre. V. sur ce point Chalmers, *Digest*. p. 197.

V. aussi « De la Cause. » p. 35.

(*b*) Chalmers, *Digest*. 205, et Chitty. *Bills*, p. 278.

(*c*) V. page 92.

Est détenteur le preneur ou l'endosseur en possession de la lettre, ou le porteur d'une lettre au porteur [art. 2]; il ne s'agit donc pas ici d'un individu qui se fait passer pour le véritable porteur d'une lettre à ordre n'en étant pas, d'après les termes de la lettre, détenteur puisqu'il ne serait ni preneur ni endossataire. Aussi le payement à lui fait ne vaudrait pas libération.

Par suite, lorsqu'une signature sur une lettre est fausse ou donnée sans autorisation de la personne qui est présentée comme l'ayant autorisée, cette signature fausse ou non autorisée est sans effet, et aucun droit de garder la lettre, d'en donner décharge, ou d'en requérir le payement contre toute partie ne peut être conféré par cette signature, à moins que la partie malgré l'opposition de qui on veut détenir la lettre ou à qui on demande le payement ne soit pas admise à exciper du faux ou de l'absence d'autorisation [art. 24] (*a*).

A ceci il y a une exception en faveur du banquier qui paye une lettre payable à ordre sur demande tirée sur lui : si ce banquier paye de bonne foi et selon l'usage commercial il est censé avoir payé régulièrement, bien que la lettre porte un endossement faux ou donné sans autorisation [art. 60].

Il s'en suit donc qu'en Angleterre le payeur est tenu, s'il n'est pas banquier, d'examiner l'authenticité des signatures (*b*) et de vérifier l'identité du por-

(*a*) En droit français le contraire semble être admis. V. note suivante.

(*b*) La loi allemande qui est suivie par le Code fédéral suisse [art 755], la loi scandinave [art. 39] et le Code de Com. italien [art. 287] ainsi que par le projet russe [art. 71 et 72], porte expressément que pourvu que le porteur justifie de sa propriété par une série continue d'endossements descendant jusqu'à lui, le payeur n'est pas tenu de vérifier l'authenticité des endossements. (art. 36.)

Le Code de Commerce français (et la loi belge : art. 35) porte

teur (*a*)

Payement partiel. — Le payement partiel ne constitue qu'une libération *pro tanto*, c'est-à-dire que les obligations et recours nés de la lettre continuent d'exister pour le montant impayé, pourvu toujours que le détenteur ne renonce pas à ses droits ou ne donne pas du temps pour l'acquittement du restant de la somme due (*b*).

Le détenteur n'est pas obligé d'accepter d'autre payement que pour la totalité du montant de la lettre, ce qui n'est d'ailleurs que le droit commun (*c*).

que celui qui paye une lettre de change à son échéance et sans opposition est présumé valablement libéré. [art. 145].

Il n'y a donc en droit français qu'une présomption favorable au tiré. Il doit prendre certaines précautions et entre autres vérifier les signatures qu'il connait, constater si les endossements se suivent sans interruption, mais cela fait, le tiré n'est pas responsable si les endossements ne sont pas sincères. (Lyon-Caen et Renault, *Précis*, p. 658).

(*a*) En droit allemand le payeur est tenu de s'assurer de l'identité de la personne qui présente la lettre avec celle désignée comme porteur dans la lettre même (Waechter. *Wechselrecht*, p. 277). En France, le payeur peut exiger que le porteur fasse la preuve de son identité. A la rigueur, il doit l'exiger pour établir ainsi sa bonne foi. (Dictionnaire de Couder, v• « *Lettre de change* » n°• 650 et 670).

(*b*) Chitty. *Bills*, p. 303 et Chalmers. *Dig*. p. 200.

(*c*) D'après la loi allemande [art. 38] au contraire, le porteur ne peut se refuser à recevoir un payement partiel lors même que l'acceptation aurait été donnée pour la somme entière. Ceci toutefois ne s'applique qu'au payement au jour de l'échéance et non pas à un payement partiel offert après l'échéance ou après protêt. (Borchardt. *Allg. D. W. O.* p. 215). Il a été décidé d'ailleurs qu'il s'agit ici d'une modification au droit civil allemand, modification qui ne comporte aucune extension.

Sic, Code fédéral suisse [art. 757].

Preuve du payement. — La personne qui paye la lettre a droit à un reçu (*a*) qui, s'il est écrit, comme il est d'usage, sur l'endos d'une lettre dûment timbrée, n'a pas besoin d'un timbre nouveau (*b*).

Dans la loi belge, la règle allemande a été en partie ajoutée au texte de la loi française. Ainsi l'art. 46 (ancien art. 156), dit : « le porteur est tenu de faire protester la lettre de change pour le surplus, sans pouvoir refuser le payement partiel qui lui est offert. »

Le C. Com. italien [art. 292], la loi scandinave [art. 37] et le projet russe [art. 74] adoptent essentiellement la règle allemande.

En France, cette question ne semble pas être tranchée définivement. Aux termes de l'art. 1244 du C. Civ. français, le débiteur ne peut point forcer le créancier à recevoir en partie le payement d'une dette, même divisible, et l'on discute s'il faut appliquer cette règle au payement partiel d'une lettre de change.

L'art. 156. C. Com. dit que les payements faits à compte sur le montant d'une lettre de change sont à la décharge des tireur et endosseurs.

Or certains auteurs maintiennent que cet article ne déroge pas à l'article 1244 C. C. et que le porteur ne peut être forcé de recevoir un à-compte. (En ce sens : Dictionnaire de Couder. v° « *Lettre de change* » n° 712; Bédarride, *De la lettre de change*, II, n° 446).

D'autres au contraire décident que le porteur est forcé d'accepter. Ils se basent sur ce que le tiré peut ne donner qu'une acceptation partielle et que, d'ailleurs, l'art. 156 n'indique sur ce point aucune restriction. (En ce sens : Lyon-Caen et Renault. *Précis*, p. 662. Boistel, *Cours*, p. 533).

Mentionnons que, d'après l'art. 2 de la loi du 5 avril 1879 qui a créé le recouvrement par la poste des effets de commerce, il ne peut être fait de payement partiel. Cette disposition n'a pas été modifiée par la loi du 17 juillet 1880.

(*a*) V. le chapitre sur le « Timbre. »

(*b*) V. note suivante.

Il est d'ailleurs d'usage, quand il n'y a payement que d'une partie du montant de la lettre que reçu de cette somme partielle soit donné sur la lettre ; c'est une formalité qu'il est prudent et utile de requérir (a).

Mais un reçu ne constitue pas une preuve absolue du payement ; on peut y contredire ou la compléter par des dépositions orales : ainsi on peut établir que le reçu a été donné par le tireur et non par l'accepteur.

Toutefois, comme le reçu donné au dos d'une lettre est de prime abord preuve de son payement par l'accepteur, il est bon pour le détenteur, dans tous les cas où le payement est fait par le tireur ou un endosseur, de mentionner dans son reçu par qui la lettre a été acquittée. Notamment, il a été décidé que le fait de l'inscription du reçu au dos de la lettre, ne constitue pas présomption de payement à moins qu'elle ne soit prouvée

(a) V. Byles, *Bills*, p. 212 et s. et Chitty, *Bills*, p. 294.

La loi allemande [art. 39] porte que le débiteur d'une lettre de change n'est tenu de payer que contre remise de l'effet acquitté. En cas de payement restreint, tout ce que le débiteur peut exiger, c'est que le payement soit indiqué sur l'effet et que quittance lui soit donnée sur une copie.

V. le Code suisse [art. 758], la loi scandinave [art. 38] et le C. Com. italien [art. 295).Ce dernier porte que, en cas de payement partiel,« le porteur devra en faire mention sur la lettre de change et donner *quittance séparée,* » et que « si le payement a lieu après protêt, ce protêt et le compte de retour doivent aussi être remis au payeur». Les C. Com. français et belge ne contiennent pas de disposition à cet égard. Mais il est admis en France que le payeur qui paye intégralement a droit d'exiger l'acquit sur la lettre ; c'est même une garantie de l'identité du porteur et de son droit à toucher l'effet. Lyon-Caen et Renault. *Précis*. p. 658 et notes.

Il en est de même en Belgique (Namur, *Code de com. belge révisé*, p. 375).

V. aussi *supra*. « Effets du payement » (notes). p. 98.

être bien de la main de la personne qui a droit au payement (*a*).

Le payeur a en outre droit à la remise de la lettre qu'il a payée [art. 52 (4)] (*b*).

Mais s'il n'y a eu qu'un payement restreint, le détenteur garde la lettre.

B. *Remise expresse.*

La remise (renonciation) pour opérer libération, doit être absolue, c'est-à-dire sans conditions, et elle doit être écrite si le détenteur n'abandonne la lettre même à l'accepteur [art. 62 (1)] (*c*).

(*a*) V. Chitty, *Bills*, p. 294.

(*b*) De même dans la loi allemande [art. 39], le débiteur n'est tenu de payer que contre la remise de l'effet. Cette remise de l'effet est également exigée du porteur par les lois suisse [art. 758], scandinave [art. 38], le C. Com. italien [art. 295].

En France et en Belgique où la lettre doit être à ordre, la remise est une garantie contre toute négociation postérieure qui obligerait le débiteur à payer une deuxième fois au porteur de bonne foi. Bien plus, la lettre ne porte-t-elle pas d'acquit, la détention du titre entre les mains du débiteur sera une présomption de payement par lui, (*Dict.* de Couder. v° « *Lettre de change* » n° 669), mais présomption contre laquelle preuve contraire pourra être faite.

Quand il y a payement partiel, les législations du continent s'accordent à donner au détenteur le droit de garder la lettre.

(*c*) C'est ici une nouvelle disposition de la loi qui jusqu'ici n'avait pas exigé que la renonciation fût écrite.

En droit français, la remise volontaire est aussi un mode d'extinction des obligations nées de la lettre de change, et l'on applique les principes des articles 1282 et s. du C. Civ. Ainsi par application de l'art. 1287, § 1er. la remise faite à l'accepteur libère tous les obligés : celui-là en effet est débiteur principal. De même encore, la remise faite à un endosseur profite à ceux qui viennent après lui, mais non à ceux qui le précèdent et dont il n'est pas garant ; la remise faite au tireur pro-

Le détenteur peut aussi, soit lors de l'échéance, soit avant, soit après, relever une des parties de ses obligations, mais il faut ajouter qu'une telle renonciation ne porte en rien atteinte aux droits d'un détenteur régulier qui aurait pris la lettre sans avoir reçu notification de la renonciation [art. 62 (2)] (*a*).

C. *Annulation (biffure).*

Vaut aussi comme extinction une annulation de la lettre faite avec intention par le détenteur, pourvu toutefois qu'elle soit bien apparente [art. 63 (1)].

De même le détenteur peut libérer toute partie en biffant sa signature. Une telle libération, il faut le remarquer, entraîne celle de tout endosseur qui avait droit de recours sur la partie dont la signature a été biffée [art. 63 (2)].

Une annulation faite sans intention, par erreur, ou sans autorisation ne produit aucun effet sauf que l'*onus probandi*, la charge de la preuve, incombe, dans le cas

fite aux endosseurs. Quant à la remise, elle est constatée soit par une déclaration expresse, soit par l'abandon du titre au débiteur, mais ce dernier mode ne constitue pas preuve absolue de la renonciation.

(*a*) La présente loi ne précise pas la forme de cette notification comme elle le fait pour celle relative à un refus d'acceptation ou de payement. Il n'est donc pas nécessaire qu'il y ait notification directe de la renonciation; il suffit qu'avant de recevoir la lettre, le détenteur régulier ait connaissance, de quelque manière que ce soit, qu'il y a renonciation et que telle partie à la lettre est libérée de son obligation. Dès lors, il ne pourra plus agir et contre la personne ainsi libérée, et contre toutes celles qui par suite sont aussi libérées. Ainsi il n'a plus aucun droit si la renonciation est intervenue au profit d'un accepteur qui n'avait payé qu'un à-compte. Thorburn. *Commentaries on the Bills of Exchange Act.* 1882. p. 147.

où l'annulation est apparente, à celui qui l'attaque [art. 63 (3)].

L'annulation ou biffure affecte les droits du détenteur régulier, car par le fait même de l'annulation ou biffure, ce détenteur a avis de la libération, et il n'est pas besoin de lui en faire notification.

D. *Modifications dans les termes* (*a*).

Une modification, sans l'assentiment de toutes les parties, d'un des termes essentiels de la lettre (ou de l'acceptation), par exemple de la date, de la somme, du jour ou du lieu du payement ou, s'il s'agit d'une acceptation que nous supposons générale, l'addition, sans l'assentiment de l'accepteur, d'un lieu de payement [art. 64 (2)], la rendent nulle vis-à-vis de toute partie, excepté de celle qui a fait, autorisé ou ratifié la modification et des endosseurs postérieurs [art. 64 (1)].

Toutefois, pour opérer l'annulation de la lettre il faut que la modification dont il s'agit soit apparente ; si elle ne l'était pas, le détenteur régulier pourrait se prévaloir de la lettre comme si aucune modification n'avait été faite et en requérir le payement suivant sa teneur primitive (Art. 64. (1)] (*b*).

De plus, une telle modification essentielle peut donner lieu à une nouvelle lettre susceptible comme telle d'être annulée à défaut de timbre [art. 97].

E. *Confusion*.

La loi mentionne aussi un mode d'extinction par confusion, dans le cas où l'accepteur d'une lettre en devient détenteur pour lui-même lors ou après l'échéance [art. 61].

On remarquera que cette confusion ne se produit que lorsque l'accepteur devient détenteur de la lettre lors ou

(*a*) V. ch. sur les droits du détenteur, p. 135.
(*b*) V. Introduction, p. XI.

après l'échéance. Si l'accepteur en devient détenteur avant l'échéance, il ne fait qu'un simple achat de la lettre et peut la remettre en circulation de nouveau (*a*).

F. *Compensation.*

Sur la compensation (*Set-off*) qui appartient, dans le droit anglais, à la procédure, et qu'il faut étudier dans les ouvrages traitant ce sujet, il suffira de dire que le défendeur, par suite de la nouvelle loi sur la procédure (*b*), peut opposer au demandeur des créances qu'il a contre lui, bien qu'elles ne soient pas liquides et n'aient pas d'origine commune avec la demande principale. Toutefois, à la requête du demandeur, avant les débats, le juge ou le tribunal peuvent, s'ils considèrent qu'il serait plus utile, ne pas joindre la demande reconventionnelle et la demande principale, et refuser au détenteur le droit d'exciper de sa créance (*c*).

(*a*) V. les chapitres sur « Endossement, » p. 78 et le « Payement, » p. 93.

Sic en droit allemand [art. 10], suivi par le Code suisse [art. 728], les lois scandinave [art. 10] belge [art 28], et le projet russe [art. 17].

En droit français, au contraire, un tel endossement à l'accepteur (mais non au tiré) opère extinction de la lettre par la confusion « ou, si l'on veut, par une sorte de payement anticipé. » (V. Lyon-Caen et Renault, *Précis*, p. 596, et Bédarride, *De la lettre de change*, t. II, p. 410.)

La loi belge, comme on l'a vu, a dérogé aux principes du Code Civil et a adopté pour la lettre de change la règle allemande. (V. « Endossement, » p. 79).

(*b*) *38 et 39 Vict. cap. 77, Order XIX, rule* 3.

(*c*) En droit français, la compensation peut être opposée au porteur de son chef; mais le débiteur ne peut lui opposer la compensation intervenue entre lui débiteur et un endosseur ou le tireur. En effet, nous avons vu que l'endossement n'est pas régi par les règles établies pour les cessions ordinaires du droit civil.

G. *Du Renouvellement.*

Nous dirons quelques mots ici du renouvellement, bien qu'il ne rentre pas, à proprement parler, parmi les modes d'extinction des obligations nées d'une lettre de change.

La lettre n'ayant pas été payée à l'échéance, le tireur peut tirer sur son débiteur une nouvelle lettre dont l'exigibilité se trouve reportée à une date postérieure.

Cette seconde lettre est-elle régulièrement payée à son échéance, il y a libération et de cette lettre et de la première.

Au contraire, subit-elle un refus d'acceptation ou de payement, les obligations nées de la première revivent et ceux qui y étaient parties peuvent être poursuivis.

Mais, remarquons-le, le renouvellement est une prorogation de délai : aussi s'il est accordé sans le consentement de toutes les parties telles comme garants, celles-ci sont libérées (*a*).

Lors du renouvellement, la première lettre reste entre les mains du détenteur qui, alors même que la seconde serait acquittée, peut ainsi poursuivre le payement des

(*a*) V. Chalmers, *Digest.* p. 221, et Chitty, *Bills*, p. 135.

La souscription par le débiteur d'un autre engagement en renouvellement se pratique également en France. Le tiers porteur qui, à l'échéance, accepte un renouvellement, en conservant la lettre de change impayée, ne renonce pas au droit de poursuivre le tiré qui a donné son acceptation pour le cas où le nouveau billet ne serait pas payé. v. *Dict.* de Couder, v° « *Lettre de change,* » n° 688.

Quant aux tierces parties à la lettre, il faut distinguer : ou ce renouvellement constitue une novation, ce qui d'après l'article 1273 du C. Civ. doit être prouvé ou il ne la constitue pas. Dans le premier cas, il y a nouvelle dette et les tiers sont libérés. Dans le deuxième, au contraire, leurs obligations subsistent. Mais même alors, font observer MM. Lyon-Caen et

intérêts dus sur la première, à moins, bien entendu, que le montant de la deuxième lettre ne comprenne les intérêts échus et à échoir.

Renault, (*Précis*, n° 1205, note 8), l'arrangement intervenu entre le porteur et le tiré accepteur aura souvent pour effet d'éteindre la dette de la plupart des obligés parce que les conditions auxquelles est subordonné l'exercice du recours n'auront pas été observées.

CHAPITRE XIII

De la notification.

La notification, et par ce mot il faut entendre non pas la notification du protêt (bien que, où le protêt est exigé, on doive en faire mention dans la notification), mais la notification du refus d'acceptation ou de payement (*a*).

La notification joue en droit anglais un rôle qu'elle est loin de remplir en aucune autre législation européenne. On peut en quelque sorte dire que pour la loi anglaise toute lettre intérieure est supposée contenir la clause « sans frais. » Le porteur est dispensé du protêt, mais reste néanmoins tenu de donner aux parties un prompt avertissement du refus de payement ou d'acceptation (*b*).

(*a*) Toutefois, les législations du continent exigeant le protêt et pour les lettres intérieures et pour les lettres extérieures, les comparaisons que nous ferons avec ces législations se réfèreront à la notification du protêt.

(*b*) C'est là du moins le sens de la clause en droit belge, scandinave et allemand.

La loi belge porte [art. 59] que « la clause du retour sans « frais, insérée dans l'effet par le tireur, dispense le porteur de « l'obligation de faire protester la lettre et d'intenter dans la « quinzaine l'action récursoire avec notification du protêt. « Toutefois le porteur est tenu d'informer du non payement « de la lettre, dans la quinzaine qui suit l'échéance, ceux

Non-seulement, elle n'est pas une notification du protêt (*a*), mais elle remplace le protêt, et c'est de la due notification du refus d'acceptation ou de payement aux parties que dépend le recours. En effet, le refus d'acceptation ou de payement doit leur être notifié sous peine, pour le détenteur d'être déchu de tout droit d'action contre elles [art. 48] (*b*).

« contre qui il veut conserver son recours et ceux-ci ont la « même obligation à remplir vis-à-vis de leurs garants, dans « la quinzaine de la réception de l'avis ». La loi belge y oblige même à peine de déchéance, puisque elle en fait une condition tacite de la conservation du droit contre les garants, ce qui résulte des mots « informer ceux contre lesquels il veut conserver son recours. » (V. Namur, *Code de com. belge révisé*, vol. I, p. 434).

De même, la loi scandinave prévoit la nécessité de la notification à laquelle le porteur est tenu malgré la clause du « retour sans frais. » [art. 42].

La loi allemande ne parle pas de la nécessité de la notification dans l'article qui traite de la clause en question [art. 42], lacune qui, on le voit, a été comblée dans la nouvelle loi scandinave, mais il semble qu'on en admet la nécessité. (V. Waechter, *Encycl.*, p. 771). Le code suisse, comme on verra, a aboli complètement la notification, et le code italien considère les clauses « *senza protesto* » et *senza spese* » comme non écrites. [art. 509].

La jurisprudence française semble considérer la clause « sans frais » comme valant dispense de la notification prescrite par les articles 165-167 ; il a été jugé qu'il suffit que le porteur ait fait connaître à l'endosseur le défaut de payement dans un délai moral ou opportun, dont la durée dépend des circonstances. (Lyon, 22 août, 1867. D. P. 67, 2, 225).

(*a*) V. le chapitre sur le « Protêt. » p. 130.

(*b*) Nous avons déjà fait remarquer que dans les législations du continent ce système rigoureux et rapide n'avait pas d'équivalent.

Le C. Com. français [art. 165, 166, 167] arrive au même but en prescrivant des délais assez courts dans lesquels l'assigna-

Toutefois, le détenteur régulier qui devient tel après l'omission faite de donner notification d'un refus d'acceptation, conserve tous ses droits nonobstant cette omission [art. 48 (1)].

tion en justice doit être lancée, la notification exigée par l'art. 165 étant, dans la pratique, jointe à l'assignation. V. Lyon-Caen et Renault, *Précis*, p. 687.

Mentionnons que la nouvelle loi belge [art. 56] a consacré ce système en portant que « l'assignation contiendra notification du protêt. »

La loi allemande [art. 45] dispose que le détenteur d'une lettre protestée *faute de payement* doit en avertir par écrit dans les deux jours du protêt son prédécesseur immédiat. Ce prédécesseur a le même délai pour aviser son prédécesseur, et ainsi de suite. On est tenu de donner cet avis sous peine d'avoir à réparer le dommage résultant de l'omission et de perdre le droit de réclamer les intérêts et les frais.

On voit que ceci diffère essentiellement du droit anglais qui fait dépendre le droit même de recours de la due notification, droit que la loi allemande fait dépendre du protêt, la notification ne se rattachant qu'à la question des dommages-intérêts et des frais. Aussi ce n'est que faute de payement que la notification est requise par la loi allemande. Elle ne s'applique ni au protêt faute d'acceptation ni au protêt de garantie.

Le C. Com. hollandais, bien que puisant largement dans le C. Com. français, contient [art. 184 et 185] quelques dispositions analogues à celles de la loi allemande. « Le détenteur, dit « l'article 184, d'une lettre de change protestée faute d'acceptation ou de payement doit, sous peine de dommages-intérêts « et de perte des frais et intérêts, notifier le protêt à celui de « qui il tient la lettre, dans les cinq jours de la date du protêt, « s'ils résident tous les deux dans la même localité ; s'ils résident en des lieux différents, le détenteur, sous les mêmes « pénalités, est tenu d'adresser à celui de qui il tient la lettre, « copie du protêt certifiée par la personne qui l'a dressé, au « plus tard par le premier courrier du sixième jour du protêt ; » et, ajoute l'article 185 : « sous les mêmes pénalités,

FORME DE LA NOTIFICATION. — La notification peut être faite soit par écrit, soit verbalement « *by personal communication* » [art. 49 (5)] (*a*).

Elle peut être conçue dans n'importe quels termes, pourvu qu'ils soient suffisants pour constater l'identité de la lettre (*b*) et spécifier qu'elle a subi un refus d'acceptation ou de payement [art. 49 (5)].

« chaque endosseur doit, dans les mêmes délais, du jour où il « a été avisé, notifier le protêt ou en envoyer copie. »

La loi scandinave [art. 45 et 46] et le code italien [art. 317]. suivent le système allemand [art. 45 et 46]. Le Code suisse et le projet russe adoptent des systèmes tout-à-fait spéciaux et nouveaux.

Le code suisse dispense absolument de toute nécessité de notification. Dans l'ouvrage de M. Schneider (*Schw. Obligationenrecht*, p. 537), on trouve une citation qui montre quelle idée semble avoir dicté cette suppression. D'après cette citation, la prompte notification est dans l'intérêt même du détenteur et elle sera conservée dans la pratique commerciale à titre de simple convenance entre les personnes en relations d'affaires. « D'ailleurs il peut bien arriver que le détenteur n'ait point l'intention de recourir contre son endosseur immédiat, qu'il préfère s'adresser à un autre obligé antérieur lequel peut être domicilié sur la même place que lui-même ou se trouver en compte avec lui. Pourquoi donc devrait-il donner notification à son endosseur immédiat contre qui il ne veut pas recourir. De plus, le véritable dommage est très-incertain et la perte des intérêts et des frais ne se justifie pas ».

Dans le projet russe c'est à l'officier ministériel, au notaire, qu'il incombe de faire aux parties engagées les notifications nécessaires, ce qu'il doit faire au plus tard le second jour non-férié après le protêt faute de payement [art. 155].

Voir aussi le ch. sur le « protêt, » p 131 où l'on trouvera les différences qui existent, en ce qui concerne la notification du protêt, entre le droit anglais et le droit américain.

(*a*) En Allemagne on n'admet que la notification par écrit [art. 45]. La loi scandinave [art. 45] exige également un écrit (*skriftlig*). La loi hollandaise porte que le détenteur doit faire signifier » (*te doen beteekenen*) à son cédant (art. 184).

(*b*) Toutefois une description erronée de la lettre ne vicie

Il n'est pas nécessaire, si elle est par écrit, qu'elle soit signée [art. 49 (7)].

En outre, une notification rédigée en termes trop succincts peut être complétée et rendue suffisante par une communication verbale [art. 49 (7)].

Le retour de la lettre au tireur ou à un endosseur est considéré comme notification suffisante [art. 49 (6)] (*a*).

Il suffit, lorsque la notification est envoyée par la poste, que la lettre soit dûment adressée et expédiée, et s'il y a erreur commise par la poste, elle n'en reste pas moins valable. Toutefois il va sans dire qu'il est désirable de s'assurer le moyen de prouver le dépôt à la poste, mais on admet les moyens de preuve ordinaires (*b*).

PAR QUI ET A QUI EST FAITE LA NOTIFICATION. — La notification doit être faite par ou au nom du détenteur, ou par ou au nom d'un endosseur qui est lui-même lié par la lettre [art. 49 (1)], aux tireur et endosseurs de la lettre ; celui à qui elle n'est pas donnée est libéré [art. 48] (*c*).

point la notification à moins que celui à qui elle a été faite n'ait été par cela même induit en erreur, [art. 47 (2)].

(*a*) La nécessité d'un écrit, bien entendu, exclut absolument un tel moyen d'avertissement.

(*b*) Voir à ce sujet Roscoe, *Evidence*, p. 353.

La loi allemande dispose qu'il suffit, pour prouver que l'avertissement a été donné dans le délai légal, de produire un certificat de la poste constatant que l'intéressé a expédié une lettre au prédécesseur à un jour indiqué, à moins qu'il ne soit démontré que la lettre reçue avait un autre objet [art. 46].

C'est là aussi la loi scandinave [art. 47].

Le nouveau code italien porte que la notification (*avviso*) est réputée faite quand une lettre recommandée, adressée à la personne à qui elle doit être donnée, est mise à la poste [art. 317].

(*c*) Le système allemand diffère essentiellement dans sa

Ainsi est insuffisante la notification donnée par quelqu'un qui, par suite de la négligence de la partie qui lui est antérieure, n'a pas lui-même reçu notification, et dès lors se trouve délié de son obligation.

Elle peut être faite par un mandataire soit en son propre nom, soit au nom de toute partie qui peut faire la notification, que cette partie soit son commettant ou non [art. 49 (2) et (13)].

De même, elle peut être faite à un mandataire [art. 49 (8)].

Lorsqu'il y a deux ou plusieurs tireurs ou endosseurs qui ne sont pas associés (*a*), notification doit être faite à chacun, à moins qu'un d'eux n'ait été autorisé à recevoir la notification pour les autres [art. 49 (11)].

Au cas où le tireur ou l'endosseur sont en faillite, la notification peut être faite soit à eux-mêmes, soit au syndic [art. 49 (10)].

Le détenteur qui a connaissance de la mort du tireur ou d'un endosseur, doit faire notification à l'exécuteur testamentaire de la fortune mobilière, s'il y en a un, et qu'avec toutes diligences raisonnables, il peut être trouvé [art. 49 (9)].

Pour lier l'accepteur, aucune notification n'est nécessaire [art. 52 (3)] (*b*).

Il incombe au détenteur, nous l'avons dit, de faire notification à toutes les parties contre lesquelles il a un

procédure à cet égard de celui de l'Angleterre. Le porteur est tenu d'avertir son prédécesseur immédiat qui à son tour avertit son prédécesseur immédiat et ainsi de suite [art. 45]. Ce système a été adopté par la loi scandinave [art. 45] et le code italien [art. 317].

V. *suprà* p. 111, en note, même chapitre.

(*a*) On se rappelle que chaque associé est censé mandataire des autres associés. V. p. 26.

(*b*) En droit continental, on dirait ici protêt au lieu de notification.

V. le chapitre sur le « Protêt » p. 124, en note.

droit de recours. Il est toutefois loisible à un endosseur de la faire et, en ce cas, le détenteur en profiterait [art. 49 (4)]; mais compter ainsi sur la diligence de l'endosseur peut être chose dangereuse pour le détenteur qui perdrait son droit de recours si l'endosseur négligeait de faire notification.

D'un autre côté, la notification faite par le détenteur profite à tous ceux qui ont un droit de recours contre la partie qui a reçu notification [art. 49 (3)]. Dans ce cas aussi, il est dans l'intérêt des parties, à moins qu'elles ne soient sûres que la notification a été faite à celles qui les précèdent, de la faire elles-mêmes, ce qui est d'ailleurs sanctionné par l'article 49 (4) qui, comme on le verra, leur accorde à cet effet les mêmes délais qu'au détenteur.

Délai dans lequel se fait la notification. — Il faut distinguer quant au délai dans lequel la notification doit être faite entre le cas où la personne qui la fait et celle qui la reçoit résident sur la même place, et celui où elles ont leurs résidences en des localités différentes.

Dans le premier cas, la notification doit être faite ou expédiée à temps pour être reçue le lendemain du refus d'acceptation ou de payement.

Dans le second cas, elle doit être expédiée au plus tard le lendemain du jour où a été opposé le refus d'acceptation ou de payement.

Quand il n'y a pas de levée, ou que celle-ci est faite à une heure telle qu'on ne puisse en user, l'envoi a lieu par la poste suivante.

Toutefois on admet que, dans des circonstances exceptionnelles, il y ait dérogation aux règles sus-énoncées [art. 49 (12)] (a).

(a) Les lois allemande [art. 45], scandinave [art. 45] et le C Com. italien [art. 317], accordent un délai de deux jours; le Code hollandais [art. 184] un délai de cinq jours.

La partie qui a reçu notification jouit des mêmes délais pour faire elle-même notification aux parties qui la précèdent et dans les mêmes conditions [art. 49 (14)].

Aussi, que la lettre ait subi un refus d'acceptation ou de payement étant entre les mains d'un mandataire, celui-ci au lieu d'en donner notification aux parties intéressées peut notifier à son commettant. Dans ce cas il est censé être dans la position d'un détenteur et son commettant dans la position d'une partie à qui notification a été faite, — c'est-à-dire qu'ils ont droit et sont soumis aux mêmes délais et aux mêmes conditions que ceux-ci [art. 49 (13)].

EXCUSES ET DISPENSES. — Les excuses et les dispenses de notification sont en beaucoup de points analogues à celles admises quand il s'agit de présentation au payement (*a*).

En cas de retard dans la notification, et ceci n'est qu'une répétition de ce qui a été dit pour la présentation et de ce qui sera dit sur le protêt (*b*), la force majeure est admise comme excuse valable ; bien entendu ce retard ne doit être dû ni à la faute, ni à la négligence de la partie à qui il incombe de faire notification.

La cause du retard disparaissant, la notification doit être faite avec toute diligence raisonnable [art. 50 (1)].

Dans le C. Com. français, il y a un délai de quinze jours ; du moins, c'est dans ce délai du jour du protêt que le porteur doit exercer son recours contre les endosseurs soit par la notification du protêt, soit, à défaut de remboursement, par l'assignation en justice.

La loi belge [art. 56] n'a que légèrement modifié le C. Com. français [art. 165] à cet égard.

(*a*) V. le chapitre sur la « Présentation au payement. » p. 89.

(*b*) V. le chapitre sur le « Protêt », — excuses et dispenses, — où nous avons développé les comparaisons à faire avec le droit continental.

On est dispensé de la notification :

1. — Lorsque, nonobstant toute diligence raisonnable, elle n'a pu être faite et n'est point parvenue au tireur ou à l'endosseur à qui elle était adressée.

2. — Lorsqu'il y a renonciation expresse ou tacite (*a*).

Spécialement, on en est dispensé vis-à-vis du tireur :

1. — Lorsque le tireur et le tiré sont la même personne.

2. — Lorsque le tiré est personne fictive, ou incapable de contracter.

3. — Lorsque c'est au tireur que la lettre est présentée au payement.

4. — Lorsque le tiré ou accepteur n'est soumis vis-à-vis du tireur à aucune obligation d'accepter ou de payer.

5. — Lorsque le tireur a contremandé le payement.

On en est dispensé vis-à-vis de l'endosseur :

1. — Lorsque le tiré est personne fictive ou incapable de contracter et que l'endosseur a eu connaissance de ce fait lors de son endossement.

2. — Lorsque c'est à l'endosseur que la lettre est présentée au payement.

3. — Lorsque la lettre a été tirée ou faite par complaisance.

Enfin, le détenteur est dispensé de la notification faute de payement par la notification faute d'acceptation, à

(*a*) Cette renonciation peut avoir lieu, comme pour la présentation, même après l'époque où la notification aurait dû être faite [art. 50. (2. b.)] V. p. 90.

moins que l'acceptation ne soit intervenue dans l'intervalle [art. 48 (2)] (*a*).

(*a*) Il est évident que la notification étant une formalité pour conserver le recours, ce n'est que dans les législations qui permettent, comme celle de l'Angleterre, le recours immédiat après refus d'acceptation, qu'il peut s'agir de cette dispense.

V. aussi le chapitre sur les « Droits généraux et recours du détenteur. » — Droit de recours, p. 137.

CHAPITRE XIV

Du Protêt.

Lorsqu'il y a lieu de protester une lettre de change en Angleterre (*a*), on l'apporte, après le refus d'acceptation ou de payement, à un notaire qui, en général, lui-même ou par un de ses clercs (*b*) la présente une deuxième fois (*c*). Si le tiré persiste dans son refus d'accepter ou de payer, le notaire ou son clerc le « constate » en écri-

(*a*) On se rappelle que le protêt n'est obligatoire, en thèse générale que pour les lettres extérieures,

Il n'est en aucun cas nécessaire pour les billets de change [art. 89 (4)]. V. le chapitre sur le « Billet de change ».

(*b*) V. Chitty, *Bills* p. 311-312. La question de savoir si cette présentation pourra être faite par le clerc du notaire est actuellement résolue dans le sens de l'affirmative, conformément aux usages. Le nombre des protêts est souvent si grand qu'il serait matériellement impossible que le notaire fasse en personne toutes les présentations.

Quant à la responsabilité personnelle attachée à la fonction, le principe du droit commun « *Qui facit per alium, facit per se* » ne subit aucune atteinte.

En Amérique, dans l'absence d'une coutume bien établie ou d'une loi qui le permettent, la présentation doit être faite par le notaire en personne. V. Proffatt, *Notaries*, p. 114,

(*c*) V. une exception autorisée par l'art. 51 (6 a) p. 126, (où se fait le protêt).

vant et paraphant sur la lettre même les date, jour, mois et an, avec renvoi à son registre et indication du montant de ses frais, et, sur une fiche attachée à la lettre, la réponse donnée, s'il en a été faite une (*a*).

Ces formalités sont dites « *noting* » ou « *noting for protest,* » et c'est d'après ce constat, (mot que nous employons comme rendant à peu près le sens du mot anglais), transcrit par le notaire, comme procès-verbal, sur son registre, qu'est rédigé au besoin l'acte même de protêt.

Ce système du « constat notarié, » qui n'a pas de parallèle sur le continent (*b*), mais qui a été longtemps pratiqué dans la Grande-Bretagne ainsi qu'en Amérique, est maintenant définitivement reconnu par la loi. Autrefois, le « constat » n'était qu'une partie de la procédure du protêt, sans en être une formalité distincte. Il consti-

(*a*) Par exemple « pas d'instructions », « pas de fonds », etc. V. Chalmers, *Digest*, p. 151. Chitty, *Bills*, p. 342.

(*b*) La loi belge semble toutefois comporter une simplification.

L'art. 3 de la loi du 10 juillet 1877 sur le protêt dispose comme suit.«L'acte du protêt est inscrit à sa date. Il est attaché sous forme d'allonge à l'effet protesté. L'employé des postes ou l'huissier qui dresse le protêt, laisse au domicile où cet acte est fait, un bulletin exempt de la formalité du timbre, mentionnant le nom et le domicile du porteur qui aura requis le protêt, le nom de l'huissier ou de l'employé instrumentant et l'import de l'effet protesté. »

D'après l'article 5 de la même loi les protêts faute d'acceptation ou de payement peuvent être remplacés, si le porteur y consent, par une déclaration qui constate le refus de la personne requise d'accepter ou de payer. Cet article qui constitue une amélioration très importante dans la législation belge, (V. toutefois décret 12 octobre 1872, art. 93), et permet de diminuer considérablement les frais, a été adopté en principe par le nouveau C. com. italien [art. 307].

tue toujours la formalité préliminaire, mais ce n'est que quand on le juge utile que les frais du protêt sont encourus. En Ecosse, la rédaction du protêt a été permise même quinze ans après le constat (*a*).

Le protêt, qui peut être rédigé même après le commencement de l'action, est daté ou plutôt antidaté du jour du « constat. »

Le protêt devrait être dressé par un notaire; mais leurs fonctions telles qu'elles sont établies sur le continent, étant le plus souvent remplies par des *solicitors*, les notaires ne sont en Angleterre qu'en nombre très restreint. Aussi peut-il arriver très fréquemment qu'il soit difficile ou impossible d'en rencontrer un au moment voulu.

En ce cas, il peut être remplacé, et cela par une personne résidant dans la localité, de situation aisée et de condition honorable, assistée par deux témoins présentant les mêmes garanties (*b*). Cette personne peut donner un certificat (*c*), signé et attesté par les témoins, constatant le refus d'acceptation ou de payement, et ce certificat sera admis comme équivalent du protêt notarié [art. 94 (1)] (*d*).

(*a*) Proffatt, *Notaries*, p. 114, cite cet incident de l'auteur écossais Thomson (*Bills*, p. 312).

(*b*) En Amérique il n'est en général pas nécessaire qu'il y ait des témoins. Dans le cas où l'on ne peut trouver un notaire, il peut être remplacé par tout habitant honorable du lieu où le payement a été refusé. (V. Proffatt, *Notaries*). Toutefois le code civil de la Californie exige la présence de deux témoins.

(*c*) V. aux « Annexes » la formule qui est expressément recommandée par la nouvelle loi [art. 94].

(*d*) Les lois allemande, suisse, scandinave, hongroise, ne reconnaissent qu'une espèce de protêt, c'est-à-dire le protêt effectué par un fonctionnaire public. Le projet russe parle d'un notaire seulement [art. 152] : « Tout protêt doit être dressé par un notaire. »

Formes du protêt. — Le protêt doit contenir les énonciations suivantes [art. 51 (7)] :

Nom de la personne à la requête de qui la lettre est protestée ;

Les autres lois permettent l'emploi, sous certaines conditions, d'autres officiers publics.

Le C. com. français exigeait que le protêt fût fait par deux notaires ou par un notaire et deux témoins ou par un huissier et deux témoins. Il est à peine nécessaire de rappeler au lecteur français qu'un décret de 1818 a dispensé de l'assistance des deux témoins.

La loi belge du 10 juillet 1877 sur les protêts [art. 1, 2 et 3], et la loi portant révision et codification de la législation postale du 30 mai 1879 [art. 35] permettent aux agents des postes d'instrumenter et faire les protêts. L'arrêté du 12 octobre 1879 mettant cette dernière loi à exécution autorise à cet effet, à défaut d'huissier, en ce qui concerne les effets remis pour l'acceptation ou pour l'encaissement à l'administration, les fonctionnaires et agents de tout grade et des deux sexes pourvus d'une nomination royale ou ministérielle et âgés de 21 ans au moins. C'est là une mesure qu'aucun autre pays ne semble jusqu'ici avoir osé adopter.

La législation française (loi du 17 juillet 1880 et décret du 15 février 1881) sur le recouvrement par la poste des effets soumis au protêt laisse aux notaires et huissiers le soin de faire les protêts. Les notaires et huissiers, disent les art. 8 et 9 du décret, sont tenus de faire les protêts pour lesquels ils sont requis par l'administration des postes, dès qu'il y a consignation du coût des actes à intervenir et de l'enregistrement du titre. Lorsque, pour la circonscription d'un bureau il n'y a pas d'engagement préalable de la part des notaires ou huissiers, les protêts pour lesquels il y a consignation sont répartis entre les huissiers résidant dans la circonscription et, à défaut, entre les huissiers pouvant instrumenter dans la circonscription. Ajoutons que la poste ne se charge pas du recouvrement d'effets d'un montant supérieur à 2,000 francs.

De même en Allemagne, sur non-payement, l'effet est envoyé par les autorités postales à un notaire, ou autre offi-

Lieu et date du protêt;

Motif ou raison de le faire;

Demande faite et réponse reçue, s'il y en a une, ou mention, si cela est arrivé, que le tiré ou accepteur n'a pu être trouvé (*a*).

Le protêt doit, en outre, contenir copie de la lettre (*b*), et être signé par le notaire qui l'a rédigé [art. 51 (7)].

cier autorisé à faire les protêts, sans responsabilité aucune de la part de la poste. (Arrêté de l'administration générale des postes du 13 mai 1873).

(*a*) La loi anglaise dit qu'il faut mentionner « le fait que le tiré ou accepteur n'a pu être trouvé » [art. 51 (7 b.)].

Le C. com. français exige que l'absence soit énoncée [art. 174]: mais en cas de fausse indication de domicile le protêt est précédé d'un acte de perquisition. Il n'y a rien d'analogue en Angleterre.

La loi allemande [art. 88] exige également l'énonciation du fait que l'accepteur n'a pu être trouvé. (*Windprotest*). Mais le bureau ou le domicile ne sont considérés comme inconnus que si les recherches, faites par le notaire ou l'officier judiciaire auprès de la police locale, sont demeurées sans résultat, fait qu'il faut mentionner dans le protêt [art. 91].

La loi belge (1877) sur le protêt a complètement remanié l'ancien droit. Ainsi en cas d'indication fausse de domicile, l'acte constate, le cas échéant, que le débiteur n'a pas été trouvé dans la commune [art. 2]; s'il n'est trouvé personne au domicile, une simple constatation suffit [art. 3].

Les lois scandinave [art. 82 et 89] et suisse [art. 815 et 818], reproduisent les dispositions de la loi allemande.

Le C. com. italien requiert en outre qu'il soit fait mention, en cas de fausse adresse, des recherches faites [art. 304].

(*b*) Les lois allemande [art. 88], suisse [art. 815]. italienne [art. 305] et hongroise [art. 99] comme le C. com. français [art. 174] exigent la transcription littérale de la lettre. La loi scandinave [art. 82] et le projet russe [art. 153] se contentent,

CAS OU IL Y A LIEU DE DRESSER LE PROTÊT. — Le protêt n'est pas en général exigé pour les lettres intérieures (*a*).

Néanmoins, rien n'empêche que le détenteur ne proteste ou fasse « constater » par notaire une lettre qui a subi un refus d'acceptation ou de payement, s'il le juge convenable [art. 51 (1)].

Il y a même un cas spécial où le protêt d'une lettre intérieure est nécessaire. C'est comme préliminaire à l'acceptation ou au payement par intervention [art. 65 (1) et 68 (1)] (*b*).

Il est aussi requis dans la procédure sommaire écossaise (*c*).

Pour les lettres étrangères, il y a nécessité absolue du protêt faute d'acceptation ou faute de payement, à moins que, dans ce dernier cas, il n'y ait eu déjà protêt faute d'acceptation. Il ne serait plus dès lors nécessaire de dresser protêt une deuxième fois [art. 51 (2)] (*d*).

comme la loi anglaise, d'exiger simplement la transcription; la loi belge (10 juillet 1877) n'exige même aucune copie, se bornant à requérir l'énonciation du montant de l'effet et la date de l'échéance [art. 4].

(*a*) V. p. 2.

(*b*) Voir chapitre XVIII, sur l'intervention.

(*c*) V. le chapitre sur la « Procédure ».

(*d*) Il en est de même en droit américain. V. Daniell. *Negotiable instruments*, II, p. 6.

Il faut remarquer à ce propos que le refus d'acceptation crée au profit du détenteur un droit de recours immédiat contre le tireur et les endosseurs V. art. 43 (2) et le chap. sur les « Droits généraux et recours du détenteur » où sont examinées les divergences, sur ce point, des différentes législations.

En droit français, au contraire, le porteur n'est point dispensé du protêt faute de payement par le protêt faute d'acceptation [C. com. art. 163].

Il en est de même en droit allemand (Waechter, *Encycl*,

Toutefois, la nouvelle loi sanctionne ce second protêt qu'on peut en effet avoir intérêt à faire pour lier le tireur ou un endosseur dans son pays [art. 51 (3)] (*a*).

CONSÉQUENCES DU DÉFAUT DE PROTÊT. — Le défaut de protêt, dans les cas où il est nécessaire, entraînerait perte de tout droit de recours contre le tireur et les endosseurs [art. 51 (2)].

Mais il est à peine besoin de signaler que, nonobstant l'omission du protêt, l'accepteur resterait toujours lié [art. 52 (3)] (*b*).

QUAND SE FAIT LE PROTÊT. — Le constat notarié doit être fait le jour même du refus d'acceptation ou de payement (*c*).

p. 758); en droit belge (loi du 20 mai 1872, art. 54]; en droit italien [C. com., art. 308] ; en droit suisse (Schneider, *Schweizerische Obligationenrecht*, p. 533, note 2) et, semble-t-il, dans le projet russe (argument de l'art. 64).

La loi scandinave, toutefois, porte que ce protêt est inutile, lorsqu'il a été fait un protêt faute d'acceptation, à la suite duquel l'effet a été payé conformément à l'art. 29, c'est-à-dire payé par la sûreté, ou l'instance en payement engagée sur le fondement de cet article. [art. 41].

(*a*) V. Chalmers, *Act.* p. 37.

(*b*) En droit allemand, toutefois, le recours est perdu même contre l'accepteur faute du protêt dûment dressé d'une lettre payable chez un domiciliataire [art. 43], et cette règle a été adoptée par les lois suisse [art. 764], scandinave [art. 43], italienne [art. 316] et par le projet russe ; mais ce dernier ne parle que de la nécessité de la présentation au domiciliataire pour conserver le droit de réclamation directe vis-à-vis de l'accepteur [art. 70]. V. *infra* p. 126.

Cette disposition de la loi allemande a été très discutée parmi les auteurs. La théorie sur laquelle elle est basée est que l'accepteur en indiquant un domiciliataire a libellé sur la lettre une espèce de sous-traite dont il s'est constitué tireur.

(*c*) En France, ce n'est que le lendemain de l'échéance que

Quant au protêt même, il peut être rédigé ultérieurement comme du jour du constat [art. 51 (4) et 93]; cela, même après le commencement de l'action (*a*).

Jusqu'ici, dans la pratique, on a pu ne faire le constat qu'au lendemain du refus d'acceptation ou de payement. Désormais, un tel retard semble n'être plus permis devant les termes précis de la loi [art. 51 (4)].

OU SE FAIT LE PROTÊT. — Le protêt doit en principe être fait au lieu où la lettre a subi le refus d'acceptation ou de payement. Mais à ceci, il y a deux exceptions:

1° Si l'acceptation d'une lettre, tirée sur un individu et payable à la résidence ou au siège d'affaires d'un tiers

le refus de payement est constaté et le protêt rédigé [C. com. art. 162].

La loi allemande permet de le dresser au jour de l'échéance mais exige qu'il le soit au plus tard le second jour ouvrable après l'échéance [art. 41].

La loi belge a reproduit cette dernière disposition [art. 53], sans expressément permettre la rédaction du protêt au jour même de l'échéance; mais les mots « au plus tard » semblent suffisamment accorder cette permission. (*Contrà*, toutefois, MM. Lyon-Caen et Renault, *Précis*, p. 680, note 6).

C'est ce que semblent aussi avoir entendu les rédacteurs du nouveau code de commerce italien en disant que « le protêt faute de payement doit être fait au plus tard le second jour non férié après celui fixé pour le payement » [art. 296].

Dans le Code fédéral suisse on a combiné les systèmes français et allemand en disposant que le protêt ne peut être fait le jour même de l'échéance; il doit être dressé au plus tard le second jour non-férié après celui de l'échéance [art. 762].

La loi scandinave adopte simplement la disposition allemande [art. 41].

Le projet russe l'adopte en l'étendant même à la présentation au payement [art. 64].

(*a*) V. *suprà* et Chitty, *Bills*, p. 235.

(domiciliataire) a été refusée, la lettre doit être protestée faute de payement au lieu du payement (*a*), sans qu'il soit nécessaire de la présenter au tiré [art. 51 (6. b)] (*b*);

2° Quand la lettre de change est présentée par lettre envoyée par la poste (*c*), et qu'elle est retournée par la poste après refus de payement, le protêt peut être fait au lieu où elle a été retournée, le jour même de ce retour, si elle a été reçue aux heures d'affaires, ou si elle n'a pas été reçue aux heures d'affaires, au plus tard, le jour ouvrable suivant [art. 51 (6. a)] (*d*).

(*a*) Cfr. C. com. français [art. 173].

La loi allemande [art. 43] ressemble à la loi anglaise à cet égard.

Elle est d'ailleurs suivie par les législations scandinave [art. 43], suisse [art. 764], italienne [art. 301] et, semble-t-il, par le projet russe [art. 64 et 70]; mais ce projet en ce qui concerne la sanction du protêt manque de clarté. L'article 70 exige-t-il que le protêt soit fait à ce domicile ? Pourquoi la nécessité de l'art. 66 ?

(*b*) La loi belge de 1877 sur les protêts porte, au contraire, que le protêt doit être fait au domicile indiqué sur l'effet, et, *à défaut d'indication*, au domicile de celui par qui l'effet est payable [art. 2].

(*c*) V. art. 45 (8) et p. 122.

(*d*) Cette disposition de la nouvelle loi sanctionne un usage suivi surtout sur la place de Liverpool d'après lequel le détenteur avait l'habitude d'expédier la lettre par la poste à l'acceptation. Si l'acceptation était refusée, la lettre était protestée, sans une seconde présentation, par le notaire qui, dans le protêt, mentionnait que la présentation avait eu lieu par lettre expédiée par la poste et indiquait en entier la réponse reçue.

D'après les renseignements qui nous ont été fournis par la Chambre de commerce de Liverpool, c'est à tort qu'on a prétendu voir là un usage spécial entre les notaires de Liverpool et les filateurs du Lancashire. (V. Chalmers, *Act*. p. 38).

EXCUSES ET DISPENSES (*a*). — On est dispensé du protêt dans toutes circonstances qui rendraient inutile la notification du refus d'acceptation ou de payement [art. 51 (9)] (*b*).

Le retard dans le constat notarié ou dans le protêt est excusé lorsqu'il est dû à un cas de force majeure, et qu'il n'y a pas faute ou négligence chez le détenteur.

Aussitôt que la cause du retard disparaît, le constat ou le protêt doivent être faits avec diligence raisonnable [art. 51 (9)] (*c*).

(*a*) V. sur les clauses sans protêt et sans frais le chapitre sur la « notification » p. 109.

(*b*) V. le chapitre sur la « notification, » p. 116.

(*c*) Le C. com. français ne prévoit pas le cas de force majeure. Ses rédacteurs ont craint des abus en liant la conscience des tribunaux (V. MM. Lyon-Caen et Renault, *Précis*, p. 685) qui, en pratique admettent la force majeure dûment justifiée.

En Allemagne, où le cas de force majeure n'est pas non plus réglé par la loi, les rédacteurs de la loi sur le change ayant répudié toute espèce de répit (*Protocolle*, p. 97 et s.) la jurisprudence au contraire n'admet point que la force majeure permette l'exercice du recours qui, par suite de l'absence du protêt, est dès lors perdu. Le contrat du tireur et des endosseurs est de garantir le payement à l'échéance, sous condition que la lettre sera dûment présentée et, faute de payement, protestée. Cette condition est absolue et, s'il y a accident, il ne doit retomber que sur celui à qui il arrive. C'est par ce raisonnement que l'on semble justifier cette rigueur. (V. *Borchardt, Allg*, W. *Ordnung*, p. 233 et 480 ; Waechter, *Encycl.*, p. 770; Rehbein, *Allg.* W. *Ordnung*, p. 59 : Strass, *Allg.* W. *Ordnung*, p. 91).

En Belgique, bien que la nouvelle loi belge ait profondément modifié les anciennes dispositions sur le protêt, la jurisprudence semble se rapprocher sensiblement de celle de la France. V. Namur, *C. Com. belge revisé*, I, p. 417.

FOI DUE AU PROTÊT. — L'effet du protêt en droit anglais n'est pas bien défini.

Sur le continent le protêt est une constatation faite en forme solennelle pour preuve des faits qu'il énonce (*a*); ainsi, la production, devant les tribunaux anglais, d'un protêt rédigé à l'étranger, fait preuve du refus d'acceptation ou de payement d'une lettre payable et protestée à l'étranger, sans qu'il soit nécessaire d'établir l'authenticité de la signature et du sceau du notaire (*b*).

C'est là, semble-t-il, une dérogation au droit privé anglais. Un protêt fait en Angleterre n'y serait pas admis comme preuve de la présentation et du refus d'acceptation ou de payement ; mais ces faits devraient, en outre, être établis par les moyens de preuve ordinaires (*c*).

(*a*) Voici une définition allemande : Le protêt est un document de preuve (*Beweisurkunde*) rédigé par un notaire ou autre officier judiciaire qui établit que le porteur d'une lettre de change a fait la présentation ou qu'il a essayé de la faire sans résultat... Le protêt est, d'après son but, un moyen de preuve constatant que la formalité requise a été remplie. (Waechter, *Encyclopaedie*).

(*b*) V. Chitty, *Bills*, p. 234 et 240 et Roscoe, *Ecidence*, p. 355.

(*c*) Ce n'est ici d'ailleurs que l'application du droit commun qui ne reconnait aux actes notariés faits en Angleterre aucune valeur exceptionnelle comme mode de preuve. Roscoe, *Ecidence*, p. 214.

En Amérique où le protêt est admis en droit commun comme preuve de la présentation et du non-payement dans le cas de lettres extérieures mais non dans celui de lettres intérieures, les effets de cet acte ont été l'objet dans la plupart des Etats de l'Union d'une législation spéciale en vue de lui reconnaître une force exceptionnelle dans les deux cas, pour les lettres intérieures, aussi bien que pour les lettres extérieures.

Dans ces Etats, le protêt est considéré comme une présomp-

Le protêt semble donc être conservé comme simple vestige d'une institution qui n'a plus aucune utilité pratique en Angleterre et, puisque maintenant il n'est plus nécessaire que le notaire fasse lui-même une seconde présentation, après refus opposé, lors de la première faite par la poste (*a*), on ne peut même pas dire qu'il soit une sommation solennelle.

MENTION DU PROTÊT DANS LA NOTIFICATION. — Le détenteur devrait, en donnant notification au tireur du refus d'acceptation ou de payement, mentionner que la lettre a été protestée.

Il n'est pas nécessaire d'ajouter une copie du protêt si le tireur est domicilié à l'étranger (*b*).

Mais, si les parties sont en Angleterre au moment du refus, il n'est pas essentiel, mais, dit Chitty, il est *désirable* de joindre une copie du protêt à la notification du refus (*c*).

tion de la vérité des faits qu'il doit constater sans qu'il soit nécessaire d'appeler personnellement le notaire en témoignage (Proffatt *Notaries*, p. 188 et s.)

En France le protêt, forcément dressé par un notaire ou un huissier qui sont officiers publics, fait foi comme tous autres actes dressés par eux conformément à la loi, jusqu'à inscription de faux. Notamment l'huissier a qualité pour constater le refus de payement ; le protêt fait, ce refus ne pourra être contesté et la production de l'acte suffira sans l'adjonction de témoins. Mais le protêt ne pourrait faire foi de réponses du débiteur qui contiendraient des engagements autres et plus étendus que ceux résultant de la lettre protestée. (Ch. req. 17 novembre 1856. D. P. 57 I, 57).

(*a*) V. art. 51 (7. a) et p. 126.

(*b*) V. Chitty, *Bills*, p. 346. Pour plus de détails sur la notification, nous renvoyons au chapitre qui traite spécialement de ce sujet,

(*c*) V. Chitty, *Bills*, p. 346.

Le seul devoir du notaire est de présenter la lettre, constater le refus et rédiger le protêt. Les notifications à faire aux parties incombent au détenteur, à moins que le notaire ne reçoive mandat de ce faire (*a*).

PROTÊT DE GARANTIE. — Il y a un protêt spécial, reconnu par le droit anglais pour les lettres intérieures, qu'on appelle « *protest for better security,* » c'est-à-dire « protêt de garantie » (*b*).

Lorsque l'accepteur tombe en faillite ou devient insolvable ou suspend ses payements avant l'échéance de la

(*a*) En Amérique également, suivant le droit coutumier, il n'entre pas dans les fonctions du notaire de faire les notifications nécessaires bien que, ordinairement, il reçoive mandat à cet effet, et qu'il soit, en ce cas, tenu de le remplir.

D'ailleurs aux termes des lois spéciales de beaucoup d'Etats de l'Union, il incombe aux notaires, comme rentrant dans leurs attributions, de faire notification : par exemple dans l'Alabama, la Californie, l'Illinois, l'Iowa, la Louisiane, le Maine, le Minnesota, le New-Jersey, le Nebraska et le Mississipi. V. Proffatt, *Notaries*, p, 124. V. aussi Daniel. *Negotiable instruments*, II, p. 18.

Le projet russe semble seul sur le continent requérir que le notaire même fasse la notification aux tireur et endosseurs [art. 155].

V. aussi Cohn. *Entwurf*, p. 215.

(*b*) Dans ce cas, le C. com. français [art. 163] et la loi belge [art. 54] admettent aussi que le détenteur proteste et exerce son recours.

La loi allemande [art. 29] permet également le protêt dans cette circonstance (*Securitaets protest*) contre l'accepteur pour contraindre les endosseurs et tireur à donner sûreté si l'accepteur ne peut fournir caution.

V. aussi C. com. italien [art. 314], loi scandinave [art. 30] et code fédéral suisse [art. 748] dont les dispositions sont dans le même sens.

Le projet russe consacre cinq articles au protêt faute de solvabilité suffisante du débiteur. [art. 44-48].

lettre, le détenteur peut la faire protester pour obtenir « une sécurité plus grande » *(better security)* (art. 51 (5)].

L'effet du protêt dans ce cas n'est pas, comme pourrait le faire supposer l'emploi de ces mots, de soumettre quelqu'un à une obligation à laquelle il ne serait pas soumis sans cette formalité, mais de mettre le tireur et les endosseurs, en leur notifiant le protêt, en état de pourvoir à ce que honneur soit fait à leurs engagements, ou à ce que la lettre soit acceptée par intervention, car le protêt préalable est une condition de l'intervention (*a*).

(*a*) V. chapitre sur l'Intervention, ainsi que art. 65 (1).

CHAPITRE XV

Des droits généraux et du recours du détenteur.

Nous croyons devoir réunir dans ce chapitre quelques-uns des droits du détenteur susceptibles d'être étudiés séparément.

Omission de la date. — Une lettre de change ou l'acceptation d'une lettre de change payable à un certain délai de vue ne portent-elles pas la date d'émission ou d'acceptation, le détenteur peut remplir cette lacune [art. 12].

Une lettre de change peut être traitée comme billet de change lorsqu'elle est tirée sur une personne fictive ou incapable, ou lorsque le tireur et le tiré sont la même personne [art. 5 (2)].

La faculté de poursuivre en son propre nom accordée au détenteur par l'art. 38 (1), est la confirmation d'une jurisprudence ancienne et constante qui a créé pour les lettres de change une situation exceptionnelle, les créances en général ne jouissant du caractère de cessibilité que sous certaines restrictions (*a*).

(*a*) V. *Supreme Court of Judicature Act 1873* [art 25 (6)], et Chitty, *Bills*, p. 3.

LES DROITS DU DÉTENTEUR RÉGULIER, c'est-à-dire du détenteur de bonne foi, contre valeur et sans notification de vice, ne sont pas altérés par les vices de titre des parties antérieures (*a*) et on ne peut lui opposer les moyens de défense que ces parties pourraient invoquer entre elles [art. 38 (2)], comme par exemple une demande reconventionnelle. Le détenteur régulier à qui a été négociée une lettre sur laquelle le cédant n'avait qu'un titre défectueux, acquiert cependant sur cette lettre un titre complet et valable, et le payement régulier qui lui en serait fait entraînerait extinction parfaite de toutes obligations nées de la lettre [art. 38 (3)] (*b*).

On peut ajouter qu'un détenteur même sans valeur donnée, qui tient son titre d'un détenteur régulier et n'a été complice d'aucunes manœuvres dolosives ou illégales s'y attachant, jouit de tous les droits de ce détenteur régulier vis-à-vis de toutes les parties qui le précèdent et de l'accepteur [art. 29 (3)].

Ceci n'est d'ailleurs que la répétition de la règle d'après laquelle, lorsque la valeur a été fournie, le détenteur est censé être détenteur contre valeur vis-à-vis de l'accepteur et de toutes les parties devenues telles avant que la valeur fût fournie [art. 27 (2)].

L'endosseur ne peut opposer au détenteur régulier le défaut d'authenticité ou de régularité de la signature du tireur et de tous les endosseurs antérieurs [art. 55 (2)]. De même le tireur ne peut exciper vis-à-vis de lui du défaut d'existence du preneur, ni de l'incapacité de celui-ci à transférer la lettre par endossement [art. 55 (1)].

Enfin l'accepteur n'est pas admis à contester au détenteur régulier :

(*a*) V. le chapitre sur le payement, p. 98.

(*b*) Mais lorsqu'il y a eu endossement faux, ceci ne s'applique pas. V. chapitre sur la « Perte », p. 168.

l'existence du tireur, l'authenticité de sa signature, sa capacité ou l'autorisation qu'il avait de tirer la lettre de change;

si la lettre est à l'ordre du tireur, la capacité du tireur à endosser, mais non l'authenticité ou la validité de son endossement.

dans le cas d'une lettre payable à l'ordre d'une tierce personne, l'existence du bénéficiaire et sa capacité d'endosser, mais non l'authenticité et la validité de son endossement (*a*).

L'article 64 (*b*) contient une disposition utile et nouvelle en faveur du détenteur régulier d'une lettre qui a subi quelque changement essentiel. Si le change-

(*a*) On remarquera que la loi anglaise restreint ces dispositions en faveur du détenteur régulier seul, c'est-à-dire de celui qui est détenteur de bonne foi, contre valeur reçue et sans notification de vice.

La loi belge comporte une restriction analogue. Elle porte que le tiré qui a payé une lettre de change fausse ne peut en réclamer le remboursement au porteur de bonne foi et que s'il a accepté la lettre, il est tenu de payer au porteur de bonne foi, sauf son recours contre qui de droit (art. 47).

La loi allemande ne contient pas cette restriction en faveur du détenteur de bonne foi. Lors de la rédaction de la loi en 1847 on s'est opposé à ce que l'idée de la bonne foi fût introduite dans la loi, comme étant trop vague (*ein schwankender Begriff*), et la proposition à l'effet de l'introduire dans les articles qui traitent des lettres fausses (art. 75 et 76) fut rejetée par une majorité de 15 voix contre 4 (*Protocolle*, p. 66). L'art. 76 de la loi allemande est donc resté conçu dans les termes suivants : « Les endosseurs et le tireur, dont les signatures ne sont pas fausses, restent tenus en vertu de la lettre, alors même que celle-ci aurait été mise en circulation avec une acceptation ou des endossements faux ou falsifiés. »

(*b*) V. le chapitre sur les « Modes d'extinction. » — D. Modifications dans les termes, p. 105.

ment n'est pas apparent, ce détenteur peut se servir de la lettre comme si elle n'avait subi aucune altération et en exiger le payement suivant sa teneur originale. En tout autre cas un changement essentiel, sans l'assentiment de toutes les parties liées, rend la lettre nulle, sauf en ce qui concerne celui qui a fait, autorisé, ou consenti cette altération et les endosseurs postérieurs (*a*).

(*a*) Les lois allemande et scandinave ne traitent pas des altérations du contenu de la lettre, mais on semble admettre en Allemagne cette disposition du droit anglais. V. Waechter, *Encyclopaedie*, p. 462.

Quant au droit belge, V. la note (*a*), p. 135.

Les lois suisse (art. 802) et hongroise [art. 82 et 83] au contraire contiennent des dispositions qui se réfèrent aux altérations.

La loi hongroise ne parle que du faux mais on verra qu'elle suppose autre chose que les signatures fausses ; elle dit : « Si la lettre est falsifiée, les endosseurs qui l'ont transmise avant le faux sont tenus suivant le contenu original de la lettre; ceux au contraire qui ont endossé la lettre après le faux sont obligés suivant le contenu falsifié. En cas de doute il est présumé que les endossements ont été antérieurs au faux. » [Art. 82]. Ces dispositions s'appliquent aussi en cas de faux à l'accepteur et aux cautions [art. 83].

Le code suisse, qui semble s'être inspiré de cet article de la loi hongroise, lui a donné plus de précision en faisant porter aussi expressément ses dispositions sur les altérations. « Si l'une des énonciations de la lettre de change (somme, échéance, etc.), » dit-il, « a été altérée postérieurement à la création et à l'émission de la lettre, tous ceux qui l'ont signée après cette altération (endosseurs, accepteur, intervenants, etc.), sont tenus dans les termes de la lettre ainsi altérée. » Dans le cas où l'on ne peut établir si une signature a été donnée avant ou après l'altération, elle est réputée l'avoir été auparavant [art. 802].

De même le code italien porte que « ceux qui ont endossé, cautionné (*avallato*) ou accepté une lettre fausse sont obligés envers le détenteur (*possessore*) comme s'ils avaient endossé,

Notamment sont essentielles les altérations suivantes : changement de la date d'émission, de la somme, de la date du payement, du lieu du payement, et, lorsqu'une lettre a été acceptée sans restriction *(generally)*, l'addition d'un lieu de payement, sans l'assentiment de l'accepteur [art. 64 (2)].

Droit de recours (*a*). — Le détenteur peut exiger le payement de toutes les parties qui se sont engagées par la lettre [art. 38 (2)].

Lorsque l'acceptation a été refusée ou n'a pu être obtenue, ou que le défaut de présentation est excusé, le détenteur a un recours immédiat contre le tireur et les endosseurs et aucune présentation au payement n'est nécessaire [art. 43 (1 et 2)] (*b*).

cautionné ou accepté une lettre qui n'aurait subi aucun faux (*una cambiale vera*). [Art. 328].

En France, le porteur d'une lettre fausse dans sa *création*, peut exercer son recours en garantie contre tous ceux qui ont endossé la lettre. S'il s'agit d'une lettre revêtue d'un *endossement faux*, le porteur peut agir contre les endosseurs *postérieurs* au faux (D. J. G. n°s 862 et 671). Il est bien entendu que l'altération ne doit pas être apparente.

(*a*) Voir le chapitre « Dommages-intérêts et rechange. »

(*b*) *Contrà* en droit français (C. Com. art. 163).

Il s'en suit qu'en droit anglais les endosseurs et le tireur ne sont point tenus, comme en droit français, sur la notification du protêt faute d'acceptation, de donner caution pour assurer le payement de la lettre à l'échéance [C. Com. art. 120].

La loi all. [art. 25] est presque conforme au droit français sur ce point.

La loi scandinave, au contraire, s'est inspirée du droit anglais et son article 29 porte que le possesseur de la lettre de change peut, après protêt faute d'acceptation, et sans attendre l'échéance, demander, au lieu de sûreté, le payement immédiat du montant de la lettre ou de la partie non acceptée ainsi que les frais. D'autre part, si le porteur demande une

Une lettre, dûment présentée à l'acceptation, n'étant pas acceptée dans le délai usuel (ordinairement vingt-quatre heures de la présentation) (*a*), le détenteur, pour conserver son recours contre le tireur et les endosseurs, doit traiter ladite lettre comme ayant subi un refus d'acceptation [art. 42 (1)] (*b*).

Quand le payement a été refusé ou n'a pu être obtenu ou quand, le défaut de présentation étant excusé, la lettre arrive à échéance sans être payée, un droit de recours immédiat s'ouvre au profit du détenteur contre le tireur et les endosseurs [art. 47]; c'est-à-dire que le recours peut être exercé sans aucun délai (*c*). Il peut poursuivre toutes les parties en même temps ou l'une après l'autre; mais le payement par l'une d'elles de la lettre et des frais entraîne extinction de l'action récursoire contre les autres (*d*).

sûreté, le débiteur peut, s'il le préfère, payer aux conditions ci-dessus.

(*a*) Ce délai qui est d'usage en Angleterre est accordé expressément par les lois française [C. Com. art. 125] et hollandaise [C. Com. art. 112].

La loi allemande au contraire donne au détenteur le droit de protester la lettre immédiatement après la présentation à l'acceptation [art. 18 et 41[.

La loi belge [art. 16] et le C. Com. italien [art. 265] ont conservé le délai du C. Com. français, délai qui a été adopté aussi par le C. fédéral suisse [art. 736], la loi scandinave [art. 17], et le projet russe [art. 30].

(*b*) V. ch. sur la notification et le protêt.

(*c*) C. Com. français [art. 165] : Le porteur qui exerce le recours individuel contre son cédant, doit lui faire notifier le protêt et, à défaut de remboursement, le faire citer en jugement dans les quinze jours qui suivent la date du protêt.

(*d*) En droit français [art. 164. C. Com.], le porteur peut exercer son action en garantie ou individuellement contre le tireur ou chacun des endosseurs, — ou collectivement contre les endossseurs et le tireur.

De son côté, l'endosseur qui aura payé peut ou actionner le précédent endosseur et ainsi en remontant atteindre le tireur et l'accepteur, ou agir directement contre ces derniers, sans s'adresser à ceux qui ont endossé la lettre avant lui.

Si, au lieu de poursuivre le payement de la lettre de change, le détenteur a accepté un renouvellement et accordé ainsi une sorte de prorogation de délai, il perd son recours contre les endosseurs à moins que ceux-ci n'aient été consentants à la prorogation *(a)*.

En droit allemand le détenteur peut poursuivre chacun des obligés et l'un quelconque d'eux [art. 81].

Le Code fédéral suisse [art. 767] donne au détenteur d'une lettre non payée le droit d'agir soit contre tous les obligés, soit contre l'un ou plusieurs d'entre eux, sans pour cela perdre son droit contre ceux auxquels il ne s'est pas adressé en premier lieu. Il n'est pas obligé de suivre l'ordre des endossements.

Il en est de même dans la loi scandinave [art. 49], le C. Com. italien [art. 318] et le projet russe [art. 78].

(*a*) Voir le chapitre « Payement et autres modes d'extinction. » — G. — Du renouvellement.

V. Smith. *Com. Law*. p. 318.

CHAPITRE XVI

Des dommages et intérêts et du rechange.

L'usage de la retraite et du rechange pratiqué en France n'a jamais été généralisé en Angleterre (*a*) comme moyen de se rembourser après non acceptation d'une lettre intérieure ; même pour les lettres extérieures, on ne se sert de retraites dans la pratique anglaise que rarement (*b*) quoique le droit du détenteur de la tirer soit bien admis et que ce soit, comme on le verra plus bas, d'après le calcul du montant de la retraite, consacré par la loi marchande continentale que sont estimés les dommages et intérêts résultant du déshonneur de la lettre (*c*).

Quels sont ces dommages-et-intérêts? L'article 57 al. 1, nous le dit:

Le détenteur peut recouvrer sur toute partie liée en vertu de la lettre; le tireur qui a été obligé de payer la

(*a*) Le mot « *re-exchange* » n'a pas exactement le même sens que le mot « rechange. » *Re-exchange* ne veut dire que le montant de la perte qui résulte du refus d'acceptation ou de payement d'une lettre tirée ou endossée dans un pays et payable dans un autre.

(*b*) V. Chitty, *Bills*, p. 440.

(*c*) V. Byles, *Bills*, p. 412 et Chitty, *Bills*, p. 440.

lettre peut recouvrer sur l'accepteur; l'endosseur qui a été forcé de payer la lettre peut recouvrer sur l'accepteur ou le tireur, ou le précédent endosseur:

1. Le montant de la lettre de change.

2. Les intérêts du jour de la présentation au payement, si la lettre est payable sur demande; dans tous les autres cas, du jour de l'échéance (*a*).

3. Les frais du constat, ou, quand il y a eu nécessité de protester, et que le protêt a été rédigé, les frais de ce protêt.

Les dommages-et-intérêts sus-indiqués sont réputés, dit la loi, « *liquidated damages* » [art. 57], c'est-à-dire comme somme pénale ou dommages-et-intérêts déterminés d'avance par les parties, et que le jury, sous la direction du juge, accorde sans examen. Toutefois, bien que ces dommages-et-intérêts soient considérés comme somme pénale, le payement des intérêts proprement dits peut être refusé, si la justice l'exige, si, par exemple, le demandeur est en faute. Le jury est également libre dans le cas d'une lettre stipulée payable avec intérêts à un taux donné (c'est-à-dire courant de la date d'émission) (*b*), de fixer le montant des intérêts à accorder en tant que dommages suivant ce taux ou tout autre [art. 57 (3)].

Lorsqu'il s'agit d'une lettre payable à l'étranger, au lieu des dommages-et-intérêts sus mentionnés, le détenteur peut recouvrer sur le tireur ou un endosseur, et le tireur ou l'endosseur qui a dû payer la lettre peut recouvrer sur toute partie liée vis-à-vis de lui par la lettre de

(*a*) Les intérêts non stipulés d'avance dans la lettre sont d'après l'usage calculés au taux de 5 pour cent. Remarquons incidemment qu'il n'y a pas en Angleterre un taux légal qui ne doit pas être dépassé, toutes les lois sur l'usure ayant été abolies depuis 1854.

(*b*) V. p. 8 et art. 9 (1).

change, le montant du rechange avec les intérêts jusqu'au jour du payement [art. 57 (2)], c'est-à-dire le montant de la somme nécessaire pour se rembourser de la totalité de sa créance sur les tireur ou endosseurs. Le moyen le plus direct d'arriver à ce but est de tirer une lettre à vue, dite retraite, sur le tireur ou un endosseur, ladite lettre comprenant le montant de l'effet impayé, le taux de change avec les intérêts et les frais; de telle sorte que sa négociation sur la place même où a eu lieu le refus de payement donne au détenteur la même somme que celle qu'il aurait reçue si l'effet avait été payé par l'accepteur.

On voit que d'après les termes de la loi anglaise, le cumul des rechanges est admis: le détenteur peut se rembourser sur le tireur ou un endosseur et celui-ci à son tour sur la partie contre laquelle il a recours, chacun se remboursant de la totalité de sa créance, ce qui implique le cumul des rechanges (*a*).

(*a*) Par cette disposition, la loi anglaise se rapproche de la loi allemande [art. 53] et des codes suisse [art. 769] et italien [art. 312].

La loi scandinave porte que, en exerçant le recours pour défaut de payement, le porteur a le droit de réclamer : la somme impayée, avec les intérêts à 6 pour cent du jour de l'échéance, — le remboursement des frais du protêt — et une commission de 1/3 pour cent du montant de l'effet [art. 50]. L'article 53 indique que le recours peut être exercé sous la forme d'une nouvelle lettre de change tirée sur la personne à qui le payement est demandé. En ce cas, on peut ajouter au montant de la somme réclamée le droit de courtage pour négociation de la traite, et le timbre s'il en est dû. Cette lettre doit être à vue et tirée *directement*.

La loi belge [art. 78] est restée fidèle sur ce point au C. Com. français [art. 183] en interdisant le cumul des rechanges.

CHAPITRE XVII

De la garantie.

La nouvelle loi anglaise ne mentionne pas la garantie, et l'aval est inconnu dans les usages commerciaux anglais (*a*). En effet, une signature sur une lettre de change donnée par quelqu'un qui n'est ni tireur ni ac-

(*a*) V. Chitty, *Bills*, p. 220 et Jencken, *Compendium*, p. 105. Aux Etats-Unis les décisions, coutumes et autorités ne semblent pas d'accord quant aux effets à attribuer à une garantie écrite sur la lettre même. Cfr. les chapitres sur la garantie dans les ouvrages de Story (*Promissory notes*, p. 603 et s.) et Daniel (*Negotiable Instruments* vol. II, p. 677 et s.).

Toutes les nouvelles législations reconnaissent l'aval : belge, [art. 31 et 32] ; italienne, [art. 274, 275 et 276] ; scandinave [art. 87] ; suisse [art. 808 et 809] ; allemande [art. 81] ; hongroise [art. 66, 67, 68 et 69]. Le projet russe y consacre cinq articles [109-113]. Il faut remarquer que ces différentes législations ne sont pas toutes d'accord ni sur la forme ni sur les effets de l'aval. Seuls la loi belge et les C. Com. français et hollandais [art. 131] permettent un acte séparé ; d'après le C. Com. italien, une simple signature ne suffirait pas [art. 274]. *Contrà*, droit français (V., *Dictionnaire* de Couder, v° *Aval*, n° 12), belge (V. Namur, *C. Com. belge révisé*, vol. I, p. 368) et allemand (Waechter, *Wechselrecht*, p. 438). D'après la loi scandinave et le C. Com. italien, le donneur d'aval est

cepteur lui fait encourir devant la loi les obligations d'un endosseur vis-à-vis d'un détenteur régulier [art. 56] bien qu'il n'ait pas été détenteur de la lettre.

On peut bien se porter caution pour une des parties par un engagement ordinaire accessoire et indépendant de la lettre; le seul autre moyen de se rendre légalement garant du payement est l'endossement (*a*).

L'engagement accessoire d'une caution ou garantie forme un contrat ayant son existence propre et il est par conséquent soumis aux conditions ordinaires requises pour donner validité à un contrat quelconque.

Il faut par conséquent que l'engagement du garant ait une cause et que cette cause soit de valeur (*b*).

En vertu du fameux *Statute of Frauds* un (*c*) tel engagement doit être écrit; mais depuis 1857 (*d*) il n'est plus nécessaire que mention soit faite de la cause.

Cette garantie diffère essentiellement de l'aval en ce qu'elle n'est pas transférable avec la lettre, c'est-à-dire qu'elle n'a de force qu'entre ceux qui sont parties.

tenu solidairement avec celui qu'il cautionne. D'après le C. Com. français (Lyon-Caen et Renault. *Précis*, p. 646 en note) et la loi belge (art. 10 et Namur, *C. Com. belge révisé*, p. 301), le donneur d'aval garantit l'acceptation aussi bien que le payement. Suivant la loi italienne [art. 274] il ne garantirait que le payement. Ce ne sont là que des exemples.

(*a*) A la conférence de l'Association pour la réforme et la codification du droit international qui s'est tenue à Anvers en 1878, on a rangé l'aval parmi les institutions à adopter comme base d'une loi internationale sur la lettre de change. (Voir aux Annexes).

(*b*) V. « Cause, » p. 31.

(*c*) 29 Car. II. c. 3.

(*d*) 19 et 20, Vict. c. 97.

CHAPITRE XVIII

Intervention.

A. *De l'acceptation par intervention.*

CONDITIONS. — En acceptant par intervention (*for honour, supra protest*), un tiers s'engage à payer une lettre de change, dont l'acceptation n'a pu être obtenue du tiré. L'intervention suppose donc une première tentative faite pour avoir la signature du tiré et cette tentative doit être établie par un constat notarié pour protêt faute d'acceptation [art. 93] (*a*).

L'acceptation par intervention peut aussi se présenter lorsqu'il y a eu protêt de garantie (*for better security*) (*b*).

(*a*) L'article 65 requiert, il est vrai, un protêt, mais l'article supplémentaire 93 modifie cette disposition en rendant le le constat suffisant dans tous les cas où le protêt est exigé. Le protêt en effet peut être rédigé à toute époque postérieure et même être libellé de la date du constat.

(*b*) V. le chapitre sur le « Protêt, p. 124. »

La nécessité du protêt préalable qui fait essentiellement partie de cette institution de l'intervention et qui appartient au droit marchand universel, est ainsi justifiée par Pothier. « La raison est, que le tireur et les endosseurs ne devenant débiteurs de la

Outre ce préliminaire du constat notarié faute d'acceptation, l'intervention pour être valable doit remplir les conditions suivantes :

1° L'intervenant ne doit pas être déjà partie à la lettre de change;

2° La lettre de change ne doit pas être échue [art. 65 (1).]

3° Il faut le consentement du détenteur [art. 65 (1)] (*a*).

lettre que par le protêt qui en est fait, il faut qu'il ait été fait pour que celui qui l'a payé puisse prétendre les avoir acquittés, et avoir en conséquence contre eux l'action *negotiorum gestorum*. (*Contrat de Change*, n° 114).

Selon Story, (*Bills of Exchange*, p. 284) on peut donner pour raison à la nécessité préliminaire du protêt que le tireur et les endosseurs ont le droit de prétendre que la lettre n'était pas à l'origine tirée sur l'accepteur par intervention; et la seule et meilleure preuve du refus opposé par le tiré primitif est le protêt, acte qui est généralement reconnu dans la loi marchande comme constatation de ce refus.

Cette raison ne peut être invoquée en Angleterre. V. le chapitre sur le « Protêt ».

A défaut de protêt la signature donnée sur la lettre serait considérée en Angleterre comme un endossement (V. p. 143-4) et en droit français comme un aval. (V. *Dictionnaire* de Couder. « *Lettre de change*, » n° 434).

(*a*) Cfr. art. 57 de la loi allemande qui dit que le porteur peut refuser l'acceptation par intervention d'une personne qui n'est pas indiquée sur la lettre comme devant la payer au besoin.

Cette disposition est reproduite textuellement dans l'art. 775 du Code fédéral suisse.

Mais les autres législations n'accordent pas au détenteur un droit de refus si complet.

Ainsi dans la loi scandinave, si le porteur peut refuser en principe l'acceptation par intervention, il est tenu cependant de recevoir celle offerte par le tiré [art. 57]. D'après l'art. 270 du C. Com. italien, la lettre de change peut être acceptée par intervention; pourtant l'acceptation d'un tiers n'enlève pas au

FORMES ET FORMALITÉS. — Quant à sa forme, l'acceptation doit être écrite sur la lettre de change et indiquer qu'il s'agit d'une intervention [art. 65 (3)], et être signée de l'intervenant [art. 65 (3)] (*a*).

détenteur l'action en recours pour obtenir caution quand il ne ressort pas de l'acte de protêt qu'il y a consenti.

En droit français, il est reconnu que l'acceptation par intervention étant donnée par le tiré, le porteur n'a plus de motifs pour exercer l'action que lui accorde l'art. 120 C. Com. (D. J. G. v° *Effets de commerce*, n° 356). Mais remarquons que les termes de l'art. 128 C. Com. sont généraux et que le fait pour le porteur de recevoir une acceptation par intervention ne lui enlève pas ses droits contre le tireur et les endosseurs à raison du défaut d'acceptation par celui sur qui la lettre était tirée. D'après les traducteurs de la loi allemande [note 1 sous l'art. 57], il est admis en France que le porteur ne peut refuser l'acceptation par intervention du tiré.

Le projet russe [art. 93] ne permet pas non plus au porteur de refuser l'acceptation par intervention offerte par le tiré, mais cette intervention ne lui fait pas perdre le droit d'exiger une sûreté.

(*a*) L'art. 58 de la loi allemande exige en outre que l'acceptation par intervention soit constatée dans une annexe au protêt. *Sic* C. féd. suisse [art. 776].

Les rédacteurs de la loi scandinave et du C. Com. italien n'ont pas cru utile de transporter cette exigence dans ces nouvelles législations. Les rédacteurs du projet russe au contraire l'ont insérée en forme d'article spécial [art. 97], bien que la doctrine ainsi que la pratique repoussent cette obligation comme n'ayant aucune utilité.

Le C. Com. français exige que mention de l'intervention soit faite dans l'acte du protêt et signée de l'intervenant [art. 126] et la loi belge dans l'acte du protêt ou « à la suite de cet acte » [art. 17]; ce dernier article dit aussi que l'acceptation par intervention se fait dans la même forme que l'acceptation du tiré. Ainsi dans la loi belge l'intervention figure et sur la lettre même à l'instar de l'acceptation du tiré et sur le protêt ou à sa suite (Namur, *C. Com. belge révisé*, p. 323). La rédaction

L'acceptation par intervention peut être restreinte et limitée à partie seulement du montant de la lettre [art. 65 (2)]. (*a*), toujours, bien entendu, avec le consentement du détenteur qui peut refuser toute acceptation par intervention [art. 65 (1)].

On n'exige plus, comme autrefois, que l'acceptation par intervention soit constatée par un acte notarié (*b*).

QUI PEUT ACCEPTER PAR INTERVENTION ET POUR QUI. — Toute personne qui n'est pas déjà liée en vertu de la lettre peut intervenir. Ainsi le tiré qui ne veut pas accepter directement, peut accepter par intervention.

L'intervenant, comme tout autre contractant, doit être capable de s'obliger [art. 65 (1)].

L'acceptation peut intervenir en faveur de toute partie à la lettre de change, ou de celui pour le compte de qui la lettre est tirée [art. 65 (1)].

Cet article ne présente plus dès lors les difficultés d'interprétation de l'article 126 C. Com. français.

Le droit anglais exige simplement qu'il y ait un protêt.

(*a*) *Sic* en droit français. *Dictionnaire* de Couder, v° *Lettre de change*, n° 412.

Contra, en droit allemand. L'acceptation par intervention, dit M. Waechter, doit écarter le recours d'un obligé; mais cet effet ne peut se produire sans une acceptation pour la totalité de la somme. D'ailleurs il faut se rappeler que le détenteur est tenu d'agréer l'acceptation du recommandataire, mais non celle de tout autre [art. 57].

(*b*) V. l'ancien usage à cet égard, Chitty, *Bills*, p. 244.

Les législations du continent contiennent d'autres formalités qui en droit anglais ne se rattachent pas spécialement à l'acceptation par intervention. Ainsi les lois allemande [art. 38] et suisse [art. 776] exigent notification et envoi du protêt, la loi belge [art. 18] adoptant l'art. 127 du C. Com. français, la simple notification et les lois scandinave [art. 59] et italienne [art. 273], l'envoi du protêt à celui pour l'honneur de qui l'intervention a lieu.

S'il n'y a pas mention expresse de celui pour l'honneur de qui on accepte, l'intervenant est supposé agir en faveur du tireur [art. 65 (4)] (*a*).

EFFETS DE L'ACCEPTATION PAR INTERVENTION. — En acceptant, l'intervenant s'engage à payer sur due présentation, conformément à la teneur de son acceptation si la lettre n'est pas payée par le tiré, pourvu qu'il y ait eu due présentation au payement, protêt faute de payement, et qu'il en ait reçu notification [art. 66 (1)].

L'intervenant est lié envers le détenteur et tous ceux devenus parties à la lettre postérieurement à celui pour lequel il a accepté [art. 66 (2)].

De ce que le détenteur reçoit une acceptation par intervention pour un des endosseurs, il ne perd pas pour cela son droit de dresser protêt contre le tireur et les endosseurs antérieurs. Mais quand l'acceptation intervient pour tous, elle n'atteindrait pas son but, si le détenteur pouvait ensuite et avant l'échéance poursuivre une quelconque des parties. Ainsi son droit d'action se trouve suspendu jusqu'à l'arrivée de l'échéance (*b*).

(*a*) *Sic* lois allemande [art. 59], suisse [art. 777], scandinave [art. 58], italienne [art. 272], projet russe [art. 96].

En France, dans le même cas, l'acceptation est supposée intervenir pour tous. *Dict.* de Couder, v°. *Lettre de change*, n° 436.

(*b*) Chitty, *Bills*, p. 244.

« Le détenteur, dit Daniel (*Negotiable Instruments*, I, n° 529), ne peut être tenu de recevoir une acceptation par intervention, mais s'il l'a reçue pour une personne nommément désignée, il ne peut poursuivre cette partie tant que l'échéance n'est pas arrivée, et qu'il n'y a pas eu refus de la part de l'accepteur par intervention. Si l'acceptation est intervenue pour toutes les parties à la lettre, le détenteur ne peut poursuivre aucune d'elles avant l'échéance et le déshonneur. Mais on ne voit pas quel motif on pourrait invoquer pour

Echéance d'une lettre acceptée par intervention. — L'échéance d'une lettre payable à tant de vue et acceptée par intervention court du jour du constat, et non du jour de l'acceptation par intervention [art. 65 (5)] (a). Ceci n'est qu'une conséquence de l'article 14 (3) qui porte que si une lettre est payable à tant de délai de vue, le délai commence à courir du jour de l'acceptation si elle a été donnée, et du jour du constat ou protêt, s'il y a eu constat ou protêt de la lettre faute d'acceptation ou faute de délivrance.

refuser au détenteur le droit de poursuivre les parties qui précèdent celle pour qui l'acceptation par intervention a été donnée, lorsque ces parties ont reçu du détenteur notification régulière. »

La loi allemande tranche cette question du recours dans ce sens que, après l'acceptation par intervention, le porteur et les endosseurs postérieurs à celui pour l'honneur de qui l'intervention a eu lieu n'ont pas droit de demander caution. Sont recevables au contraire dans cette demande, celui pour l'honneur de qui l'intervention a eu lieu ainsi que les cédants antérieurs [art. 61]. Les lois scandinave [art. 61] et suisse [art. 779] se sont ralliées à ce système.

Le C. Com. français au contraire porte que le porteur conserve tous ses droits contre le tireur et les endosseurs, à raison du défaut d'acceptation par celui sur qui la lettre était tirée, nonobstant toutes acceptations par intervention [art. 128].

La loi belge conserve cette disposition [art. 19].

Le C. Com. italien a aussi maintenu le principe du système français en y apportant toutefois des modifications. L'art. 270 sur ce sujet porte que l'acceptation par un tiers n'enlève pas au porteur l'action de recours contre les autres cautions, quand il n'est pas constaté dans l'acte de protêt qu'il y a consenti.

Les rédacteurs du projet russe ont préféré le système allemand [art. 100].

(a) Cfr. le chapitre sur « Echéance, » p. 46.

PRÉSENTATION AU PAYEMENT CHEZ L'ACCEPTEUR PAR INTERVENTION. — Quand une lettre de change non acceptée, l'a été par intervention, ou quand elle indique un recommandataire, elle doit être protestée faute de payement avant d'être présentée au payement à l'accepteur par intervention ou au recommandataire [art. 67 (1)].

L'accepteur par intervention ayant pour adresse la même place que celle où a lieu le protêt faute de payement, la lettre doit lui être présentée au plus tard le lendemain de l'échéance ; s'il a pour adresse une place autre que celle où le protêt a eu lieu, elle doit être envoyée au plus tard le lendemain de l'échéance pour lui être présentée [art. 67 (2)].

D'ailleurs, en présence des circonstances spéciales dont il a été déjà parlé, le défaut de présentation ou le retard n'entraînent pas déchéance contre le détenteur [art. 67 (3)].

S'il arrive que l'accepteur par intervention ne paye pas à l'échéance, protêt faute de payement doit être fait contre lui [art. 67 (4)].

B. *Payement par intervention.*

QUI PEUT PAYER ET POUR QUI. — Après protêt faute de payement d'une lettre de change, toute personne peut intervenir et payer la dite lettre en faveur de l'une des parties obligées, ou de celle pour le compte de qui la lettre est tirée.

Il faut remarquer que la loi en disant que toute personne peut intervenir, va plus loin que permettre à toute personne d'acquitter la lettre : elle donne à toute personne pouvoir de se mettre, en acquittant la lettre, à la place du détenteur et de se prévaloir de ses droits (a).

Ce payement peut être effectué, soit par l'accepteur par intervention, soit, le tiré ayant primitivement accepté, par un tiers. Dans le premier cas, le payement n'est qu'une conséquence de l'acceptation ; mais l'intervenant n'étant que caution, le détenteur ne peut agir contre lui qu'après avoir demandé au tiré de s'acquitter. Aussi l'art. 68 exige qu'au préalable il y ait constat pour protêt faute de payement de la part du tiré (b).

Dans le cas où deux ou plusieurs personnes s'offrent à payer par intervention, celle dont le payement opère le plus de libérations est préférée [art. 68 (2)] (c).

Formes et formalités. — Le protêt ayant été fait ou plutôt le constat pour protêt ayant été dressé, le payement par intervention, pour valoir comme tel, et non comme simple payement volontaire, doit être affirmé par un acte notarié d'intervention qui sera attaché au protêt ou formera une annexe [art. 68 (3)].

Cet acte notarié doit être rédigé sur la déclaration du

(a) L'art. 158 du C. Com. français porte que « une lettre de change protestée peut être payée par tout intervenant pour le tireur ou pour l'un des endosseurs, » mais cette formule est trop restrictive et aucun auteur ne semble contester que le payement puisse être fait dans l'intérêt d'un donneur d'aval ou de l'accepteur. (Lyon-Caen et Renault, *Précis*, n° 1224).

On admet en Belgique la même doctrine. (Namur, *C. Com. belge révisé*, p. 406).

En droit allemand on ne semble pas admettre que l'intervention puisse avoir lieu pour l'honneur de l'accepteur à moins qu'il ne soit accepteur d'une lettre domiciliée. (Waechter, *Encyclopaedie*, p. 293).

(b) V. « Acceptation par intervention, » p. 149.

(c) *Sic.* C. Com. français [art. 159], loi allemande [art. 64], loi scandinave [art. 64], C. féd. suisse [art. 782], et C. Com. italien [art. 301 et 272].

payeur intervenant, ou de son mandataire en son nom, constatant son intention de payer la lettre par intervention, et le nom de celui pour qui il paye [art. 68 (4)] (*a*).

Effets. — Quand une lettre a été payée par intervention, toutes parties venant postérieurement à celle pour l'honneur de qui on a payé sont libérées [art. 68 (5)].

Ainsi, l'intervenant a-t-il payé pour l'accepteur, c'est contre cet accepteur seul qu'il peut agir en remboursement; a-t-il payé pour le premier endosseur, il peut actionner et le tireur et l'accepteur; quant à l'endosseur venant en second, et à ceux qui le suivent, ils sont libérés (*b*), comme conséquence du payement fait par lui.

(*a*) Cfr. la loi allemande [art. 62], qui dispose que le porteur doit présenter la lettre pour le payement à toutes les personnes indiquées comme devant la payer au besoin, et faire constater le résultat de la présentation dans le protêt faute de payement ou dans une annexe dudit protêt.

Sic, C. féd. suisse [art. 780].

D'après l'art. 158 C. Com. français, l'intervention et le payement doivent être constatés dans l'acte de protêt ou à la suite de l'acte.

Il y avait aussi en Angleterre, avant la nouvelle loi, (un art. de l'Act 6 et 7, Will. 4, c. 58). d'après lequel le détenteur n'était pas tenu de présenter la lettre à l'accepteur par intervention ou au besoin avant le lendemain de l'échéance. Si cet accepteur par intervention ou ce besoin demeuraient dans une localité autre que celle du payement, il n'était pas nécessaire de leur adresser la lettre pour présentation au payement avant le lendemain de l'échéance.

Cette loi est dès maintenant abrogée (V. aux Annexes, la liste des lois abrogées) et il n'y a plus de disposition spéciale à cet égard.

(*b*) Chalmers. *Digest*. p. 213.

Il en est de même en droit français [C. Com. art. 159].

L'intervenant se trouve subrogé au détenteur, et lui succède dans tous ses droits et obligations vis-à-vis de celui pour qui il est intervenu et de ceux qui sont engagés envers lui [art. 68 (5)] (*a*).

En payant au détenteur le montant de la lettre de change et les frais accessoires de l'acte notarié, il est en droit de recevoir et la lettre et le protêt, et si, sur sa demande, le détenteur n'en fait pas délivrance, celui-ci est tenu envers lui à des dommages-intérêts [art. 68 (6)] (*b*).

CONSÉQUENCES DU REFUS D'ACCEPTER LE PAYEMENT PAR INTERVENTION. — Le détenteur d'une lettre de change qui refuse de recevoir le payement par intervention perd son droit de recours contre toute personne qu'un tel payement aurait libérée [art. 68 (7)] (*c*).

(*a*) Cfr. lois allemande [art. 63], scandinave [art. 63], C. féd. suisse [art. 781], C. Com. italien [art. 300], C. Com. belge [art. 50] et C. Com. français [art. 159] qui contiennent tous subrogation au profit du payeur par intervention.

(*b*) Cfr. lois allemande [art. 63], scandinave [art. 63], suisse [art. 781].

(*c*) La loi allemande porte que le porteur qui refuse le payement par intervention offert par un autre intervenant, perd son recours contre les endosseurs qui suivent celui pour le compte duquel le payement était offert [art. 62].

Il en est de même dans la loi scandinave [art. 62], le C. féd. suisse [art. 780], le C. Com. italien [art. 301].

En droit français, le porteur ne peut refuser le payement par intervention, celui-ci produisant les mêmes effets que le payement direct. S'il y avait refus du porteur, l'intervenant devrait se conformer aux dispositions des art. 1257 et s. C. Civ., c'est-à-dire procéder à des offres réelles et à la consignation. (Lyon-Caen et Renault, *Précis*, p. 675).

L'art. 49 de la loi belge reproduit textuellement l'art. 158 C. Com. français. — Selon Namur (*C. Com. belge révisé*, p. 405), le porteur ne peut refuser le payement offert par quelque intervenant que ce soit et l'action du porteur contre les en-

Il y a là une différence avec l'acceptation par intervention qui ne peut pas être imposée au détenteur, différence qui s'explique facilement : dans le cas d'acceptation, la confiance en l'intervenant deviendrait obligatoire, tandis que le payement, du moment qu'il est fait par une personne capable, ne laisse en suspens aucune question de solvabilité future, et satisfait entièrement le détenteur.

En outre le détenteur qui a un droit d'action immédiat, en cas de défaut d'acceptation, ne peut plus agir, s'il y a acceptation par intervention, que lors du défaut de payement. On n'aura pas voulu priver le détenteur de ce droit de recours immédiat en lui imposant l'acceptation par intervention.

C. *Du recommandataire.*

Le recommandataire ou besoin *(referee in case of need)* est une personne indiquée dans la lettre par le tireur ou un endosseur, et à qui le détenteur peut s'adresser, si la lettre subit un refus d'acceptation ou de payement.

Le détenteur n'est pas obligé de présenter la lettre au recommandataire, la loi le laisse libre de le faire ou non [art. 15 (1)].

En tous les cas, quand le détenteur veut présenter la lettre à l'acceptation ou au payement au recommandataire, le refus d'acceptation ou de payement doit avoir été constaté par constat notarié [art. 67].

La mention du besoin n'ayant aucun caractère obligatoire pour le détenteur, il n'est pas nécessaire que le recommandataire soit une personne domiciliée dans la localité où la lettre est payable (*a*).

dosseurs pourrait même être déclarée non recevable si, en supposant l'intervention admise, le défendeur eût été libéré.

(*a*) Dans son art. 56, la loi allemande dispose que si la lettre protestée faute d'acceptation contient l'adresse d'un recom-

Il n'y a aucune formule spéciale ; il suffit que la mention d'un recommandataire indique clairement qu'il s'agit d'une telle personne. La mention devrait indiquer pour qui le recommandataire doit ou accepter ou payer.

mandataire domicilié au lieu où elle est payable, le détenteur ne peut recourir en sûreté avant d'avoir demandé l'acceptation au recommandataire. Ainsi, dans la loi allemande le droit d'option n'existe pas, qu'il s'agisse d'un recommandataire indiqué par le tireur ou par un endosseur; mais ce recommandataire pour être imposé au détenteur doit être domicilié au lieu où la lettre est payable.

Cette disposition se retrouve dans le Code fédéral suisse [art. 774], le projet russe [art. 91[, et la loi scandinave [art. 56]. Toutefois dans cette dernière législation si, en général, le recommandataire doit demeurer au lieu du payement, dans le cas d'une lettre domiciliée, le recommandataire doit demeurer au lieu de l'acceptation.

L'art. 269 du C. Com. italien dit seulement que la lettre non acceptée par le tiré peut être acceptée par intervention par la personne indiquée pour accepter ou payer au besoin. Cette dernière législation se rapproche de la loi anglaise puisqu'elle admet le droit d'option et la non nécessité de domicile au lieu du payement.

En France, les auteurs font une distinction. Le recommandataire est-il indiqué par le tireur, le détenteur doit s'adresser à lui si toutefois il est domicilié au lieu du payement [C. Com. art. 173] ; on admet que l'indication du recommandataire par le tireur fait corps avec la lettre. Ce besoin est-il indiqué par un endosseur : selon certains auteurs, le même motif d'obliger le détenteur à s'adresser à lui n'existe plus et le porteur ne peut être obligé de faire le protêt au domicile de ce recommandataire ; selon d'autres auteurs, l'article 173 ne fait pas de distinction et dès lors, même en ce dernier cas, le porteur doit s'adresser au recommandataire (V. *Dict.* de Couder, v° « *Protêt*, » n. 252 et s.).

En Belgique, l'article 2 de la loi du 10 juillet 1877, a fait cesser toute controverse en décidant dans son deuxième alinéa que le protêt doit être fait au domicile des besoins indiqués soit par le tireur soit par les endosseurs.

L'indication du besoin est généralement placée, si elle est donnée par le tireur, au bas de la lettre ; si elle est donnée par un endosseur, sous son endossement.

L'art. 62 de la loi allemande impose au détenteur l'obligation de présenter la lettre de change non payée au recommandataire résidant au lieu du payement dans les deux jours de l'échéance ; faute de quoi il est déchu de son droit de recours sur celui qui a indiqué un recommandataire, sur le bénéficiaire de cette recommandation et sur les endosseurs subséquents.

Ainsi, c'est en partie la reproduction de l'art. 56 de la même loi sur l'acceptation ; dans les deux cas il y a obligation pour le détenteur. L'art. 62 de la loi allemande se trouve reproduit dans le C. fédéral suisse [art. 780], le projet russe [art. 101 et 102], la loi scandinave [art. 62].

Pour ce qui est de la France et de la Belgique, ce qui a été dit plus haut s'applique et à l'acceptation et au payement.

CHAPITRE XIX

De la pluralité d'exemplaires et des copies (a).

Formes. — Il est d'usage que les lettres tirées sur l'étranger le soient en plusieurs exemplaires.

Une lettre tirée en plusieurs exemplaires ne constitue qu'une seule lettre. Chaque exemplaire doit être numéroté et contenir référence aux autres.

La nouvelle loi n'exige qu'une simple référence entre les exemplaires les uns aux autres. Elle n'exige point, suivant ses termes, la clause de l'annulation ou autre équivalente bien que cette clause ainsi conçue : « *Second and third of the same tenour and date not paid* » soit ordinairement insérée. En effet, on ne voit pas l'utilité des mots « *not paid*, » qui doivent désormais être sous-entendus, puisque dès qu'il s'agit d'une lettre tirée en plusieurs

(a) La pluralité d'exemplaires est traitée dans les législations qui ont plus ou moins adopté la loi allemande pour base, comme dans la loi anglaise, dans un chapitre spécial. La nouvelle loi belge, restée fidèle au C. Com. français, traite ce sujet dans la section sur le payement. [Loi belge, art. 37, 38, 40, 41 et 42].

exemplaires, le payement d'un de ces exemplaires vaut libération de la lettre [art. 71 (6)] (*a*).

La loi ne donne au cessionnaire de la lettre le droit d'en exiger un double qu'au cas où la lettre est perdue, et en ce cas le détenteur s'adresse au tireur [art. 69] (*b*).

ACCEPTATION DONNÉE SUR UN DES EXEMPLAIRES. — L'acceptation peut être mentionnée sur un quelconque des exemplaires, et ne doit l'être que sur un seul.

Si le tiré accepte sur plusieurs exemplaires, et que ces exemplaires ainsi acceptés se trouvent entre les mains de plusieurs détenteurs réguliers, il est lié par chacun comme s'il y avait autant de lettres de change distinctes [art. 71 (4)] (*c*).

(*a*) La nécessité de la clause d'annulation n'existe plus, parmi les législations que nous rapprochons les unes des autres, qu'en droit français. Les rédacteurs du C. Com. belge ont supprimé la seconde partie de l'art. 147 du C. Com. français se ralliant là aussi à la législation allemande.

La suppression de cette clause constitue une des propositions énoncées par l'association pour la réforme et la codification du droit international, art. 21. (V. aux Annexes.) V. aussi MM. Lyon-Caen et Renault, *Précis*, p. 667.

(*b*) La loi allemande au contraire porte que tout cessionnaire par endossement peut aussi demander un duplicata de la lettre. Il doit, à cet effet, s'adresser à son prédécesseur immédiat, lequel à son tour s'adresse à son prédécesseur jusqu'à ce que la demande arrive au tireur [art. 66].

Sic. C. féd. suisse [art. 783]. C. Com. italien [art. 277], C. Com. français [art. 154] et loi belge [art. 44], qui modifie l'article français en ajoutant que chaque endosseur est tenu de rétablir sur la seconde son endossement, disposition tirée de la loi allemande.

La loi scandinave [art. 67], admet que le détenteur réclame le double directement au tireur et son exemple a été suivi par les rédacteurs du projet russe [art. 115].

(*c*) La loi allemande porte que l'accepteur qui a accepté

Payement sur un des exemplaires. — L'accepteur doit exiger avant de payer qu'on lui rende le duplicata qu'il a accepté ; s'il paye la lettre tirée en plusieurs exemplaires, sans exiger la délivrance de l'exemplaire portant son acceptation, et qu'à l'échéance cet exemplaire se trouve impayé entre les mains d'un détenteur régulier, il reste tenu envers celui-ci [art. 71 (5)] (*a*).

Tous les exemplaires de la lettre ne constituant qu'une seule lettre, décharge d'un exemplaire, suivant les dispositions énoncées dans la loi, vaut décharge de la totalité [art. 71 (6)].

Négociation a des personnes différentes. — Le détenteur des exemplaires qui en endosse deux ou plusieurs à des personnes différentes est engagé pour chacun, et tout endosseur subséquent est engagé pour l'exemplaire qu'il a lui-même endossé comme si chacun formait une lettre indépendante [art. 71 (2)] (*b*).

plusieurs exemplaires de la même lettre reste tenu des acceptations qui se trouvent sur les exemplaires non restitués lors du payement [art. 67 (2)].

Sic C. féd. suisse [art. 784] et loi scandinave [art. 68].

Cfr. C. Com. français [art. 148] et la loi belge [art. 38] qui a maintenu la disposition du C. Com. français à cet égard, lequel n'envisage que le payement sur un exemplaire non-accepté.

Le C. Com. italien est encore plus absolu que la loi anglaise et porte simplement que « si plusieurs exemplaires sont acceptés, l'accepteur est obligé par chaque acceptation » [art. 279].

(*a*) V. la note précédente.

(*b*) En droit allemand l'endosseur reste tenu de ses endossements inscrits sur les exemplaires non restitués au moment du payement [art. 67 (1)].

Sic C. féd. suisse [art. 784], loi scandinave [art. 68].

Le C. Com. italien le rend purement et simplement lié par chaque exemplaire endossé [art. 279].

Quand deux ou plusieurs exemplaires sont régulièrement négociés à différents détenteurs réguliers, celui qui le premier a titre est considéré comme le véritable propriétaire ; mais ceci ne peut affecter les droits de la personne qui régulièrement a accepté ou payé le premier exemplaire à elle présenté [art. 71 (3)]

Ainsi le détenteur d'une lettre en pluralité d'exemplaires négocie le troisième à A.... Deux jours après il négocie le premier et le deuxième à B.. ; A.. peut exiger de B.. la remise des deux premiers exemplaires. Quant à B..., il agira contre l'ancien détenteur pour la valeur qu'il a dû lui fournir en remise de la lettre (*a*) sans préjudice, comme on a vu, des droits de celui qui accepte ou paye régulièrement l'exemplaire qui lui est présenté en premier lieu (*b*).

DES COPIES (*c*). — A côté de l'exemplaire ou duplicata il faut mentionner la copie dont la nouvelle loi ne parle qu'incidemment dans les deux articles 32 al. 1, et 51 al. 8 (*d*).

En France, le preneur qui a négocié les deux exemplaires (portant pour le second qu'il n'y aura lieu à le payer *qu'autant que le premier ne serait pas acquitté*) par un endossement pur et simple à un individu qui les a ensuite négociés à deux personnes différentes ne peut être garant vis-à-vis du porteur de la seconde de ce que, par suite du payement fait au porteur de la première, le tiré se refuse à acquitter la seconde. *Dict.* de Couder. V. « *Lettre de change*,» nº 123.

(*a*) V. Chalmers, *Digest*. p. 91.

(*b*) Cette disposition de la loi anglaise résoud une question qu'aucune autre législation ne semble avoir tranchée.

(*c*) V. loi allemande [art. 70-72] qui traite spécialement des copies, comme le font aussi les C. Com. italien [art. 280 et 281], C. féd. suisse [art. 787-789], la loi scandinave [art. 71 et 72] et le projet russe [art. 121-124].

(*d*) M. Bédarrides fait bien ressortir la distinction entre l'exemplaire et la copie et l'utilité de cette dernière, dans le

La copie devrait contenir la reproduction exacte des énonciations exprimées dans la lettre de change, les noms des endosseurs y compris celui de la personne qui a mis la copie en circulation et se terminer par la mention « copie — l'original est aux mains de — » (*a*).

Si l'on omet de spécifier que la lettre est une copie ou de faire précéder son endossement du mot « copie, » on peut se trouver lié en vertu de cette copie comme si c'était un original (*b*).

L'art. 32, al. 1, porte que l'endossement écrit sur une allonge ou une copie (*copy*) de la lettre émise ou négociée dans un pays où les copies sont admises est considéré comme écrit sur la lettre elle-même (*c*), et l'art. 51 al. 8 que si une lettre de change est perdue, détruite ou détenue à tort au détriment de la personne qui y a droit, le protêt peut être fait sur une copie ou des renseignements écrits.

Ce sont là les seules dispositions, comme nous l'avons

---

passage suivant : « Ce qui les distingue essentiellement, c'est que le tireur seul peut créer les exemplaires, tandis que la copie émane légalement du détenteur actuel, et peut être faite à toutes les époques. Supposez que le porteur d'une lettre de change veut l'envoyer à l'acceptation. Cependant, dans l'intervalle qui s'écoulera entre l'aller et le retour, une occasion favorable de la négocier se présentera. Cette occasion, que l'obligation d'attendre le retour matériel de la lettre peut faire perdre, la transmission par copie permettra de la saisir, et d'en profiter. (*De la lettre de change*, I, p. 136). V. aussi, pour plus de détails sur le droit français, le même ouvrage, p. 135 et s.

(*a*) Cfr. art. 70 de la loi allemande. La loi all. exige la mention : « *bis hierher Abschrift* » (jusqu'ici copie), et la loi scandinave [art. 71], le C. fédéral suisse [art. 787], le C. Com. italien [art. 281], le projet russe [art. 121] reproduisent la même disposition.

(*b*) Byles, *Bills*, p. 392.

(*c*) Cfr. loi all. [art. 71], loi scandinave [art. 71], C. fédéral

dit, de la nouvelle loi, qui parlent des copies. C'est qu'en Angleterre l'usage des copies n'est pas habituel.

suisse [art. 788], C. Com. italien [art. 282], projet russe [art. 122].

CHAPITRE XX

De la perte.

La question délicate de savoir quels sont les droits et les devoirs de celui qui a perdu une lettre de change n'est traitée que bien succinctement dans la nouvelle loi, qui n'y consacre que deux courts articles.

Droits et devoirs du perdant. — Lorsqu'une lettre de change, dit l'art. 69, a été perdue avant l'échéance, la personne qui en a été le porteur en peut demander au tireur une autre conçue de même, en lui donnant caution (*security*), s'il l'exige, pour l'indemniser contre tout le monde dans le cas où la lettre de change prétendue perdue se retrouverait.

Le tireur qui refuse de donner un tel duplicata peut y être obligé (*a*).

(*a*) La loi allemande qui ne s'occupe que de lettres acceptées a consacré un système d'annulation qui n'a d'analogue ni en droit anglais ni en droit français, mais qui a été adopté avec des modifications plus ou moins essentielles par les lois hongroise, suisse, italienne, suédoise et le projet russe. Les rédacteurs de la loi belge ont préféré améliorer le système du

Aussi, dans une action, le tribunal peut ordonner que la perte de la lettre ne sera pas invoquée, pourvu qu'une indemnité jugée suffisante par ce tribunal soit fournie pour répondre à toutes autres réclamations relatives à l'effet en question [art. 70].

C. Com. français. La procédure à suivre pour opérer cette annulation consacrée par la loi allemande n'est pas réglée par la loi sur le change, mais par le code de procédure civile qui le fait avec beaucoup de précision. Le résumé suivant de ses dispositions à cet égard donnera une idée de ce système intéressant qui diffère si totalement des systèmes français et anglais.

Le lieu du payement est celui où les publications qui précèdent l'annulation doivent avoir lieu [art. 839]; celui qui fait la demande en annulation doit fournir soit une copie de la lettre soit ses détails essentiels et tout ce qui peut contribuer à la constatation de l'identité de la lettre, etc. [art. 840]; la publication a alors lieu, le détenteur étant sommé dans le délai de six mois à partir de l'échéance ou de la première publication dans le journal officiel de faire valoir ses droits et produire la lettre devant le tribunal [art. 811 et 816]. Les publications ont lieu par annonces dans les affiches judiciaires au tribunal et à la Bourse, quand il y en a une dans la localité où l'annulation a lieu, et par trois insertions au journal officiel, avec faculté pour le tribunal de faire insérer l'annonce dans d'autres journaux et en tant de fois qu'il le juge utile [art. 842].

La demande en annulation une fois introduite, le perdant peut, après l'échéance de la lettre, exiger le payement de l'accepteur, en fournissant caution jusqu'à l'annulation. S'il ne la fournit pas, le perdant peut demander le dépôt chez l'autorité de la somme due par l'accepteur [loi sur le change, art. 73]. Si la lettre n'est pas produite à l'expiration du délai fixé, elle est déclarée annulée et l'annulation est annoncée dans le journal officiel [art. 848]. Dès lors l'accepteur ne peut payer la lettre perdue valablement qu'au perdant.

La loi allemande ne parle, avons-nous dit, que de la perte de lettres acceptées. L'annulation en effet ne s'applique qu'aux lettres acceptées. En cas de perte d'une lettre non encore ac-

De son côté, le perdant doit demander payement de la lettre à l'échéance; si l'accepteur ou tiré refuse de payer, il faut en donner notification aux tireur et endosseurs, et, lorsqu'il est nécessaire, faire dresser un protêt, sous peine de perdre son recours contre ces parties (*a*). En effet, la perte de la lettre ne change pas la nature du contrat auquel sa création a donné lieu, et elle ne serait pas une excuse du défaut de présentation ou, en cas de refus, de notification.

ceptée, le perdant notifie la perte immédiatement au tiré et peut, en vertu de l'art. 66 demander un double qu'il peut présenter à l'acceptation. (Comp. art. 150 du C. Com. français).

Cette restriction de la loi allemande quant aux lettres acceptées a été le sujet de quelques critiques. On a fait remarquer qu'il peut arriver qu'un double ne puisse être obtenu. Le reproche a semblé juste; les lois suisse, scandinave et le projet russe n'ont pas reproduit la restriction. Le Code suisse substitue le mot « tiré » au mot « accepteur » [art. 791]. La loi scandinave, dont les rédacteurs semblent avoir voulu adopter le système anglais, ou peut-être belge, en rendant le protêt suffisant pour conserver les droits du perdant, ne fait pas de distinction, quant à l'annulation, entre les lettres acceptées et les lettres non-acceptées [art. 73]. Le projet russe [art. 125] est entré dans la voie suivie par le code suisse.

(*a*) La loi allemande [art. 73] ne parle que de l'accepteur. Elle n'accorde en effet aucun recours contre les autres parties. La perte de la lettre les met à l'abri de toute réclamation de la part du porteur. Il en est de même pour l'accepteur par intervention qui, s'il n'est en possession de la lettre, ne peut faire valoir ses droits à la place du porteur (V. art. 63 et Rehbein, *Allg. D. W. Ordnung*, p. 72).

Les rédacteurs de la loi scandinave ont introduit quelque adoucissement à cette disposition un peu draconienne de la loi allemande en permettant à celui qui a perdu la lettre de conserver par un protêt ses droits contre le *tireur* et l'accepteur [art. 75].

Le Code suisse (V. Schneider, *Schw. Obligationenrecht*, (art.

DU CAS OÙ LA LETTRE PERDUE SE RETROUVE (*a*). — La lettre se retrouve. Si elle était au porteur, soit à l'origine, soit par endossement en blanc, et qu'elle se trouve entre les mains d'un détenteur régulier (*b*), le porteur qui a été volé est déchu de tout droit d'action sur la lettre perdue (*c*).

Car s'il y a deux parties innocentes en présence, c'est celle qui a été auteur de la perte qui doit en supporter les conséquences. Et il ne suffit pas, pour invalider le titre du détenteur, de prouver qu'il avait les moyens de se convaincre de la provenance frauduleuse de la lettre en question, que c'est par sa faute s'il ne le savait pas; il faut démontrer sa mauvaise foi (*d*).

Toutefois, il a été décidé que dans une action, sur une lettre *dont la perte est prouvée*, le demandeur, soi-disant

799, note 2], ainsi que le projet russe (art. 125 et s. et Cohn, *Entwurf*, p. 163), ont adopté le système allemand.

Le nouveau C. Com. italien, tout en adoptant l'annulation du droit allemand, semble avoir conservé le système français quant au recours. Pendant les délais de l'annulation, le propriétaire de la lettre perdue, dit l'art. 331, « peut employer tous les actes qui tendent à la conservation de ses droits. »

La loi belge a gardé l'acte de protestation (V. p. 169 en note), par lequel le perdant conserve tous ses droits comme en France, ou comme en Angleterre il les conserverait par la notification, et lorsqu'il est exigé, par le protêt.

(*a*) V. sur le payement au voleur d'une lettre au porteur, le chapitre sur le « Payement. » p. 99.

(*b*) V. ce mot « Introduction, » p. VI.

(*c*) Chitty, *Bills*, p. 187.

(*d*) Le droit américain a suivi le droit anglais sur ce point (V. Daniel, *Negotiable Instruments*. Vol. II. p. 429). Il paraît qu'il fallait autrefois que les circonstances ne fussent pas de nature à exciter les soupçons d'un homme prudent et qu'en Amérique cette doctrine dominait encore assez récemment. (V. Chitty, *Bills*, p. 188).

détenteur régulier, est tenu d'établir qu'il est bien tel, c'est-à-dire qu'il en est devenu détenteur de bonne foi et contre valeur (*a*).

Les observations précédentes ne s'appliquent, comme nous l'avons indiqué, qu'aux lettres transférables par délivrance (*b*), car si la lettre est tirée ou endossée au profit d'une personne déterminée, il faut un faux pour la faire tomber entre les mains d'un détenteur de bonne foi, et, d'après l'art. 24 de la nouvelle loi, une signature fausse ou non autorisée est sans effet, et aucun droit de garder la lettre, d'en donner décharge, ou d'en requérir le payement, ne peut être conféré par cette signature. Le détenteur n'y a aucun droit malgré sa bonne foi et sa complète ignorance du faux (*c*).

Situation du tiré. — La situation du tiré est donc celle-ci :

Une lettre de change est acquittée par le payement régulier, c'est-à-dire payement fait à l'échéance ou après au débiteur de bonne foi et sans connaissance de vice affectant son titre [art. 59 (1)]. C'est le payement au détenteur régulier qui libère. Quand est-on détenteur? Lorsque, répond l'article des définitions [art. 2], on est preneur ou endossataire.

On ne l'est que par les termes de la lettre ou de l'endossement; on ne peut être preneur ou endossataire de par une lettre ou un endossement faux qui sont nuls et de nul effet [art. 24].

Payement fait à un détenteur devenu tel que grâce à un faux dans la lettre même ou dans un endossement ne vaut pas libération, et l'accepteur qui a déjà payé la

(*a*) V. Chitty, *Bills*, p. 187-188.

(*b*) V. chap. IX.

(*c*) *Sic* en droit américain (V. Daniel, *Negotiable Instruments*. Vol. II, p. 429).

lettre même à une personne ayant agi de bonne foi, peut être contraint de la payer une deuxième fois par le détenteur rentré en possession de l'effet perdu (*a*).

Protêt d'une lettre perdue. — Le protêt d'une lettre perdue, détruite ou retenue par une personne qui n'y a point droit, peut être fait sur une copie ou des renseignements écrits [art. 51 (8)] (*b*).

(*a*) V. Chitty, *Bills*, p. 183.

(*b*) En France, le propriétaire de la lettre perdue conserve ses droits par un *acte de protestation* qui est une déclaration que le titre est égaré avec mise en demeure de payer nonobstant cette perte et qui doit être fait, comme le protêt, le lendemain de l'échéance et notifié aux tireur et endosseurs dans les formes et délais prescrits pour la notification du protêt. V. C. Com. français, art. 153 et Dalloz, J. G. v° « *Effets de Com.* » n° 554. La jurisprudence semble requérir que cet acte soit précédé de l'ordonnance du juge, exigée par l'art. 152, à moins qu'il ne s'agisse de force majeure. (Civ. C. 1er juillet 1857, D. P. 57. 1. 307. — Paris, 19 nov. 1866, D. P. 67, 2. 47). Mais la doctrine est en général opposée à cette interprétation de la loi (V. Lyon-Caen et Renault, *Précis*, p. 673), et c'est en conformité avec ses arguments que la nouvelle loi belge (20 mai 1872) a modifié l'art. 153 du C. Com. en supprimant les mots : « sur la demande formée en vertu des deux articles précédents » et en ajoutant que « pour être valable il ne doit pas être nécessairement précédé d'une décision judiciaire ou d'une dation de caution » [art. 43]. La loi belge a d'ailleurs substitué le surlendemain au lendemain de l'échéance comme délai pour faire l'acte de protestation [art. 43].

CHAPITRE XXI

Du conflit de législations (*a*).

Un effet émis en Angleterre peut être payable en France et réciproquement; l'acceptation, l'endossement, le payement peuvent être faits par des intéressés de nationalités différentes. Or, nous avons à examiner quelles lois régissent la capacité des diverses parties, la forme des actes et des contrats accessoires auxquels ils donnent lieu, et les règles de procédure.

§ I

CAPACITÉ.

La nouvelle loi anglaise ne tranche pas une des principales difficultés que rencontrent les juristes anglais en matière de droit international privé, c'est-à-dire la question de capacité (*b*).

(*a*) Les lois allemande, scandinave, suisse et le projet russe sur la lettre de change contiennent un titre spécial sur le conflit des lois.

Ni la loi belge, ni le code italien n'ont crû devoir les imiter à cet égard.

(*b*) Les lois sur la lettre de change allemande [art. 84], scandinave [art. 84], suisse [art. 822], ainsi que le projet russe [art. 160] traitent spécialement de la capacité.

La règle générale est que la capacité est régie par la loi du domicile du contractant et non pas par sa loi nationale. Cette règle semble admise surtout quand l'obligation a été contractée entièrement dans le pays du domicile (*a*).

Mais quand il s'agit de la capacité en tant que dépendant de l'âge de la partie, les décisions semblent incertaines et tout ce qu'on paraît oser dire c'est que lorsque la capacité de contracter est mise en question à cause de l'âge du contractant, il y a doute sur le point de savoir si, pour la solution de cette question, il faut se référer à la loi anglaise ou à la loi personnelle (*b*).

D'un côté, les décisions tendent à admettre la loi personnelle, c'est-à-dire celle du domicile, d'un autre, la *lex loci contractus*, comme régissant la capacité en ce qui concerne l'âge de la partie contractante (*c*).

Donc on peut dire qu'en Angleterre, contrairement à ce qui a lieu en général à l'étranger, c'est la *lex domicilii* qui tend à prévaloir en matière de capacité (*d*).

(*a*) Dicey (*Domicil*, p. 161), fait remarquer quant au cas où il s'agit d'une condition civile qui n'est pas reconnue en Angleterre que les transactions nées en Angleterre ne sont en aucun cas affectées par cette condition civile.

Plus loin, il ajoute qu'en dehors de l'hypothèse précédente l'existence du statut tel qu'il est réglé par la loi du domicile de la personne est reconnue par le tribunal anglais, mais une telle reconnaissance n'entraîne pas nécessairement sanction des conséquences juridiques de ce statut.

Il est difficile d'indiquer d'une manière précise les conséquences admises par le tribunal anglais et celles qu'il repousse.

(*b*) Westlake, *Private International Law*. p. 43.

(*c*) V. Westlake, *op. cit.*, p. 44 et s.

(*d*) L'art. 84 de la loi allemande porte que : la capacité de s'engager par lettre de change est réglée pour l'étranger par les lois du pays auquel il appartient. Toutefois l'étranger privé de cette capacité par les lois de son pays est régi par la

Il est, par conséquent, nécessaire d'expliquer en quoi consiste le domicile, terme inconnu au droit national anglais, mais qui joue ici un rôle si important.

loi allemande toutes les fois qu'il a contracté des engagements de change en Allemagne.

Cet article est reproduit presque textuellement dans la loi scandinave [art. 84] et dans le projet russe [art. 160].

Le Code suisse [art. 822] en fait de même en ajoutant que la capacité des Suisses est réglée par le présent code (c'est-à-dire par la loi suisse) peu importe qu'ils résident dans le pays ou à l'étranger.

En droit français, il faut appliquer l'art. 3, alinéa 3, du C. Civ. selon lequel les lois concernant l'état et la capacité des personnes régissent les Français, même résidant en pays étranger, et d'après la jurisprudence, se fondant sur le même article, il faut déclarer nulle la lettre de change souscrite en France par un étranger incapable d'après sa loi nationale, alors même qu'il serait capable d'après la loi française. Mais cette dernière solution ne s'applique que si le contractant étranger n'a pas trompé le Français sur l'étendue de sa capacité.

Le Code civil belge n'a pas modifié l'article 3 du Code français.

D'après le Codo civil italien [art. 6 des dispositions préliminaires], l'état et la capacité des personnes ainsi que les rapports de famille sont régis par la loi de la nation à laquelle elles appartiennent.

Mais l'article 58 du nouveau Code de Com. italien dit que les conditions essentielles d'une obligation commerciale sont régies par la loi et les usages du lieu où est contractée l'obligation. Si, parmi ces conditions essentielles il faut ranger la capacité, interprétation que le texte justifie, il s'en suit qu'en matière commerciale il n'y a plus lieu d'appliquer l'article 6, mais bien de décider que la capacité est régie par la loi du lieu du contrat.

§ II

DU DOMICILE.

La loi anglaise distingue le domicile d'origine et le domicile de choix (*a*).

Domicile d'origine. — Le domicile d'origine est celui qui est attribué à la naissance.

L'enfant légitime acquiert en naissant le domicile de son père ; l'enfant né hors mariage, celui de sa mère.

Le domicile d'une femme mariée est celui de son mari. Après son divorce, elle garde son ancien domicile jusqu'à ce qu'elle ait élu un domicile de choix.

Domicile de choix. — Devenu majeur, et si on n'en est pas rendu incapable par la démence ou par le mariage, ou peut changer de domicile; le nouveau domicile est le domicile de choix.

Mais il faut l'intention et le fait. L'intention qu'il faut prouver est celle de résider d'une manière permanente sur le territoire choisi, sans esprit de retour. Le fait est le transfèrement accompli au domicile choisi, la résidence.

On comprend que la preuve de l'intention et du fait, preuve incombant à la personne qui prétend qu'il y a eu changement de domicile, dépend de nombreuses circonstances, ainsi des dires et des écrits de la partie dont le domicile est contesté, de l'exercice de fonctions politiques ou municipales dans un lieu donné (*b*).

(*a*) Il ne faut pas confondre le domicile et la résidence ; quel lieu est le domicile est une question de fait et de droit ; quel lieu est la résidence est une simple question de fait. Dicey. — *Law of domicil*, p. 55.

(*b*) Les exemples cités par Westlake (*Private international*

Quand on abandonne de fait le domicile qu'on avait choisi, sans intention fixe de s'établir quelque part, on reprend, par cela seul, son ancien domicile d'origine. On ne peut donc être sans domicile.

D'autre part, on ne peut avoir deux domiciles, c'est-à-dire qu'une personne qui réside quelque part sans esprit de retour, ne peut conserver son ancien domicile. Ainsi A..., domicilié originairement en Angleterre, réside à Hambourg sans esprit de retour ; malgré son intention nettement exprimée de conserver son domicile anglais, il fut jugé, après sa mort arrivée à Hambourg, qu'il n'avait pas de domicile en Angleterre (*a*).

Si quelqu'un s'établit dans un pays étranger de telle façon que, d'après la loi anglaise, cet établissement entraînerait changement de domicile, les tribunaux anglais ne pourront toutefois accorder à cet établissement à l'étranger plus d'effet que la loi étrangère ne lui accorderait elle-même. En d'autres termes personne ne peut acquérir une nouvelle loi personnelle en dépit de cette loi étrangère même ; par exemple, cette loi exige une autorisation préalable pour acquérir un domicile, ou bien il s'agit d'un pays où la nationalité joue en droit international privé le rôle attribué au domicile.

D'autre part, l'établissement en Angleterre, conformément aux lois anglaises sur le domicile, produira dans ce pays toutes les conséquences du domicile, bien que le pays que la personne a abandonné puisse prétendre déterminer sa loi personnelle d'après sa nationalité politique (*b*).

law) sur le domicile. Mais les dires de la partie ne suffisent pas, si l'ensemble des faits indique une intention contraire aux paroles. *Doucet* c. *Geoghegan*. L. R. 9. ch. D. 441.

(*a*) V. Dicey, *Law of domicil*, p. 85. — *Re Steer*, 3 H. & N. 594, 28. J. (Ex.) 22.

(*b*) Westlake. — *International Law*, p. 271.

Quant au domicile d'une société, c'est l'endroit considéré par la loi comme lieu principal de ses affaires, indépendamment du domicile particulier des associés. Par lieu principal des affaires, on entend le siège de l'administration, et non, par exemple, le pays où ladite société aurait une usine. La société ne peut avoir qu'un domicile, mais peut être poursuivie en la personne de ses représentants sur d'autres places.

§ III

DE LA FORME DES ACTES

L'art. 72 al. 1 établit expressément pour règle : *locus regit actum*, c'est-à-dire que la validité d'un effet quant à ses formes, est déterminée par la loi du lieu où il est créé (*a*). Et il ne s'agit pas seulement de l'émission, mais aussi de tous les contrats subséquents, acceptation, endossement (*b*), acceptation par intervention.

Westlake (*c*) et avec lui Dicey (*d*), disent que non-

(*a*) A cet égard le droit anglais est conforme au droit continental.

(*b*) L'art. 32 (1) fait l'application de cette règle.

(*c*) Westlake, *Private International Law*, p. 231.

(*d*) Les tribunaux anglais, dit Dicey (*The law of domicil*) décident que les formes prescrites par la loi du lieu où le contrat est fait ne sont pas facultatives, mais impératives. De même Chalmers (*Dig.* p. 54) se demande si un Anglais qui, à l'étranger, tire une lettre payable en Angleterre, conforme quant aux formalités à la loi anglaise, mais non à celle du lieu d'émission, peut en Angleterre être admis avoir tiré une lettre valable, mais ne tranche pas la question. La loi actuelle semble bien avoir mis fin à cette controverse.

Notons d'ailleurs que toutes les citations que nous ferons d'auteurs anglais se réfèrent à des ouvrages écrits avant la présente loi.

seulement il suffit pour sa validité que l'acte soit rédigé dans les formes exigées par la loi de sa création, mais que cela est nécessaire. On en concluait qu'un Anglais émettant une lettre de change en France devait suivre les formes françaises et n'avait pas liberté de se conformer sur ce point à la loi anglaise. Ceci se trouve confirmé par la nouvelle loi; mais elle ajoute qu'une lettre tirée hors du Royaume-Uni, dans les formes requises par la loi anglaise, sera considérée comme valable, pour en obtenir le payement entre toutes parties qui, dans l'intérieur du Royaume-Uni, la négocient ou en deviennent détenteur. [art. 72 (1. b)] (a).

De cette obligation de se référer à la *lex loci contractus*, on en tirait que l'action sur un effet non revêtu du timbre auquel il était soumis dans le pays d'émission devait être repoussée.

Cette question aussi est désormais tranchée dans le sens négatif : l'absence du timbre par elle-même ne ren-

(a) Cfr. la loi allemande [art. 85] qui, elle aussi, tout en admettant la règle *locus regit actum* ajoute que « Si toutefois les déclarations de change faites à l'étranger sont conformes aux prescriptions de la loi allemande, leur défaut de forme d'après les lois étrangères ne peut donner ouverture à la demande en annulation des déclarations postérieurement apposées à la lettre de change en Allemagne. Les déclarations de change par lesquelles des nationaux s'obligent envers des nationaux à l'étranger sont également valables dès qu'elles renferment les formalités prescrites par la loi allemande. »

Ces dispositions ont été reproduites dans la loi scandinave [art. 85], le Code fédéral suisse [art. 823] et dans le projet russe [art. 163 et 164].

La jurisprudence française ne semble pas admettre ces solutions. (V. Traduction du C. Com. allemand, p. 423).

Cfr. art. 9 des dispositions préliminaires du Code civil italien qui permet aux contractants de suivre leur loi nationale, pourvu qu'elle soit commune à toutes les parties.

dra pas nulle la lettre étrangère qui y serait soumise dans le pays d'émission [art. 72 (1. *a*)] (*a*).

§ IV

INTERPRÉTATION ET VALIDITÉ.

L'interprétation d'une lettre de change, qu'il s'agisse de l'émission, de l'endossement (sous une réserve), de l'acceptation, de l'acceptation par intervention, doit être réglée par la loi du pays où chacun de ces contrats prend naissance [art. 72 (2)].

Ainsi une action est engagée sur une lettre tirée et payable en France et qui, dans ce pays, a été endossée en blanc; l'effet d'un tel endossement doit être interprété selon la loi française, c'est-à-dire comme ne valant que procuration (*b*). De même, une lettre tirée de Belgique sur l'Angleterre est endossée en blanc en France; ici encore, l'endossement doit être interprété selon la loi française (*c*).

La loi toutefois comporte une exception pour la lettre intérieure endossée à l'étranger. Cet endossement doit être interprété, quant au payeur, selon la loi anglaise [art. 72 (2)].

Il ne faut pas oublier qu'un contrat qui est contraire à l'ordre public en Angleterre ne peut donner naissance à une action. Ainsi, il est probable que sur une lettre acceptée à l'étranger pour argent perdu au jeu, aucune action ne pourrait être inten-

(*a*) Peut-être sur ce dernier point la loi est-elle allée trop loin et valait-il mieux faire une distinction tenant ou ne tenant pas compte de l'absence du timbre, selon que dans le pays de la création cette absence entraîne la nullité de la lettre, ou simplement une amende ou pénalité fiscale.

(*b*) Chalmers, *Digest*, p. 54.

(*c*) V. Westlake, *Private International Law*, p. 245.

tée en Angleterre, bien qu'une telle cause fût considérée comme valable dans le pays étranger (*a*).

§ V

RECOURS DU DÉTENTEUR.

L'article 72, alinéa 3, porte :

« Les devoirs du porteur, quant à la présentation à l'acceptation ou au payement et la nécessité ou la suffisance d'un protêt ou d'une notification de non-acceptation ou de non-payement ou autre formalité (*otherwise*), sont déterminés par la loi du lieu où le fait est consommé ou la lettre déshonorée. » (*b*).

Il en résulte donc que les devoirs du détenteur, quant à la présentation à l'acceptation ou au payement, sont régis par la loi du lieu où cette présentation a lieu. Au cas de refus d'acceptation ou de payement, la nécessité et la suffisance du protêt ou de la notification du refus, pour conserver le recours, sont déterminées par la loi du lieu où le refus est intervenu (*c*).

§ VI

COMPUTATION DES DÉLAIS.

Lorsqu'une lettre de change tirée d'un Etat est payable dans un autre, la date de son échéance est déterminée d'après la loi du lieu où elle doit être payée [art. 72 (5)].

Ainsi une lettre est tirée d'Angleterre payable en France à trois mois de date; après l'émission, mais

(*a*) Westlake, *Private International Law*, p. 239.

(*b*) Cette disposition est conforme à celle de la loi allemande [art. 86] qui est suivie par la loi scandinave [art. 86], le Code fédéral suisse [art. 824], le projet russe [art. 165] et le Code de Com. italien [art. 58].

(*c*) V. chap. sur le « Protêt » Foi due au protêt, p. 129.

avant l'échéance, les délais sont prorogés en France d'un mois par une loi moratoire. L'echéance de la lettre sera fixée par la loi française, c'est-à-dire prorogée également d'un mois (*a*).

Il est presque inutile de mentionner que le cas de conflit se présentera le plus souvent lorsqu'il y a dans les deux pays des calendriers différents.

§ VII

DE LA PROCÉDURE.

Toutes les questions relatives à la procédure sont naturellement tranchées par la *lex fori*, la loi du lieu où est portée l'action.

Nombre de matières sont régies par la *lex fori* : par exemple la demande reconventionnelle, la solidarité des associés, et la prescription libératoire.

C'est encore la loi du tribunal devant lequel est portée l'action qui décide quels modes de preuves du contrat sont admissibles devant ce tribunal. On ne pourra poursuivre l'exécution en Angleterre d'un contrat étranger, même serait-il parfait selon la loi du lieu de sa création, s'il n'est prouvé par les moyens indiqués par la loi anglaise (*b*). Cette règle n'est pas sans exception, et nous avons déjà cité le cas du protêt étranger admis en Angleterre comme preuve suffisante par lui-même du refus qu'il constate (*c*).

Il est facile de voir combien une telle règle, si elle était admise sans restriction, diminuerait l'application de celle qui se réfère pour les formes d'un contrat à la loi du lieu de la création. Aussi croyons-nous qu'il faut la limiter au cas où un mode déterminé est, pour ainsi dire, une question, non-seulement de procédure,

(*a*) *Rouquette* c. *Overmann*. L. R. 10. Q. B. 525.

(*b*) Westlake, *Private International Law*, p. 229.

(*c*) V. chap. sur le « Protêt, » p. 129.

mais d'ordre public, lequel exerce son contrôle sur toutes les maximes de droit international privé. Ainsi, la preuve doit être fournie par écrit dans les cas où elle est requise par le statut sur les Fraudes, bien que la loi du lieu de la création ne l'exige pas (*a*).

§ VIII

DE L'EFFET ACCORDÉ EN ANGLETERRE AUX JUGEMENTS ÉTRANGERS.

En Angleterre, l'exécution d'un jugement étranger est poursuivie par le moyen d'une action ordinaire entamée sur ce jugement, lequel est la cause de l'action.

Pour que cette cause de l'action soit suffisante, il faut : que le tribunal étranger soit compétent ; que le jugement soit exécutoire de suite ; que la somme soit certaine.

Examinons les trois conditions que nous venons de mentionner :

Compétence. Le tribunal étranger est compétent toutes les fois que la partie condamnée a expressément élu domicile dans son ressort pour la matière dont il s'agit. Mais les tribunaux anglais ne considèreront pas comme compétent le tribunal français qui aura rendu un jugement par application de l'art. 14, C. Civ. Ils ne reconnaissent pas de *forum actoris*, c'est-à-dire une juridiction qui n'est fondée ni sur la personne du défendeur, ni sur l'obligation, mais qui est personnelle au demandeur (*b*).

Exécution immédiate. Si, par exemple, le jugement

(*a*) V. Westlake, *Private International Law*, p. 230.

(*b*) V. aussi les procès cités par Westlake, *Private International Law*, auquel nous renvoyons ceux qui désireraient étudier cette matière dans ses détails.

n'est pas exécutoire pendant les délais d'appel, il ne peut être exécuté en Angleterre durant ces délais. On ne pourrait pas non plus demander en Angleterre l'exécution d'un jugement ordonnant le versement d'une certaine somme à une caisse de consignation pour disposition en être faite par un jugement ultérieur.

Somme certaine. Ainsi la condamnation portant sur le principal et les frais, ceux-ci doivent avoir été taxés par le tribunal étranger.

Ces conditions étant remplies, la partie condamnée ne peut plus opposer une erreur de droit (*a*) ou de fait, ni un défaut de compétence *ratione materiæ*, par exemple qu'elle aurait été citée devant un tribunal civil au lieu de l'avoir été devant un tribunal de commerce (*b*).

Toutefois, il ne faut pas aller jusqu'à dire que le jugement étranger devient chose jugée (*res judicata*); car tant qu'il n'est pas exécuté, le demandeur peut, au lieu d'en poursuivre simplement l'exécution, recommencer le procès en Angleterre sur la même cause.

De même encore, un demandeur qui a échoué devant le tribunal étranger peut plaider de nouveau en Angleterre sur une autre cause, fondée sur les mêmes faits : par exemple, on a demandé à l'étranger la révision du contrat, et en Angleterre on actionne en dommages-intérêts.

Enfin, il est admis en général qu'une instance pendante devant un tribunal étranger peut donner lieu à exception aux poursuites intentées en Angleterre, et réciproquement, le procès étant entamé en Angleterre, le

(*a*) En ce sens affaire *Godard* c. *Gray*, (L. R. 6 Q. B. 139), où il s'agissait d'une condamnation en dommages-intérêts, émanée d'un tribunal français, et fondée sur une erreur de droit anglais.

(*b*) En ce sens *Vanquelin* c. *Bouard*, 1863, 15 C. B.. N. S., 341.

demandeur ne peut poursuivre en même temps à l'étranger (*a*).

(*a*) Westlake, *Private International Law.* p. 318 et Piggott, *Foreign Judgments.* p. 50.

CHAPITRE XXII

De la prescription.

La nouvelle loi ne parle pas de la prescription. En effet il n'y a pas de règles spéciales en ce qui concerne les lettres de change, les billets de change et les chèques. Ils sont régis ~~per les règ~~les du droit commun qui s'appliquent aux contrats en général (*a*).

DU DÉLAI ET DE SON POINT DE DÉPART. — Toutes actions relatives aux lettres de change, comme celles concernant tous contrats simples, se prescrivent par six ans, à compter du jour où le droit d'agir en justice est acquis au détenteur. Le droit anglais ne fait pas de distinction entre les contrats des diverses parties (*b*).

(*a*) Les législations continentales que nous rapprochons du droit anglais comportent au contraire des délais exceptionnels.

En droit français, belge, allemand, suisse, scandinave et hollandais, ces règles sont données dans les mêmes lois et sections de code que celles qui traitent des effets de commerce.

Le C. com. italien en parle dans les dispositions générales à la fin du nouveau code.

Le projet russe suit la règle générale et traite de la prescription.

(*b*) Le C. com. français [art. 165 et s. et 189], la loi belge

En ce qui concerne la date, à partir de laquelle ce droit est acquis contre l'accepteur, il faut distinguer entre les lettres pour lesquelles la présentation à l'acceptation est exigée (*a*), de celles pour lesquelles elle ne l'est pas (*b*), et de celles qui ont été acceptées après l'échéance.

Contre les lettres pour lesquelles la présentation à l'acceptation est exigée, la prescription commence à courir à partir de cette présentation (*c*),

[art. 82, 56 et s.], le C. com. italien [art. 919, 320 et s.], la loi allemande [art. 77 et s.], la loi scandinave [art. 77 et s.] le C. féd. suisse [art. 803 et s.], le C. com. hollandais [art. 206-7], etc., créent au contraire des distinctions entre les périodes de prescription suivant qu'il s'agit de l'accepteur et des tireur et endosseurs.

M. Cohn (*Entwurf*, p. 170) fait remarquer que cette différence dans les délais de prescription suivant les personnes obligées se trouve bien justifiée dans ces législations par ce fait qu'elles n'obligent pas à la notification sous peine de perdre le recours et par cela même ne comportent pas garantie que les parties contre qui il y a recours ont été dûment informées.

L'action contre l'accepteur est prescrite en droit allemand, suisse, scandinave, après 3 ans ; en droit français, belge et italien après cinq ans, délai qu'ont adopté aussi les rédacteurs du projet russe. Le C. com. hollandais établit une prescription de dix ans.

L'Association pour la codification du droit international a proposé un délai unique de 18 mois.

C'est, en droit allemand, scandinave (avec une modification en ce qui concerne les lettres à vue, art. 77), suisse et italien à partir de l'échéance ; en droit français, à partir du lendemain de l'échéance et en droit belge, à partir du surlendemain de l'échéance que la prescription commence à courir.

(*a*) Ce sont les lettres payables à tant de vue, celles payables à un autre endroit qu'à la résidence ou au siège d'affaires du tiré, [art. 39]. V. p. 48 et s.

(*b*) Par exemple celles payables à un délai de date avec les restrictions spécifiées dans la note précédente.

(*c*) Chalmers, *Digest*. p. 223. Chitty, *Bills*, p. 388 et s. On se

contre les lettres pour lesquelles la présentation n'est pas exigée, à partir de l'échéance,

contre celles acceptées après l'échéance, à partir de l'acceptation.

La présentation à l'acceptation n'est pas exigée pour les lettres payables sur demande. Seulement, pour celles-là la prescription commence à courir à partir de la date qu'elles portent; mais si la lettre ou le billet ne sont émis qu'un certain temps après la date qu'ils portent, elle commence à courir à partir de la date de l'émission (*a*).

Le délai commence à courir en faveur du tireur ou de l'endosseur du jour où ils ont reçu notification du refus d'acceptation ou de payement (*b*).

INTERRUPTION DE LA PRESCRIPTION (*c*). — La prescription peut être interrompue par une reconnaissance ex-

rappelle que le droit d'action dans la loi anglaise s'ouvre immédiatement après le refus d'acceptation. V. Ch. sur le recours.

(*a*) Chalmers, *Digest*, p. 221. En droit français la prescription des lettres à vue court du protêt et, s'il n'y en a pas eu, du lendemain de l'expiration du délai de trois mois accordé par l'art. 160. V. Boistel, *Cours*, p. 566.

(*b*) Chalmers, *Digest*, p. 221. L'art. 78 de la loi allemande porte que la prescription des actions du porteur contre le tireur et les endosseurs court du jour du protêt.

Sic, loi scandinave [art. 79], C. féd. suisse [art. 805].

(*c*) La distinction entre l'interruption et la suspension de la prescription ne semble pas bien fixée dans la jurisprudence allemande et, comme M. Cohn le fait remarquer, la question de savoir si une nouvelle prescription commence après l'interruption n'est expressément résolue que dans le C. féd. suisse (*Entwurf*, p. 178). Ce Code tranche la question dans le sens anglais et français, et déclare qu'une nouvelle prescription court à partir de l'acte interruptif [art. 807].

presse de la dette (*a*), le payement partiel ou d'intérêts, ou une action entamée (*b*).

On verra par les explications suivantes pourquoi nous distinguons entre la reconnaissance proprement dite et le payement partiel d'intérêts qui constitue certes là une reconnaissance on ne peut plus indéniable, mais qui est réglé par le droit anglais tout à fait en dehors de la reconnaissance expresse (*c*).

Une reconnaissance, pour interrompre la prescription, doit être par écrit (*d*) et signée par la personne qui s'oblige (*e*). Il n'est plus nécessaire, comme autrefois, que la reconnaissance soit signée de la main même de celle-ci. Il suffit qu'elle soit signée par son mandataire de lui dûment autorisé à cet effet (*f*). La reconnaissance doit être expresse ou du moins en termes tellement évidents qu'on puisse raisonnablement la considérer comme une admission de la dette. Ainsi, le souscripteur d'un billet de change, vingt ans après son échéance, écrit

(*a*) Ceci ne semble pas toutefois s'appliquer à la mention de la dette dans l'exposé d'affaires en faillite (bilan). V. Baldwin, *Bankruptcy*, p. 36. *Contra* en droit français : en matière de faillite, l'admission d'une créance au passif de la masse opère reconnaissance, tout comme son inscription au bilan déposé par le failli. Aubry et Rau. *Droit civil.* II, p. 357. V. aussi *Dict.* de Couder, *Lettre de change*, n° 788 et s.

(*b*) Les lois allemande [art. 80], suisse [art. 806] et scandinave [art. 80] ne reconnaissent comme moyens d'interruption que des actes judiciaires. Cfr. ces articles.

(*c*) La jurisprudence française décide qu'il y a l'acte séparé requis par l'art. 189 du C. com. dans le payement des intérêts et dans le payement d'un à-compte (controversé). V. *Dict.* de Couder « *Lettre de change* » n°s 785 et 786.

(*d*) Cfr. art. 189 du Code com. français et la note précédente.

(*e*) *Lord Tenterdens Act* : 9 Geo. IV. cap. 14.

(*f*) *Mercantile Law Amendment Act* : 19 et 20 Vict. c. 97.

son nom sur l'endos accompagné de la date de cette signature. La dette revit et la prescription recommence à courir à partir de cette date (*a*).

Lorsqu'il y a deux ou plusieurs obligés conjoints, la signature de l'un d'eux ne lie point les autres. Pour interrompre la prescription il faut que tous les obligés signent la reconnaissance (*b*).

Le payement partiel ou d'intérêts doit être tel qu'il fasse supposer que le payeur a l'intention d'acquitter le surplus de sa dette. Ainsi il ne suffit pas, pour interrompre la prescription, que le payeur soit contraint par action en justice de payer des intérêts sur un billet de change portant intérêts; en effet, le payeur, par cela même qu'il était contraint de payer ces intérêts, n'a pas promis de payer le capital du billet (*c*). Il est entendu aussi que le payement partiel doit s'appliquer à la dette en question (*d*).

Aussi lorsqu'il y a deux ou plusieurs personnes liées, même conjointement, le payement partiel ou d'intérêts par l'une d'elles ne prive point les autres obligés du bénéfice de la prescription (*e*).

On peut toujours être lié par le payement d'un mandataire autorisé à cet effet.

Quant à l'action entamée, elle constitue un mode d'interruption de la prescription, et cela est vrai même de l'assignation qui n'a pu être remise vu l'impossibilité de trouver la partie en cause. Une assignation n'a effet que pendant une année, mais elle peut être re-

(*a*) *Bourdin* c. *Greenwood*. L. R. 13 Eq. 281. La question de savoir s'il y avait eu intention de faire un nouveau billet n'avait pas été posée.

(*b*) *Mercantile Law Amendment Act*. 19 et 20, Vict. c. 97.

(*c*) *Morgan* c. *Rowlands*, L. R. 7, Q. B. 493.

(*d*) Chitty, *Bills*, p. 392.

(*e*) *Mercantile Law Amendment Act*. 19 et 20, Vict. c. 97.

nouvelée de semestre en semestre, en établissant que des efforts raisonnables ont été faits pour la remettre (a). La prescription est dès lors interrompue à partir de la date de la première assignation (b).

De la suspension de la prescription. — Si le détenteur de la lettre au moment du refus d'acceptation ou de payement est incapable de contracter, la prescription ne commence à courir que du jour où disparaît cette incapacité (c).

Il faut toutefois que l'incapacité existe au jour où l'action prend naissance; et, la prescription une fois commencée, aucune incapacité postérieure, fût-elle involontaire, ne peut en suspendre le cours (d).

(a) *Judicature Acts* 1873 et 1875. Order VIII, Rule I.

(b) Cfr. art. 189 du C. com. français.

(c) 21 Jac. I, c. 16. V. aussi Chitty, *Bills*, p. 387.

La jurisprudence française n'admet aucune suspension en ce qui concerne les prescriptions de courte durée du C. com. et surtout celle de l'art. 189, sauf le cas de force majeure.

Le C. féd. suisse porte que les obligations dérivant de la lettre de change s'éteignent par la prescription encore que celle-ci résulte d'un événement de force majeure ou qu'aucune faute ne soit imputable au créancier [art. 813].

Le C. com. italien dit expressément:

« La prescription commerciale court même contre les militaires en service actif en temps de guerre, contre les femmes mariées et contre les mineurs bien que non-émancipés et les interdits sauf pour ceux-ci à recourir contre le tuteur » [art. 916], disposition qui semble avoir inspiré les rédacteurs du projet russe, lequel décide que les dispositions de la loi civile réglant la prescription contre les mineurs, interdits, etc., n'ont pas d'effet à l'égard de la prescription en matière de lettre de change [art. 139]. Ceci est conforme à la jurisprudence allemande (Rehbein, *Allg. D. W. O.* p. 84).

(d) Chitty. *Contracts*, p. 743.

EFFETS DE LA PRESCRIPTION. — L'effet de la prescription n'est pas d'éteindre la dette, c'est-à-dire d'opérer la libération du débiteur. Elle ne fait qu'éteindre le droit d'action, ce qui est même exprimé par le terme anglais « *limitation of actions.* » Il s'en suit que les reconnaissance ou promesse du débiteur données après l'expiration du délai de prescription font revivre la dette prescrite sans qu'il y ait nécessité d'une nouvelle *causa debendi.* Pour employer le langage judiciaire continental, elle n'éteint pas l'obligation naturelle (*a*).

(*a*) En droit français le point de savoir si la prescription laisse intacte ou éteint l'obligation naturelle ainsi que l'obligation civile est controversé (V. D. J. G. v° *obligat.* 1065 ; v° *Prescript. civ.* 43), Acceptant la théorie que l'obligation naturelle continue de subsister malgré la prescription de l'obligation civile, le droit français se rapprocherait à cet égard du droit anglais puisque dans le droit français l'obligation naturelle peut servir de cause à un engagement civilement efficace : puisque, en d'autres termes, elle est susceptible d'être convertie par novation en une obligation civile. (Aubry et Rau. *Droit civil.* t. IV p. 8).

Toutefois la théorie de la prescription est plutôt d'éteindre la dette et par conséquent d'opérer la libération du débiteur tandis que la théorie de la « *limitation* » est de laisser subsister la dette et d'éteindre l'action.

CHAPITRE XXIII

Procédure.

Il n'y a dans la nouvelle loi aucun article traitant de la procédure judiciaire anglaise en cas de poursuites sur une lettre de change. Plus loin, on verra la raison de ce silence. Mais la loi parle de la procédure écossaise, procédure qu'elle maintient expressément [art. 98] (*a*), nonobstant l'assimilation des deux législations à d'autres égards.

La première condition pour se prévaloir de cette procédure écossaise est d'avoir dressé le protêt (*b*). Ce protêt ayant été enregistré dans les six mois de la date de la lettre, en cas de non acceptation, et dans les six mois de son échéance en cas de non payement, le détenteur s'en fait donner un extrait qui porte en même temps assignation judiciaire à la partie qu'on veut actionner de payer dans les six jours suivants ou de fournir caution; faute de quoi le détenteur était autrefois admis à

(*a*) On appelle la procédure sommaire écossaise « *Summary diligence* » *Diligence* dans la langue juridique écossaise correspond plus ou moins au mot français « procédure. »

(*b*) Paterson, *Compendium* p. 196.

faire lancer contre lui un mandat d'arrêt (*a*), mais il ne peut plus maintenant employer que les moyens ordinaires d'exécution (*b*).

En Angleterre aussi il y avait encore récemment, en vertu d'une loi de 1855 (*c*), une procédure sommaire. Le défendeur n'était pas admis à se défendre sans avoir convaincu le juge qu'il avait une défense plausible. N'y parvenait-il pas, l'exécution intervenait dans les douze jours suivants. Cette procédure a été abolie en 1880 par l'art. 3 des règles de la Cour suprême, par suite de l'adoption d'une procédure plus rapide pour tous les cas où il s'agit d'une dette ou demande liquides et exigibles (*d*), et ces mêmes règles ont été adoptées avec quelques modifications dans le nouveau Code de procédure qui, élaboré et voté l'année dernière, est entré en vigueur le 24 octobre 1888.

Les articles III et XIV combinés, disposent que lors qu'il s'agit d'une dette liquide et exigible, dérivant d'un contrat exprès ou tacite, comme par exemple d'une lettre de change, d'un billet de change ou d'un chèque, « le

(*a*) *Op. cit.* p. 199.

(*b*) 43 et 44, Vict. c. 34.

(*c*) 18 et 19, Vict. c. 67.

(*d*) V. Lely & Foulkes, *Judicature Acts* 1873, 1875, p. 149.

Il y a actuellement d'ailleurs devant le parlement anglais un projet de loi *Bills of Exchange* (*Summary judgment*) *Bill*, qui a pour objet d'introduire en Angleterre le système écossais.

Il y a aussi en Allemagne depuis la loi sur la procédure de 1877 une procédure sommaire en matière de lettre de change. L'essentiel dans cette nouvelle procédure est qu'elle reconnait à la lettre de change le caractère d'un contrat formel (*litteris*) qui n'est pas soumis aux règles ordinaires quant à la nécessité d'une *causa debendi*, et qu'on peut dès lors exclure les moyens de défense qui se rattachent au fond du contrat,

demandeur, après affirmation solennelle (*affidavit*), faite par lui-même ou par tout tiers qui peut en connaissance de cause jurer sur les faits, de l'existence de sa demande ou du montant de sa réclamation, et de sa conviction qu'il ne peut y être opposé aucune défense, peut demander au juge que le jugement soit rendu pour le montant de sa réclamation avec intérêts. Le juge peut alors, à moins que le défendeur ne le convainque par affirmation solennelle ou d'autre manière quelconque que ses moyens de défense sont fondés, rendre le jugement en faveur du demandeur. »

Le point de savoir si les deux règles résumées ci-dessus peuvent s'appliquer aux jugements étrangers a déjà été l'objet d'une importante décision de la Cour d'appel de Londres. Dans le procès en question (*a*), il s'agissait d'un jugement rendu par le tribunal consulaire, à Alexandrie, et ordonnant le payement d'une certaine somme d'argent, jugement dont le demandeur poursuivait l'exécution en Angleterre. Le défendeur a soutenu qu'un jugement n'est point un « contrat » ni une « dette dérivant d'un contrat. » Mais le demandeur a prouvé l'acceptation en Angleterre de la fiction qu'un jugement étranger est considéré comme remplissant les exigences constitutives du contrat : qu'un jugement étranger est par conséquent « une dette dérivant d'un contrat tacite. » Il doit donc être régi par nos deux règles. La Cour d'appel a rendu son jugement en ce dernier sens.

Dans ce chapitre, il faut aussi mentionner l'article 11 de la première cédule de la nouvelle loi sur la faillite (*b*) qui est entrée en vigueur le 1er janvier 1884. Cet article dispose qu'un créancier ne pourra voter dans

(*a*) *Grant* c. *Easton*. V. *The Times* du 14 novembre 1883.
(*b*) 46 et 47, Vict. c. 52.

l'assemblée des créanciers par suite d'une dette garantie par une lettre de change ou un billet de change non échus et entre ses mains, à moins qu'il ne consente à traiter l'obligation envers lui de toute personne dont l'obligation est antérieure à celle du débiteur comme un gage entre ses mains et à l'évaluer et à le retirer de sa production.

CHAPITRE XXIV

Du Chèque (*a*).

Le système anglais sur le chèque, les avantages de cet effet, sa commodité, les erreurs constantes des payements au comptant qu'il permet d'éviter, sont trop connus en France, et ont été traités déjà trop souvent pour qu'il soit nécessaire d'en parler ici. Qu'il suffise de dire que, suivant l'habitude anglaise, toute personne ayant des fonds disponibles en fait dépôt pour une certaine

(*a*) Le chèque est réglé, comme dans la loi anglaise par des dispositions spéciales dans les nouveaux codes italien [art. 339-344] et suisse [art. 830-837], en Belgique par la loi du 20 juin 1873 sur les chèques et autres mandats de payement et les offres réelles, par les articles 221-229 du C. com. hollandais et en droit français par les lois du 14 juin 1865 et du 19 février 1874. En Allemagne bien que l'usage du chèque soit très répandu et qu'il y ait des lois *particulières* qui lui attribuent les qualités de la lettre de change (comme à Francfort, dans le royaume de Saxe, dans le grand duché de Saxe-Weimar, en Bavière), il n'y a pas encore cependant de loi impériale qui en traite. On peut mentionner, il est vrai, les articles 300-305 du C. com. allemand qui disposent sur les mandats de payement commerciaux (*Anweisung*); mais, s'ils sont bien endossables, ils n'ont pas le caractère de lettre de change.

somme chez son banquier sur qui il tire des chèques au fur et à mesure des payements qu'il lui faut faire, même de ménage. A cet effet, le banquier lui remet un livret de chèques (*cheque-book*), et il arrive rarement que l'on paye d'autre façon des sommes de quelque importance.

Quant à la Chambre de compensation de Londres (*Bankers' Clearing House*), elle a pour but de faciliter l'arrivée des chèques à leur destination, et d'éviter la nécessité d'en aller toucher le montant réciproquement aux différentes banques. Chaque jour on règle toutes les transactions par un seul payement. Tous les établissements et maisons de banque de Londres et des provinces y sont représentés, et le total pour l'année 1881 des sommes qui ont été réglées a dépassé cinq milliards 900,000,000 livres sterling, soit cent quarante-sept milliards 500,000,000 francs.

Il y a aussi actuellement des Chambres de compensation dans certaines grandes villes de province, telles que Manchester, Liverpool, Birmingham et Newcastle (*a*).

(*a*) En Ecosse le système de la compensation est de vieille date. Il y a un *clearing-house* important à Edimbourg. Il existe aussi depuis 1845 un système de compensation à Dublin pour les quatre banques les plus importantes de l'Irlande.

Aux Etats-Unis le système de la compensation a atteint un grand développement. A New-York où le *clearing-house* date de 1853, on compense par an à peu près 30 milliards de dollars (soit 150 milliards de francs). Il y en a aussi dans les autres villes de l'Union, à Philadelphie, Boston, Cincinnati, Chicago, la Nouvelle-Orléans, San Francisco, etc.

Les opérations de 23 de ces chambres de compensation montent à la somme énorme de 61,543,000,000 dollars, soit 307,715,000,000 de francs.

A Paris le système du chèque et de la compensation ne

NATURE DU CHÈQUE. — Le chèque est une lettre de

semble pas prendre des racines très tenaces. On en trouve facilement l'explication dans la comparaison des dispositions libérales de la loi anglaise avec les restrictions que comportent les lois françaises de 1865 et 1874. Exiger que le chèque ne puisse être tiré sans provision préalable sous peine d'amende, imposer des amendes pour supposition de date ou de lieu, sans parler des autres pénalités édictées par l'art. 6 de la loi de 1874, ainsi que des restrictions trop précises quant au délai accordé pour la présentation au payement, ce sont là des entraves à l'utilité du chèque qui peuvent être nécessaires pour prévenir l'emploi du chèque comme moyen d'échapper aux rigueurs des dispositions du Code de commerce sur la lettre de change et aux dispositions fiscales, mais qui s'opposent au développement que cette institution a pris en Angleterre et aux Etats-Unis. En adoptant le système anglais d'après lequel le chèque doit être tiré sur une banque de dépôts, ne pourrait-on pas supprimer ainsi les risques qu'on semble craindre et encourager l'extension de ce moyen de payement si éminemment commode et économique.

La somme compensée l'année dernière à la Chambre de compensation à Paris n'était que d'environ quatre milliards et demi.

Dans les autres pays d'Europe, le système de la compensation n'est pas jusqu'ici non plus entré dans les mœurs. Toutefois il y a des chambres de compensation à Vienne, Berlin, Francfort, Leipsick et Hambourg. On en crée à Cologne, à Stuttgard et on voudrait en créer en Suisse (V. Koch. *Zeitschrift f. d. Ges. Handelsrecht* 1883. Il incombe maintenant, dit M. Koch en terminant une étude très instructive sur les chambres de compensation, aux juristes allemands de donner à la nouvelle institution une base juridique convenable, sans entraver son développement en voulant se reporter trop fidèlement au texte précis de la loi existante. (*op. cit.* p. 92).

En Italie des chambres de compensation ont été fondées dans les principales villes sur l'initiative gouvernementale. Le gouvernement italien en effet en a provoqué la création comme mesure se rattachant au rétablissement de la circulation monétaire. (V. *Economiste français*, 13 oct. 1883. *Les chambres*

change payable sur demande tirée sur un banquier. C'est la définition qu'en donne la nouvelle loi. [Art. 73] (*a*).

Le chèque est donc assimilé aux effets que l'article 10 définit comme étant payables sur demande : aux lettres payables sur demande, à vue, ou sur présentation, et à celles qui ne mentionnent pas l'époque du payement (*b*).

de compensation en Italie.) Un décret royal du 19 mai 1881 a déclaré que des chambres de compensation seraient fondées à Rome, Naples, Milan, Turin, Venise, Florence, Gênes, Palerme, Bologne, Messine, Catane, Bari et Cagliari. Il y a déjà une très ancienne chambre de compensation à Livourne. A Milan, depuis le 1er oct. 1882 jusqu'à la fin d'août 1883, on a compensé une somme de 616,973,000 francs, mais cette somme a exigé l'emploi de 98,387,000 francs en numéraire et en billets de banque, soit 16 pour cent ; à Londres et à New-York la proportion n'est que 2 à 3 pour cent. Mais, dit le correspondant de l'*Economiste français*, le chèque est maintenant mieux apprécié en Italie à cause des progrès économiques et de la réforme du droit de timbre sur les chèques qui par une loi du 7 avril 1881 a été réduit à 5 centimes « quelle que soit la somme libellée, pourvu qu'ils soient payables à vue ou dans un terme de dix jours au plus après la présentation et que leur émission ait eu lieu de la part d'institutions légalement constituées ou qu'on les ait tirés sur ces institutions. » (V. l'article de l'*Economiste français* déjà cité).

(*a*) De même en France (l. 14 juin 1865, art. 4), Belgique (l. 20 juin 1873, art. 3), Italie (C. com. art. 341). et Suisse (C. fédéral, art. 836), le chèque est revêtu du caractère de la lettre de change, comportant comme elle le recours contre les tireur et endosseurs. On verra plus loin dans quelle mesure toutefois ce recours subit certaines restrictions.

En Allemagne le chèque n'étant pas encore réglé par une loi ne peut jouir des dispositions spéciales de la loi sur le change. V. toutefois la note *a*, p. 191.

Les législations comme on le verra diffèrent toutefois quant au sens qu'il faut attribuer au mot chèque.

(*b*) En France un chèque ne peut être qu'à vue (l. 14 juin

Mais il doit être tiré sur un banquier, ce qui comprend, dit l'article 2, une association de personnes se livrant aux affaires de banque (*the business of banking*). Un banquier est celui qui reçoit de l'argent en dépôt dans l'intention de le prêter à intérêt ou de le placer, de façon à en retirer un profit.

Il appartient au caractère de banquier de recevoir l'argent en dépôt lui permettant d'ouvrir des comptes-courants avec ses clients. Un simple escompteur de lettres de change n'est pas un banquier (*a*), bien que souvent on l'appelle ainsi vulgairement ; la qualité de banquier ne dépend pas de ce qu'on prend cette dénomination (*b*). Ainsi, un créancier ne peut tirer des chè-

1865, art. 1er).

En Italie il peut être soit à vue soit jusqu'à dix jours de celui de la présentation (C. com. art. 340).

Le Code fédéral suisse qui exige la qualification sur l'effet de « chèque » [art. 830] porte que le chèque est payable à présentation, encore qu'il indique une autre échéance ou n'en indique aucune. [art. 833].

(*a*) Il peut arriver aussi qu'une société de *solicitors* (avoués) ait des clients disposés à prêter sur hypothèque, d'autres demandant à emprunter sur hypothèque. Dans ce cas, ladite société sera intermédiaire entre les premiers et les seconds, mais elle ne saurait être une banque, car les associés ne font pas actes de banquier. Ces fonds qu'on lui confie, elle n'en devient pas propriétaire, et si elle se les appropriait elle commettrait le crime de malversation. La propriété des fonds passe directement du prêteur à l'emprunteur sans s'arrêter sur la société qui n'est que dépositaire.

Le banquier au contraire devient propriétaire des fonds déposés chez lui et en règle l'emploi comme il lui convient. Aussi le banquier n'est pas *simple trustee* (fiduciaire) de ses clients, mais bien leur débiteur. Macleod. *Principles of Economics*, I. p. 551 et s.

(*b*) On voit qu'il y a une grande différence entre la définition

ques sur son débiteur par suite de leurs simples relations d'affaires (*a*).

D'ailleurs, la loi anglaise n'exige aucune provision préalable, comme condition de la faculté de tirer des chèques (*b*). Elle n'exige chez le tiré que le caractère de banquier ou dépositaire habituel de fonds.

anglaise et la définition française, des mots « banque » et « banquier. » Voici la définition que donne M. Courcelle Seneuil, *Traité des opérations de banque* p. 536. « Maison de commerce où l'on vend et achète des valeurs de commerce, titres de rente d'Etat et hypothécaires, actions, monnaies, matières d'or et d'argent, etc. »

En Allemagne le sens attaché au mot banquier semble être encore plus étendu. (V. Loebner, *Lexicon des Handels und Gewerbe Rechts*. V. ce mot).

(*a*) En France l'effet qui porte ordinairement dans le commerce le nom de « chèque » et conçu;

Chèque B. P. F.........
A vue, veuillez payer contre ce chèque, à l'ordre de M......
la somme de ....

serait censé en Angleterre une simple lettre sur demande.

La loi française permet de tirer un chèque sur un tiers quelconque ayant provision, sur un notaire ayant des fonds par exemple.

(*b*) *Contra* en droit français (l. 14 juin 1865 art. 2); belge (l. 20 Juin 1873, art. 1); suisse (C. féd. art. 831); et italien (C. com. art. 339).

Dans ces diverses législations, la nécessité de la provision préalable et par suite la défense d'insérer une date fausse est sanctionnée par des amendes qui : en France sont de 6 0/0 du montant du chèque (loi du 19 février 1874, art. 6); en Belgique (loi du 20 juin 1873, art. 5) et en Italie (C. Com. art. 344), de 10 0/0 du montant exprimé sur le chèque, sans préjudice, ajoutent ces trois lois, de l'application des lois pénales s'il y a lieu.

L'art. 837 C. féd. suisse dispose que celui qui émet un chèque sans provision est tenu de bonifier au porteur 6 0/0 du

13

Quant au détenteur, il ne peut, en pareilles circonstances, agir contre le banquier.

Bien entendu que dans le cas où la banque a des succursales, le client ne peut, à moins de convention contraire, tirer un chèque sur une succursale autre que celle où il a un compte ouvert.

Comme on le verra (*a*), le banquier qui a en sa possession des fonds suffisants pour faire honneur au chèque tiré par le propriétaire de ces fonds est tenu de le payer sous peine d'être poursuivi en dommages-intérêts pour non accomplissement de son contrat, et d'être tenu de réparer le préjudice que son refus entraîne pour le crédit de son client (*b*).

Présentation au payement et payement. — Le tiré d'une lettre de change, alors même qu'il a des fonds du tireur entre ses mains, n'est pas obligé d'accepter ni par conséquent de payer (*c*).

Reportée dans la législation sur le chèque, une pareille théorie eût été une entrave à l'utilité de cet effet; aussi, la coutume s'est établie de bonne heure chez les banquiers de considérer l'existence de fonds du client, entre les mains de son banquier, comme valant acceptation par ce dernier (*d*).

montant du chèque; sans préjudice de dommages-intérêts s'il y a lieu.

(*a*) V. p. 201.

(*b*) *Hopkinson*, c. *Forster*, L. R., 19 Eq. 76.

(*c*) V. art. 53 et p. 201 et s.

(*d*) V. Macleod, *Economics*, vol. I, p. 563.

Ceci était même vrai jusqu'à un certain point en droit, car autrefois le tireur était libéré par la non présentation dans un délai raisonnable si le banquier tombait en faillite dans l'intervalle et le principe n'a été qu'adouci dans la loi actuelle [art. 74]. V. p. 203.

Le banquier est donc tenu, suivant la coutume, de payer les chèques de son client jusqu'à concurrence des fonds de celui-ci qu'il a entre ses mains.

Il y a contrat tacite à cet effet entre eux, et le banquier doit s'y conformer sous peine de réparer le préjudice qui résulterait de sa non-exécution.

Il faut toutefois se rappeler que les dispositions relatives à la lettre de change sur demande s'appliquent aussi aux chèques, et qu'il faut leur appliquer l'art. 53 qui, traitant de la lettre de change en général, porte qu'une lettre de change par elle-même ne vaut pas comme affectation entre les mains du tiré de fonds appartenant au tireur (*a*).

Ce même article porte aussi que, seule, l'acceptation du tiré lie celui-ci, mais nous savons que, suivant la coutume, le tiré est obligé par le chèque tant qu'il a des fonds du tireur entre les mains. La partie de la nouvelle loi qui s'applique au chèque ne signale pas cette exception, bien qu'elle semble la sanctionner dans l'article 74 (*b*), et que ses rédacteurs n'aient pas pu vouloir supprimer une coutume bien établie et irréprochable. D'ailleurs, comme on a vu, il y a là engagement tacite

(*a*) V. « Provision » p. 40.

Antérieurement à la présente loi il avait été rendu une décision très catégorique en ce sens. — *Hopkinson c. Forster*, L. R. 19, Eq. 74.

En droit américain, au contraire, le chèque constitue entre les mains du banquier une affectation *pro tanto* des fonds. Daniell, *Negotiable instruments*, II p. 594.

(*b*) Cela semble résulter du passage : Et que le tireur ou celui pour le compte de qui ledit chèque est tiré avait droit, au moment de la présentation, au payement par le banquier et souffre par suite de ce retard un préjudice réel (*actual damage*), il est libéré jusqu'à concurrence de ce préjudice, c'est-à-dire jusqu'à concurrence de ce dont il est créancier du

entre les parties que le banquier tiré payera, et le contrat est la loi des parties.

Quant au délai dans lequel la présentation au payement doit être effectuée, le chèque, étant assimilé à la lettre sur demande, doit être présenté dans un délai raisonnable [art. 45] (a).

Pour déterminer ce qu'on doit entendre par délai raisonnable, on doit tenir compte de la nature de l'effet, des usages du commerce et des banques, et des circonstances particulières [art. 74 (2)].

En, de plus, l'art. 36, al. 3, porte qu'une lettre sur demande (lisez chèque) est considérée comme échue, d'après l'intention de cet article, quand il est évident qu'elle a été en circulation pendant une trop longue période de temps.

Cette période de temps est un délai raisonnable après l'émission pour obliger le tireur et un délai raisonnable après l'endossement pour obliger l'endosseur d'une lettre de change sur demande [art. 45 (2)]. Mais cette disposition, en ce qui concerne le tireur, ne s'applique pas au chèque si le tireur a des fonds chez le banquier. Lorsqu'un chèque, en effet, n'est pas présenté au payement [illegible]

banquier en excès de ce dont il l'aurait été si le chèque avait été payé.

(a) V. le chap. sur la « Présentation au payement. »

Les législations continentales n'admettant pas l'idée large de ce qui est raisonnable, sont forcées de fixer un délai quelconque, ce qu'elles font de manières diverses. D'après la loi française (14 juin 1865), ce délai est de cinq jours y compris le jour de la date, si le chèque est tiré de la place sur laquelle il est payable, et dans le délai de huit jours, y compris le jour de la date, s'il est tiré d'un autre lieu [Art. 5].

La loi belge réduit ces délais de cinq et huit jours à trois et six jours (l. 20 juin 1873).

Le Code suisse adopte les délais français (art. 834), et le C. com. italien les porte à huit et quinze jours [art. 342].

dans un délai raisonnable de son émission et que le tireur ou celui pour le compte de qui le dit chèque est tiré avait droit, au moment de la présentation, au payement par le banquier et souffre par suite de ce retard un préjudice réel, il est libéré jusqu'à concurrence de ce préjudice, c'est-à-dire jusqu'à concurrence de ce dont il est créancier du banquier en excès de ce dont il l'aurait été si le chèque avait été payé [art. 74 (1)].

Le détenteur d'un tel chèque sera, au lieu et place du tireur, créancier du banquier jusqu'à concurrence de la somme pour laquelle le tireur a été libéré et pourra la recouvrer sur lui [art. 74 (3)].

Trois cas possibles peuvent se présenter lors de la faillite du banquier : ou le tireur a retiré des mains du banquier la totalité de la somme destinée au payement, ou il n'en a retiré qu'une partie, ou enfin il n'a fait aucun retrait et a laissé tous les fonds chez le banquier.

Il résulte de cette disposition de la nouvelle loi que le tireur est libéré pour le montant du préjudice qu'il subit.

S'il n'a pas retiré la somme nécessaire pour le payement, il est entièrement libéré et le détenteur prend sa place comme créancier de la faillite.

S'il n'a retiré qu'une partie de la somme nécessaire, il est libéré pour le montant des fonds qu'il n'avait pas retirés et le détenteur prend sa place pour ce montant comme créancier de la faillite. Il reste obligé pour le surplus.

S'il a retiré tous ses fonds de chez le banquier, il reste obligé pour la totalité du montant du chèque.

Il n'est libéré par la non-présentation dans un délai raisonnable qu'en cas de préjudice et pour le montant de ce préjudice.

En ce qui concerne l'endosseur, le chèque demeure

assimilé à la lettre de change sur demande [art. 45 (2)] (*a*).

PROTECTION DU BANQUIER-PAYEUR. — Les banquiers, dans le cours ordinaire des affaires, sont tenus d'agir avec toute la prudence qu'on est en droit d'exiger de celui qui s'adonne à une profession toute spéciale. Donc le banquier qui paye par négligence un chèque faussé engage sa responsabilité (*b*).

Le banquier à qui on présente un chèque à payer doit avant tout s'assurer qu'il est régulier et que la signature de son client n'est pas contrefaite. Car le payement qu'il ferait sur un chèque portant une fausse signature de son client ne le libérerait pas vis-à-vis de celui-ci ; la loi suppose qu'il connaît cette signature, et toute erreur sur ce point lui est imputable.

Mais le banquier ne peut être tenu de connaître la véritable signature des tiers ; la loi, par conséquent, dispose que quand une lettre de change payable à ordre sur demande est tirée sur un banquier, et que ce banquier sur lequel on a tiré paye de bonne foi et selon les habitudes commerciales, il n'est pas à sa charge de prouver que l'endossement du bénéficiaire ou autre endosseur ultérieur a été fait par ou suivant autorisation

(*a*) En droit français, le porteur qui ne se présente pas dans les délais indiqués par la loi perd son recours contre le tireur si la provision a péri par le fait du tiré, après lesdits délais; — dans tous les cas, il perd son recours contre les endosseurs. (L. 14 juin 1865, art. 5).

Les mêmes dispositions se trouvent reproduites dans la loi belge du 20 juin 1873 [art. 4].

C'est en vertu des mêmes principes qu'ont été rédigés les articles 835 du C. féd. suisse, et 343 du C. com. italien.

(*b*) Horace Smith. *Negligence*, p. 131.

de celui indiqué par l'endossement ; et le banquier est considéré comme ayant payé la lettre régulièrement, alors même que l'endossement serait faux ou fait sans autorisation (art. 60] (*a*).

RÉVOCATION DU MANDAT DU BANQUIER. — Le devoir et le pouvoir d'un banquier de payer un chèque tiré sur lui par son client prennent fin par :

Contre-ordre de payement.

Notification de la mort du client [art. 75].

DU BARREMENT (*Crossing*). — Le barrement consiste en deux lignes transversales tracées sur le recto du chèque.

Entre ces deux lignes était écrit pour mémoire, semble-t-il, dans les premiers temps de cet usage, le nom du banquier de qui le chèque avait été reçu.

Comment, partant d'une origine aussi modeste, l'institution du barrement a-t-elle pu s'élever au rôle qu'elle joue actuellement et prendre un tel développement? C'est là pour l'historien un sujet intéressant à étudier.

Qu'il suffise de dire ici que le barrement d'aujourd'hui a un sens tout différent de celui que lui accordait l'usage d'autrefois.

Quand il est en blanc ou pour employer la phrase anglaise, quand il est général, c'est-à-dire quand il porte en travers sur le recto :

les mots « et compagnie » ou leur abréviation entre deux lignes transversales et parallèles, avec ou sans les mots « non négociable » (*not negotiable*) ; ou

simplement deux lignes transversales et parallèles avec ou sans les mots « non négociable » [art. 76 (1)].

le banquier sur lequel le chèque est tiré ne doit le payer qu'à un autre banquier.

(*a*) V. « Payement » p. 90.

Si le barrement est spécial (nominatif), c'est-à-dire si le chèque porte en travers le nom du banquier, avec ou sans les mots « non négociable » [art. 76 (2)], le banquier-tiré ne doit le payer qu'au banquier dénommé, ou à son correspondant pour le recouvrement.

Donc, un chèque barré ne donne lieu à aucun payement en numéraire par le tiré. Le chèque lui est présenté par un banquier et se trouve compris dans les compensations à opérer entre eux.

Le banquier à qui un chèque barré est présenté par un porteur qui n'est pas banquier, est tenu d'en refuser le payement, et le seul moyen pour en toucher le montant est de l'encaisser chez son propre banquier ou chez le banquier d'un ami.

Ce système rend pratiquement un chèque barré inutile entre les mains d'un voleur ou de quelqu'un qui n'y a point droit (*a*).

Le barrement peut être posé lors de l'émission ou ajouté après l'émission du chèque.

Ainsi, tout tireur d'un chèque peut le barrer en blanc ou spécialement.

Tout détenteur d'un chèque non barré peut le barrer en blanc ou spécialement.

Le détenteur d'un chèque déjà barré en blanc peut ensuite le barrer spécialement.

(*a*) Le système du barrement vient d'être adopté par la Banque impériale allemande. L'article 6 du règlement de la banque datée du 1er février 1883 dispose que si le chèque n'est tiré que pour opérer un virement vis-à-vis de la banque ou avec le possesseur d'un compte-courant il faut le barrer (*kreuzen*) c'est-à-dire écrire (ou imprimer) sur le recto en travers du texte les mots « *Nur zur Verrechnung* » (seulement pour compte) et qu'en ce cas la banque ne doit pas payer la somme en espèces.

Le détenteur d'un chèque barré en blanc ou spécialement peut y ajouter les mots « non négociable. »

Quand un chèque est barré spécialement, le banquier au nom de qui il a été barré peut le barrer de nouveau spécialement au nom d'un autre banquier pour l'encaissement.

Le banquier à qui un chèque non barré ou barré en blanc a été adressé pour l'encaissement peut le barrer spécialement à son nom [art. 77].

Quant au banquier qui payerait un chèque « barré » en blanc à quelqu'un autre qu'un banquier, ou un chèque barré spécialement à un autre qu'au banquier au nom de qui il est barré, ou au banquier, son agent pour le recouvrement, il serait responsable envers le propriétaire véritable du chèque de tout préjudice qu'entraînerait un tel payement [art. 79 (2)].

Si un chèque est barré spécialement des noms de plusieurs banquiers, celui sur qui il a été tiré en refusera le payement, sauf dans le cas d'un banquier, agent désigné pour le recouvrement [art. 79 (1)].

En ce cas, le détenteur doit demander un nouveau chèque au tireur ou présenter l'effet, le voir « déshonorer » et exercer son recours.

Pourvu que le banquier se conforme à ces dispositions et agisse de bonne foi et sans négligence, il peut, sans crainte d'encourir aucune responsabilité, payer un chèque barré tiré sur lui [art. 80]; et d'autre part le banquier qui, de bonne foi et sans commettre de négligence, a fait l'encaissement pour un client d'un chèque barré en blanc ou spécialement à son nom, alors que le client n'a sur le chèque aucun droit ou un droit entaché de vices n'encourt, pour le seul motif qu'il aurait accepté le payement, aucune responsablité envers le véritable propriétaire [art. 82].

Il peut arriver que le barrement ne soit pas suffisamment apparent pour être reconnu comme tel, ou qu'une personne ait oblitéré le barrement (a). Ces deux cas sont traités dans la loi de 1882 de même façon et le banquier qui paye, de bonne foi et sans commettre de négligence, ne sera pas responsable ; la validité du payement ne pourra être contestée sur ce motif que le chèque aurait été barré, ou que, étant barré, il aurait été oblitéré, amplifié, altéré autrement qu'il est autorisé par cette loi, ou bien que le payement aurait été fait à un autre qu'à un banquier, ou à un banquier autre que celui au nom de qui le chèque serait ou aurait été barré ou à son agent pour le recouvrement [art. 79 (2)].

Les mots « *not negotiable* » dans un barrement ôtent au chèque son caractère d'effet négociable (b).

(a) Le barrement constitue une partie essentielle du chèque; et il est défendu par l'article 78 de l'effacer, de le modifier ou d'y ajouter quelque chose. Toute biffure, modification, addition entraîne annulation de la lettre, dit l'article 64. Mais, ajoute cet article le détenteur de bonne foi peut toutefois, ne tenant pas compte de l'altération subie, faire usage de la lettre et en exiger payement selon la teneur originale. Ce sont ces mêmes principes que l'on a appliqués quand il s'est agi du barrement, et que nous retrouvons dans l'article 79 (2).

(b) La loi de 1882 n'est pas la première à parler du chèque barré ; cette matière a déjà été réglée dans les lois antérieures en 1856, 1858 et 1876, toutes ayant pour but de faire disparaître les chances de vol ou de faux.

La loi de 1856, la première en date, présentait une lacune qui fut comblée par la loi de 1858 ; dans la première, en effet, le barrement était considéré comme un mandat, et il arrivait que les barres n'étant pas partie intégrante de l'effet, le banquier payait régulièrement lorsqu'il lui était présenté un chèque non barré, alors même que les barres eussent été effacées ; il n'y avait et ne pouvait y avoir de faux, et la loi de 1856 restait pour ainsi dire sans sanction. Aussi en 1858 fut-il spécifié que le barrement serait partie essentielle du chèque, et que son altération ou oblitération constituerait un faux. Nous

Ces mots constituent un avertissement qu'on ne négligera qu'à ses risques et périls, car celui qui accepte

avons signalé la même disposition dans l'article 78 de la loi de 1882.

Après le vote des lois de 1856 et 1858 réglant le barrement du chèque et en faisant une partie intégrante de l'effet, on pouvait se considérer à l'abri de tout vol ou perte. Il n'en était rien, et un procès (Smith. c. Union Bank of London, L. R. 1 Q. B. D. 31), resté célèbre, montra qu'un vol pouvait, en certaines circonstances, faire perdre au bénéficiaire tous ses droits. Smith, bénéficiaire d'un chèque barré du nom de la *London and County Banking* Cᵉ, fut volé et le titre remis à un tiers détenteur qui de bonne foi en avait compté la valeur. Ce détenteur client de la *London and Westminster bank*, chargea celle-ci d'en faire l'encaissement, et le payement fut fait sans difficulté par le tiré, en l'espèce l'*Union Bank*, et cela contrairement au barrement spécial fait sur le chèque. Smith lésé par un tel payement agit en dommages-intérêts contre l'*Union bank*, et perdit son procès. La loi, disait-on, ne portait aucune atteinte à la négociabilité du titre : le bénéficiaire en endossant en blanc le chèque, avait ainsi permis au client de la *London and Westminster Bank*, de devenir détenteur de bonne foi ; dès lors le demandeur cessait d'être le détenteur, et rien dans la loi ne lui donnait le droit, n'étant plus détenteur, d'agir contre l'*Union Bank*.

Cet arrêt qui montrait l'insuffisance des lois existantes, donna lieu à un mouvement d'opinion d'où naquit la loi de 1877. Celle-ci abrogeant les lois antérieures (art. 10) rend responsable le banquier qui paye contrairement aux énonciations du barrement, mais maintient aux chèques, mêmes barrés nominativement, leur caractère négociable, et ne fait pas du tiers détenteur de bonne foi l'ayant cause du cédant. C'est ce que dit aussi l'art. 79 (2ᵉ alinéa). Ainsi, même sous l'empire de la loi de 1882, le chèque barré simplement nominativement ou en blanc reste négociable, de telle sorte que si le titre étant au porteur est perdu ou volé, l'inventeur ou le voleur l'ayant passé à un tiers de bonne foi qui en a compté la valeur, ce

un chèque barré portant les mots : « non négociable » n'a et ne peut conférer plus de droits à ce chèque que n'en avait la personne de qui il le tient [art. 81].

détenteur devient le véritable propriétaire, celui qui l'a égaré où à qui il a été volé perdant tous ses droits.

Mais la loi de 1877 et après elle celle de 1882 [art. 81], donnent le moyen au détenteur et au tireur d'éviter les chances de détournement. Qu'ils mentionnent sur le chèque les mots « non négociable » (*not negotiable*). Dès lors, dit l'art. 81, celui qui reçoit un tel chèque ne peut avoir ni transmettre plus de droits sur le chèque que n'en avait celui qui le lui a cédé. Donc, en pareil cas, le cessionnaire devient l'ayant-cause du cédant, de telle sorte que, si le cédant a trouvé ou volé le chèque, le cessionnaire, alors même qu'il en aurait compté la valeur et serait de bonne foi, ne pourra exciper de cette bonne foi vis-à-vis du véritable propriétaire à qui il devra rembourser la valeur de l'effet qu'il aurait touché.

Cette mention « *not negotiable* » n'enlève pas la faculté de négocier le chèque, qui peut continuer toujours à être transmis par remise ou endossement ; toutefois le cessionnaire devenant ayant cause du cédant, les négociations seront rares et entourées de précautions.

« Aux Etats-Unis, dit Daniel, le barrement des chèques, autant que nous le sachions, n'est pas en usage. » *Negotiable instruments*, II, p. 543.

CHAPITRE XXV

Billet de change (*a*).

DÉFINITION ET CONDITIONS. — Un billet est une promesse pure et simple, faite par écrit par une personne à une autre, signée du souscripteur, par laquelle celui-ci s'engage à payer, sur demande ou dans un délai déterminé ou susceptible d'être déterminé une certaine somme en numéraire à une personne désignée ou à son ordre, ou au porteur [art. 83 (1)].

(*a*) Le Code italien et le projet russe traitent des deux effets sans distinction de titre.

Le Code italien, s'inspirant du droit allemand, emploie le mot « *cambiale* » comme terme général et l'expression « *cambiale tratta* » pour lettre de change tirée en supprimant les anciennes distinctions de « *lettere di cambio* » et « *biglietti di promesse.* »

Le projet russe essaie une suppression analogue [art. 2].

Le terme « *promissory note* » se traduit ordinairement par l'expression « billet à ordre » bien qu'en droit anglais le billet ne soit pas exclusivement à ordre.

Nous avons préféré le terme « billet de change » employé par les rédacteurs de l'édition française du Code fédéral suisse comme évitant et un faux nom et un malentendu.

On voit que les conditions contenues dans cette définition ne sont qu'une répétition des conditions de la lettre de change.

Ainsi :

1° il doit y avoir promesse pure et simple de payer

2° le billet de change doit être écrit;

3° il doit être signé par celui qui promet de payer;

4° la promesse doit porter sur une somme certaine;

5° la somme doit être payée à un bénéficiaire désigné ou à son ordre ou au porteur;

6° le billet de change doit être payable, soit sur demande, soit dans un délai déterminé ou susceptible d'être déterminé.

Or, nous avons vu ces conditions imposées également à la lettre de change pour qu'elle puisse valoir comme telle, et c'est au chapitre qui en traite que nous renvoyons (*a*).

Un billet ne vaut pas comme tel s'il est à l'ordre du souscripteur, la loi exigeant que la promesse soit faite par une personne à une autre; mais il n'en est plus de même si le souscripteur l'a endossé, et il vaut bien alors comme billet de change [art. 83 (2)].

D'un autre côté, il y a des cas où le détenteur peut traiter l'effet, soit comme billet, soit comme lettre de change, savoir :

le tiré et le tireur sont la même personne;

le tiré est personne fictive;

le tiré n'a pas capacité de contracter [art. 5 (2)].

Billets intérieurs et extérieurs. — Ainsi que la lettre de change, le billet se distingue en billet intérieur et extérieur, étant intérieur tout billet souscrit et payable ou qui se présente comme souscrit et payable dans les Iles Britanniques [art. 83 (4)].

(*a*) V. « Conditions et formes de la lettre de change », p. 2 et s.

Tout autre est extérieur.

SITUATION DES PARTIES. — Dans le billet de change deux personnes seulement figurent : le souscripteur et le bénéficiaire. Il n'y a donc pas nécessité de l'acceptation, ni de la présentation à l'acceptation. Par cela même qu'il signe, le souscripteur se trouve lié, et s'engage à payer le billet selon sa teneur. Le souscripteur se trouve dans la même position que l'accepteur d'une lettre de change, étant comme celui-ci la personne liée en premier lieu (*a*), et la situation du premier endosseur est la même que celle du tireur d'une lettre acceptée payable à l'ordre de lui-même [art. 89 (2)].

Les dispositions concernant ces diverses parties dans la lettre de change s'appliquent à celles qui leur sont assimilées dans le billet de change [art. 89].

Y a-t-il plusieurs souscripteurs, leur obligation est, selon la teneur du billet, solidaire *(joint and several)* ou simplement conjointe *(joint)*. Constitue une obligation solidaire le billet libellé « Je promets de payer » et signé de deux ou plusieurs [art. 85 (2)]. Au contraire le billet libellé « Nous promettons de payer » suivi de la signature de deux ou plusieurs donne naissance à une obligation conjointe. Dans ce dernier cas, il n'y a qu'une seule obligation et le détenteur qui a poursuivi un des souscripteurs ne peut ensuite agir contre un autre, ou contre tous conjointement, car il n'y a qu'une dette, et le premier procès a force de chose jugée vis-à-vis de tous (*b*).

Mais l'engagement de ne pas poursuivre tel débiteur conjoint n'entraîne pas pour les autres extinction de la dette et leur libération ; il n'y a là qu'un engagement personnel à celui en faveur de qui il intervient.

(*a*) Toutefois l'assimilation n'est pas entière ; ainsi l'acceptation peut être conditionnelle [art. 19 (2)]. tandis que le billet doit être pur et simple.

(*b*) Chitty, *Bills*, p. 25.

Dans le cas d'une obligation solidaire, le jugement rendu contre l'un des débiteurs ne prive pas du droit de poursuivre de nouveau les autres co-débiteurs solidaires.

Billets payables sur demande (*a*). — Le billet payable sur demande, qui a été endossé, doit être présenté à l'encaissement dans un délai raisonnable du jour de l'endossement. Si une telle présentation n'a pas lieu, l'endosseur est libéré.

Pour déterminer ce qu'on doit entendre par délai raisonnable, il faut tenir compte de la nature du billet, des usages du commerce, et des circonstances particulières [art. 86 (1) et (2)].

Le 3e alinéa de l'art. 86 fait une distinction entre le billet et la lettre. L'article 36 (2) et (3) porte qu'une lettre de change payable sur demande est considérée comme échue, lorsqu'elle a été en circulation pendant une période de temps exagérée (*unreasonable*) (*b*), et que si une lettre échue est négociée elle ne peut l'être qu'en restant sujette à tout vice de titre l'affectant à son échéance. L'article 86 (3), au contraire, porte que tout billet, payable sur demande, qui est négocié, n'est pas considéré comme échu (*overdue*) en vue d'affecter le droit d'un détenteur d'un vice de titre dont il n'a pas reçu avis, par la seule raison qu'un délai raisonnable depuis l'émission s'est écoulé sans présentation au payement.

En effet, l'application la plus commune du billet sur demande étant le billet de banque, il serait difficile de soumettre les billets aux prescriptions de l'article 36.

(*a*) V. art. 10 et p. 12.
(*b*) V. « Introduction » p. XI.

Présentation au payement. — La présentation au payement est nécessaire comme dans le cas de la lettre de change pour lier les endosseurs [art. 87 (2)].

Elle est nécessaire pour lier même le souscripteur dans le cas d'un billet, libellé dans le corps même du billet, payable sur une place déterminée (*a*). Dans tout autre cas, la présentation au payement n'est pas nécessaire pour lier le souscripteur [art. 87 (1)].

La loi dit spécialement le corps du billet.

Si l'indication du lieu du payement était faite, par exemple au bas du billet, ce serait simplement pour mémoire (*b*).

Le billet dont la teneur mentionne une place particulière pour le payement doit être présenté sur cette place pour lier l'endosseur; mais quand la place du payement est indiquée seulement pour mémoire, la présentation sur cette place est suffisante pour engager l'endosseur; mais la présentation au souscripteur sur toute autre place, si sous les autres rapports elle est suffisante, le sera également [art. 87 (3)].

Autres différences entre la lettre de change et le billet. — Outre les points que nous avons

(*a*) Les billets payables ailleurs qu'au domicile du souscripteur, dit l'art. 99 de la loi allemande, sont présentés au payement au domiciliataire ou, si aucun domiciliataire n'est indiqué, au souscripteur lui-même dans le lieu où le billet est payable et c'est là que le protêt, en cas de non-payement, doit être fait. A défaut de protêt chez le domiciliataire, le porteur est déchu de son action de change contre le souscripteur et les endosseurs.

En droit français, le billet payable sur une place autre que celle où est domicilié le souscripteur contient remise de place à place, et participe dès lors de la lettre de change et du billet. V. *Dict.* de Couder, v° *Billet à domicile,* n°s 7 et s. et Lyon-Caen et Renault *Précis*. p. 715 et s.

(*b*) V. Chitty, *Bills*, p. 110.

mentionnés ci-dessus et où la loi s'applique au billet et à la lettre de change, on peut dire que toutes les règles données pour la lettre de change régissent aussi le billet.

Toutefois il y a à ce principe général quelques exceptions, les unes tenant aux caractères des deux effets, une autre tout à fait spéciale et due à la loi.

Les exceptions qu'entraîne la nature particulière du billet sont, il est à peine besoin de le dire :

a La présentation à l'acceptation ;

b L'acceptation ;

c L'acceptation par intervention;

d La pluralité d'exemplaires (*a*).

Quant à la différence créée par la loi, elle a plus d'importance.

En cas de non-payement d'un billet de change, même extérieur, il n'est pas nécessaire de faire le protêt (*b*); il en est autrement, nous l'avons vu (*c*) pour la lettre de change extérieure [art. 89 (4)].

Toutefois, cette disposition n'empêche pas de faire protester, si on le juge utile pour mieux assurer son recours à l'étranger.

(*a*) V. loi allemande, art. 98; cet article énumère toutes les dispositions de la lettre de change qui s'appliquent au billet sur la forme, l'endossement, le recours, le payement, la prescription.

Il en est de même dans la loi scandinave [art. 95], le Code fédéral suisse [art. 827], le C. com. italien [art. 333] et le C. com. français [art. 187].

(*b*) En Amérique aussi cette distinction existe dans le droit marchand (V. Story. *Promissory notes* p. 367), mais il y a des usages, des lois et même des décisions qui empiètent sur l'ancienne coutume. (V. Daniel, *Negotiable instruments*. Vol. II, p. 3-4). Aucune autre législation parmi celles que nous avons citées ne fait cette distinction entre les deux effets.

(*c*) V. les chapitres sur les « Formes de la lettre » et sur le « Protêt. »

CHAPITRE XXVI

Du Timbre (*a*).

Les dispositions concernant le timbre des effets de commerce ont été maintenues par la nouvelle loi et sont contenues dans la loi votée en 1870 (*b*). Cette loi qui traite du timbre en général a entraîné l'abrogation des nombreux Acts qui auparavant régissaient la matière (*c*).

(*a*) *Stamp Duties.*

L'enregistrement tel qu'il est établi en France n'existe pas en Angleterre, et il n'y a dans ce dernier pays aucun impôt qui y soit assimilable. Mais l'impôt anglais du timbre peut toutefois être considéré comme atteignant la généralité des actes qui, en France, sont soumis à l'enregistrement. La différence existe plutôt dans le mode de perception qui est unique dans le Royaume-Uni et double en France où existent le timbre et l'enregistrement.

(*b*) 33 et 34 Vict. c. 97.

(*c*) Etablis en 1694 par une loi de Guillaume et Marie (5 et 6 W. et M. c. 21), les droits de timbre qui ne frappaient d'abord que certains actes s'étendirent peu à peu à un grand nombre d'écrits. Ainsi les lettres de change tirées de l'étranger sur l'Angleterre tombent sous l'application de la loi en 1854. En 1858, les chèques sont soumis au droit.

Elle contient des dispositions générales et des dispositions particulières aux principales catégories d'écrits soumis à l'impôt.

DISPOSITIONS GÉNÉRALES. — Elles sont contenues dans les articles 7 à 28.

Les droits de timbre sont fixes ou proportionnels.

Le payement en est constaté par la rédaction sur feuille de papier timbré (*impressed stamp*) ou par l'apposition sur l'écrit d'un timbre mobile (*adhesive stamp*). La règle générale est l'emploi du papier timbré. (L. de 1870, art. 23].

Toutefois certains actes peuvent être revêtus d'un timbre mobile (*a*); d'autres même, ce sont les lettres de change et les billets de change tirés hors du Royaume-Uni, *doivent* acquitter le droit par l'apposition d'un timbre mobile [L. 1870, art. 51]. (*b*).

Certains écrits, tels que les lettres de change et les billets payables autrement que sur demande,

Lorsque fut adoptée la loi de 1870, il y avait en vigueur sur le timbre 104 lois, dont la liste se trouve dans le « *Inland revenue repeal Act, 1870* » (33 et 34 Vict. c. 99).

(*a*) Telles sont les lettres de change payables sur demande [L. 1870, art. 50]; il en est de même pour le protêt notarié d'une lettre de change ou d'un billet de change [L. 1870, art. 116].

(*b*) La loi de brumaire n'avait, en France, créé que du papier timbré correspondant à l'*impressed stamp* ; l'emploi du timbre mobile est bien postérieur. Créé d'abord pour les effets de commerce venant de l'étranger (loi du 11 juin 1859), de nombreuses lois sont venues postérieurement en autoriser l'usage pour d'autres écrits.

Le timbre mobile proportionnel s'applique sur les effets de commerce venant de l'étranger ou ceux souscrits en France ; l'oblitération du timbre est faite par l'apposition sur ce timbre du lieu, de la date et du nom du souscripteur si l'effet est créé en France, de celui de l'endossataire, accepteur, ou bénéficiaire s'il vient de l'étranger.

doivent être revêtus d'un timbre spécial (*appropriated stamp*), c'est-à-dire indiquant la nature de l'écrit sur lequel ils doivent être apposés. D'une part, l'apposition de tout autre timbre ferait considérer l'écrit comme non timbré et, mis d'autre part sur un écrit autre que celui auquel il est destiné, il n'empêcherait pas celui-ci d'être considéré comme non timbré. [L. 1870, art. 9] (*a*).

Quand on fait usage d'un timbre mobile, on doit l'oblitérer de son nom ou de ses initiales, ou bien du nom ou des initiales de la raison sociale, avec l'indication de la vraie date de l'oblitération, de manière à rendre impossible le nouvel usage d'un timbre ayant déjà servi. [L. 1870, art. 24 (1)].

Le défaut d'oblitération entraîne contre celui qui en est tenu une amende de dix livres. [L. 1870, art. 24 (2)].

En principe, et sauf disposition expresse, l'écrit soumis à l'impôt doit être libellé sur feuille timbrée ou revêtu d'un timbre mobile avant qu'il soit signé, cela sous peine d'amende.

On peut mentionner des exceptions à cette règle générale. C'est ainsi que tous écrits signés à l'étranger, non timbrés ou timbrés insuffisamment, peuvent être timbrés dans les deux mois de leur réception dans le Royaume-Uni, sous condition du payement du seul droit simple (*b*).

L'amende édictée par l'art. 15 en cas d'absence ou d'insuffisance de timbre comprend une somme fixe de dix livres sterlings et, si les droits simples excèdent dix livres, la même somme de dix livres et les intérêts à 5 °/。 du droit simple, calculés du jour de la signature, sans que ceux-ci puissent dépasser le montant de ce droit simple.

(*a*) V. aussi p. 224, note (*b*).

(*b*) De même en France l'acte fait ou passé en pays étranger doit être soumis au timbre avant tout usage en France (Loi 13 brum. an VII, art. 13).

C'est là une disposition ingénieuse ; si, sur les sommes importantes, on s'était contenté de percevoir l'amende fixe de dix livres, les parties souvent auraient préféré encourir cette amende quand les intérêts du droit simple à payer par elles auraient été supérieurs à dix livres.

D'ailleurs il est tenu compte de la bonne foi et de l'erreur : les Commissaires du Revenu sont autorisés par l'article 15 à faire remise dans les douze mois de la signature de tout ou partie des amendes (*a*).

Outre les amendes qui punissent la fraude constatée, la loi doit, pour assurer efficacement le recouvrement de l'impôt, ne donner de sanction qu'aux écrits régulièrement timbrés.

Aussi l'article 17 décide-t-il en termes généraux que « tout écrit dont il est fait usage dans le Royaume-Uni ou qui se rapporte, quel que soit le lieu de la signature, à une propriété située dans le Royaume-Uni, ne peut être produit en justice et être considéré comme valable en droit ou en équité, s'il n'a pas été timbré conformément à la loi » (*b*).

Sur la production en justice, dit l'article 16 (1), d'un acte soumis au timbre, l'officier chargé de lire l'acte doit appeler l'attention du juge sur l'absence ou l'insuffisance du timbre : si l'acte est de ceux qui peuvent être timbrés après signature, ce qui comprend tous les

(*a*) En France, les remises d'amendes sont accordées par le Ministre des finances, sur la proposition des Directeurs.

(*b*) Loi française : Toutes pièces produites en justice doivent être enregistrées et timbrées. Et les tribunaux devant qui sont produits de tels actes doivent en ordonner le dépôt au greffe pour être immédiatement soumis à la formalité. (Loi du 23 août 1871 [art. 16] ; loi 13 brum. an VII, [art. 1]). En outre, un acte ne peut être mentionné dans un acte public que s'il est enregistré et timbré.

écrits excepté les effets de commerce (*a*), il recevra la formalité sous condition du payement du droit simple, de l'amende et d'un droit supplémentaire d'une livre (*b*).

DISPOSITIONS PARTICULIÈRES AUX LETTRES DE CHANGE, BILLETS ET CHÈQUES. — Nous traiterons d'une part, des effets intérieurs; de l'autre, de ceux créés à l'étranger ou se présentant comme tels, et négociés dans le Royaume-Uni.

§ 1er. — EFFETS INTÉRIEURS. — Dans la loi de 1870, la lettre de change comprend et la lettre de change proprement dite, et tout mandat, ordre, chèque ou lettre de crédit (excepté les billets de banque), et généralement, tout écrit donnant à une personne, dénommée ou non, droit au payement de la part d'une autre, ou l'autorisant à tirer sur une personne pour la somme y désignée [Art. 48 (1)].

Le terme « Lettre de change » a donc ici un sens plus étendu que dans la loi de 1882.

D'autre part, un ordre pour payement de toute somme par lettre de change ou billet, ou pour délivrance d'une lettre de change ou d'un billet en représentation d'une somme d'argent, ou pour payement sous condition qui peut ou non se réaliser doit être considéré pour l'application de cette loi, comme lettre de change pour payement d'argent sur demande.

L'article 48 ajoute que doivent être également considérés comme lettres de change pour payement d'argent sur demande, tout ordre pour payement par semaines,

(*a*) V. *infra*, les dispositions particulières aux effets de commerce, p. 222.

(*b*) Mais dans une procédure criminelle on peut produire des pièces non timbrées.

De même en France, les écrits sont, suivant les cas, visés pour timbre gratis ou en débet.

mois ou autres termes déterminés, ainsi que tout ordre pour payement dans un délai déterminé de la date, et remis par celui qui donne l'ordre à celui qui doit payer et non au bénéficiaire ou tout autre en son nom (*a*).

Il faut donc appliquer à ces ordres tout ce qui est dit sur la lettre de change payable sur demande.

Les lettres payables sur demande peuvent être timbrées ou revêtues d'un timbre mobile [L. 1870, art. 50]. Toutes autres c'est-à-dire les lettres de change payables autrement que sur demande et les billets de change doivent être sur papier timbré.

Les lettres de change et les billets ne peuvent recevoir l'empreinte du timbre (*an impressed stamp*), qu'avant toute signature [L. 1870, art 53 (2)].

La sanction de cette disposition est rigoureuse, et prive de tout moyen d'action en vertu d'un tel effet celui qui l'aura reçu non timbré.

En effet, l'article 54 (1) dit que celui qui négocie ou paye une lettre de change ou un billet non timbrés encourt une amende de 10 l. s. et que celui qui reçoit ou prend un tel effet n'en peut recouvrer le montant ou en faire usage utile dans quelque but que ce soit (*b*).

(*a*) Quand un mandat, tiré pour montant de lettres de change achetées pour être transmises à l'étranger — lequel montant est, suivant l'usage des courtiers de change, dû le jour où a lieu la première levée de la poste étrangère qui suit l'achat, — était daté comme de ce jour, on a décidé qu'il y avait là « lettre de change payable sur demande ». *Misa* c. *Currie*, L. R., 1 Ap. Ca. 554.

Sont courtiers de change (*bill brokers*) ceux qui trafiquent sur les effets de commerce, soit en les escomptant soit en achetant et vendant les effets extérieurs ; les taux de change fixés par eux sont généralement admis par le commerce.

(*b*) V. Chitty qui donne quelques détails sur l'application de cette règle. *Bills*, p. 80 et s.

En France, le souscripteur, l'accepteur, le bénéficiaire ou

De telle sorte que ne pouvant le produire en justice

premier endosseur d'un effet non timbré sont passibles chacun d'une amende de 6 p. 0/0 du montant du billet ; il y a solidarité entre les contrevenants. Toute personne qui encaisse ou fait encaisser un effet non timbré encourt également une amende de 6 p. 0/0.

En outre, et ici la règle française rappelle la loi anglaise, le porteur d'une lettre de change non timbrée ne conserve d'action, en cas de non acceptation, que contre le tireur; en cas d'acceptation, que contre l'accepteur et le tireur, si ce dernier ne justifie pas qu'il y avait provision à l'échéance. Le porteur de tout autre effet sujet au timbre et non timbré n'aura d'action que contre le souscripteur.

Remarquons que ces déchéances sont encourues nonobstant toutes stipulations contraires.

Enfin toute mention de « retour sans frais » est nulle si elle est relative à des effets non timbrés. Mais celui qui reçoit du souscripteur un effet non timbré peut éviter l'amende et la déchéance en faisant viser pour timbre ledit effet dans les quinze jours de sa date et dans tous les cas, avant toute négociation. (Loi du 5 juin 1850, art. 4, 7, 6, 5, 2.)

Pour le chèque, la loi distingue: s'agit-il d'un chèque sur place, il n'y a qu'une amende fixe de 62 francs 50.

De même en Allemagne l'absence du timbre n'entraîne pas la nullité de la lettre. Elle est, comme en France, punie d'une amende qui en Allemagne est de 50 fois le montant du timbre non apposé (L. 10 juin 1869, art. 15); mais il y a aussi entre la loi allemande et la loi française une grande différence, car la première n'établit même pas perte du recours.

D'après la loi italienne il semble que l'absence du timbre prive l'effet de son caractère de lettre de change.

(V. Waechter, *Encyclopaedie*, p. 909).

En Amérique, on ne semblait pas en général admettre les règles rigoureuses de la loi anglaise et pour invalider l'acte non timbré, il fallait prouver l'intention frauduleuse. Mais il paraîtrait qu'en 1875, l'impôt du timbre ne frappait plus que les chèques, mandats et ordres de payement sur les banquiers et les institutions de crédit. V. Daniel. *Negotiable instruments* I, p. 101.

il perd tout moyen d'action contre son débiteur (a).

De plus, quand il s'agit d'une lettre de change pour payement sur demande, la loi de 1870 dispose expressément que si cet effet, soumis à un droit fixe de 1 penny (10 centimes), est présenté non timbré au payement, celui à qui on demande le payement peut, avant de le payer, y apposer un timbre mobile et l'oblitérer, comme s'il était le tireur. Il déduit de la somme à verser le montant de ce timbre [Art. 54 (2)] (b).

§ 2. — EFFETS TIRÉS HORS DU ROYAUME-UNI, ET NÉGOCIÉS EN CE PAYS. — A tout effet créé à l'étranger et considéré d'après la loi de 1870 comme lettre de change

(a) Cette disposition de la loi anglaise est critiquée avec sévérité par M. Leroy-Beaulieu (*Traité de la science des finances* I p. 489); mais le savant auteur semble n'avoir pas reproduit la distinction importante qui est nettement établie par la loi de 1870.

L'article 54 (1) ne s'applique qu'aux effets de commerce; eux seuls ne peuvent, s'ils ne sont régulièrement timbrés à l'origine, obtenir plus tard la formalité, même sous payement d'une amende, et être produits en justice. Les autres actes ou écrits au contraire peuvent, quoique non timbrés lors de leur signature, être revêtus plus tard du timbre et produits en justice ; la loi inflige seulement une amende.

Appliquée à tous les actes possibles, la sanction de l'article 54 (1) eût été en effet à repousser, comme ne tenant aucun compte de la bonne foi ou de l'erreur et devant profiter, comme le dit M. Leroy-Beaulieu, au débiteur de mauvaise foi. Limitée aux seuls effets de commerce, elle se comprend mieux; tout en restant rigoureuse, elle se trouve renfermée dans des limites plus étroites. Elle s'appliquera à des écrits d'un usage très fréquent et où la fraude est plus à craindre.

(b) La lettre libellée sur une feuille timbrée de valeur suffisante mais de dénomination impropre peut être, après payement du droit simple et d'une amende, revêtue du timbre qui lui est propre [L. 1870] art. 53 (1)].

payable sur demande, s'applique ce que nous avons dit sur la lettre de change intérieure payable sur demande.

Toutefois ces effets doivent nécessairement être revêtus d'un timbre mobile. [L. 1870. Art. 51 (1)].

Toute personne qui reçoit de l'étranger un effet non timbré doit y apposer un timbre mobile proportionnel et l'oblitérer avant toute négociation (*a*), demande de payement ou payement (*b*). Faute de quoi, ainsi que nous l'avons dit pour les effets intérieurs, elle n'en pourra faire usage.

Quand une lettre est tirée en plusieurs exemplaires, il suffit que l'un deux soit timbré [L. 1870. Art. 55 (*c*)].

Mais si l'on négocie séparément un autre exemplaire, celui-ci devra aussi être timbré.

Sur la preuve que l'exemplaire timbré a été perdu ou détruit, un autre exemplaire qui n'aura pas été négocié séparément, pourra, quoique non timbré, être produit pour établir le contenu de la lettre perdue ou détruite.

	l.	s.	d.
TARIF. — Lettre de change (*d*), payable sur demande	»	»	1

(*a*) En France, les effets venant de l'étranger et payables en France doivent, avant qu'ils puissent être négociés, acceptés ou acquittés, être soumis au timbre. (Loi 5 juin 1850, art. 3). De plus, en vertu de l'article 2, loi 23 août 1871, sont soumis au timbre les effets tirés de l'étranger sur l'étranger et circulant en France.

(*b*) Cette disposition ne s'applique pas quand il y a simple présentation à l'acceptation. V. Chitty, *Bills*, p. 77, en note.

(*c*) En France, les duplicata de lettres de change sont exempts du timbre. Toutefois, si le premier, timbré ou visé pour timbre, n'est pas joint à celui mis en circulation et destiné à recevoir les endossements, le timbre ou le visa pour timbre doit toujours être apposé sur ce dernier. (Loi. 5 juin 1850 [art. 10]).

(*d*) Pour ce qu'il faut entendre par lettre sur demande; v° même chapitre, p. 221.

Lettre de change de quelque sorte que ce soit et Billet de change de quelque sorte que ce soit négociés dans le Royaume-Uni (*a*) :	l.	s.	d.
Au-dessous de 5 l.	»	»	1
De 5 à 10 l.	»	»	2
De 10 à 25 l.	»	»	3
De 25 l. à 50 l.	»	»	6
De 50 l. à 75 l.	»	»	9
De 75 l. à 100 l.	»	1	»
Et pour chaque 100 l. ou fraction de 100 l.	»	1	»

La loi indique certaines exemptions : ainsi ne sont pas soumis au timbre :

les lettres ou billets émis par la Banque d'Angleterre et la Banque d'Irlande; les lettres de crédit délivrées dans le Royaume-Uni autorisant à tirer hors du Royaume-Uni des mandats payables dans le Royaume-Uni;

les traites ou billets tirés par un banquier dans le Royaume-Uni, sur un autre banquier également dans le Royaume Uni, mandant de payer une certaine somme non payable au porteur ou à ordre, et dont l'usage se restreint seulement à un réglement ou une compensation de compte entre ces deux banquiers;

les acquits donnés sur une lettre de change ou un billet dûment timbrés.

(*a*) Ainsi la loi ne fait pas de distinction entre les lettres intérieures et extérieures.

ANNEXES

PREMIÈRE ANNEXE

LOI DU 18 AOUT 1882 POUR LA CODIFICATION DES LOIS RELATIVES AUX LETTRES DE CHANGE, CHÈQUES ET BILLETS DE CHANGE

(An Act to codify the law relating to Bills of Exchange, Cheques, and Promissory Notes. — 45 et 46 Victoria, ch. 61.)

PREMIÈRE PARTIE.

PRÉLIMINAIRES.

Art. 1. — Cette loi peut être citée comme le *Bills of Exchange Act* 1882.

Art. 2. — Interprétation des termes. — Dans cette loi, à moins que le texte n'exige une interprétation différente ;

« Acceptation » indique une acceptation complétée par la délivrance (*delivery*) ou la notification ;

« Action » comprend la demande reconventionnelle (*counter-claim and set-off*) ;

« Banquier » comprend une association de personnes se livrant aux affaires de banque;

« Failli (*bankrupt*) » comprend toute personne dessaisie de ses biens au profit de ses créanciers;

« Porteur (*bearer*) » indique celui qui est en possession d'une lettre de change ou d'un billet payables au porteur,

« Lettre (*bill*) » indique une lettre de change et « billet (*note*) » un billet de change.

« Délivrance (*delivery*) » indique le transfert réel ou fictif de la possession (*actual or constructive*) d'une personne à une autre;

« Détenteur (*holder*) » veut dire le preneur ou le bénéficiaire par endossement (*payee or indorsee*) d'une lettre ou d'un billet dont il a la possession, ou le porteur;

« Endossement » comprend la délivrance;

« Emission (*issue*) » indique la première remise d'une lettre ou d'un billet à une personne qui reçoit l'effet en qualité de détenteur;

« Personne » comprend les personnes morales (*a body of persons*);

« Valeur (*value*) » signifie cause de valeur (*valuable consideration*);

« Ecrit (*written*) » comprend imprimé (*printed*), et écriture (*writing*) comprend impression (*print*).

DEUXIÈME PARTIE

LETTRES DE CHANGE.

De la forme et de l'interprétation.

Art. 3. — 1) Une lettre de change est un ordre pur et simple (*unconditional*) en forme d'écrit, adressé par une personne à une autre, signé de celui qui le donne, et mandant à la personne à qui il est adressé de payer sur demande ou à une époque déterminée ou susceptible d'être déterminée (*determinable*) une somme certaine d'argent soit à une personne désignée ou à son ordre, soit au porteur.

2) Tout écrit ne remplissant pas ces conditions ou qui mande en outre de faire quelque chose autre qu'un payement d'argent, n'est pas une lettre de change.

3) L'ordre de payer sur des fonds spécialement désignés (*particular fund*) n'est pas pur et simple : mais un ordre de payer pur et simple (*unqualified*), alors même qu'il serait indiqué en même temps : 1° sur quels fonds spécialement désignés le tiré doit se rembourser, ou quel compte doit spécialement être débité du montant de la lettre, ou 2° quelle opération a donné naissance à la lettre de change, est pur et simple.

4) Une lettre de change est valable, bien que :

a. — elle ne soit pas datée;

b. — ne spécifie pas la valeur donnée ou que valeur ait été donnée;

c. — ne spécifie pas le lieu de la création ou celui du payement.

Art. 4. — 1) Une lettre intérieure (*inland bill*) est celle qui est ou s'exprime comme étant (*purports to be*) et tirée et payable dans les Iles Britanniques, ou tirée dans les Iles Britanniques sur quelqu'un y résidant. Toute autre est extérieure (*foreign bill*).

Pour l'application de cette loi, on entend par Iles Britanniques, le Royaume-Uni de la Grande-Bretagne et de l'Irlande, les Iles de Man, de Guernesey, Jersey, Alderney, Serk et les îles voisines faisant partie de ces territoires soumis à Sa Majesté.

2) — A moins que la rédaction de la lettre n'indique le contraire, le porteur peut la considérer comme lettre intérieure.

Art. 5. — 1) Une lettre peut être tirée payable au tireur ou à son ordre; ou encore payable au tiré ou à son ordre.

2) — Le porteur d'une lettre dont le tireur et le tiré sont la même personne, ou le tiré personne fictive, ou n'ayant pas capacité de contracter, peut, à son choix, considérer l'écrit comme lettre de change ou billet de change.

Art. 6. — 1) Le tiré doit être nommé ou indiqué dans la lettre de change avec une certitude suffisante (*reasonable*).

2) Une lettre peut être tirée sur deux ou plusieurs personnes, qu'elles soient associées ou non; mais un ordre adressé d'une manière alternative à deux tirés, ou d'une manière successive à deux ou plusieurs tirés n'est pas une lettre de change.

Art. 7. — 1) Si la lettre n'est pas payable au porteur le preneur doit être nommé, ou autrement indiqué dans la lettre, avec une certitude suffisante.

2) Une lettre peut être libellée payable à deux ou plusieurs conjointement, ou d'une manière alternative à l'un des deux ou bien à une ou quelques-unes de plusieurs personnes. La lettre peut être aussi libellée payable au titulaire d'une fonction (*holder of an office*) tant qu'il l'exerce.

3) Peut être considérée comme payable au porteur la lettre dont le preneur est fictif ou n'existe pas.

Art. 8. — 1) Une lettre de change contenant prohibition de transfert, ou indiquant l'intention de la rendre non transmissible, est valable entre les parties contractantes, mais ne peut être négociée.

2) Une lettre négociable peut être payable à ordre ou au porteur.

3) Est payable au porteur, la lettre dont le libellé indique ce mode de payement, ou bien dont l'unique ou le dernier endossement est en blanc.

4) Est payable à ordre, la lettre dont le libellé indiqué

ce mode de payement, ou le payement à une personne déterminée, sans qu'aucune mention ne prohibe le transfert ou indique l'intention de rendre l'effet non transmissible.

5) Toute lettre payable, soit dans l'original, soit dans les endossements, à l'ordre d'une personne déterminée et non pas à elle ou à son ordre, est néanmoins payable à elle ou à son ordre, à son choix.

Art. 9 — 1) La somme payable sur lettre est considérée comme déterminée, bien qu'il soit requis de payer :

a. — avec intérêts;

b. — par fractions fixes;

c. — par fractions fixes, avec clause que le défaut de payement de l'une d'elles rendra le tout exigible;

d. — d'après un taux de change déterminé, ou à déterminer selon les indications contenues dans la lettre elle-même.

2) Si la somme à payer est indiquée en toutes lettres et en chiffres, en cas de différence dans ces deux mentions, celle en toutes lettres indique le véritable montant de la somme à payer.

3) Les intérêts d'une lettre payable avec intérêts courent, à moins d'énonciations contraires, de la date de la lettre; si elle n'est pas datée, du jour de son émission.

Art. 10. — 1) Une lettre est payable sur demande :

a. — qui est libellée payable sur demande, à vue ou sur présentation, ou

b. — qui ne mentionne pas l'époque du payement.

2) La lettre acceptée ou endossée après l'échéance doit être considérée vis-à-vis de celui qui accepte ou endosse dans de telles conditions comme payable sur demande.

Art. 11. — Une lettre est payable à une époque susceptible d'être déterminée quand elle est libellée payable :

1) A tant de délai de vue ou de date;

2) A tant de délai après l'arrivée d'un événement spécifié qui doit se réaliser certainement, bien que l'époque de sa réalisation soit incertaine.

Tout effet libellé comme payable sous condition de l'arrivée d'un cas fortuit (*contingency*) n'est pas une lettre, et la réalisation de ce cas fortuit n'efface pas ce vice.

Art. 12. — Si une lettre libellée payable à tant de délai de date est émise sans être datée, ou si l'acceptation d'une lettre payable à tant de délai de vue n'est pas datée, tout détenteur peut y insérer la vraie date de l'émission ou de l'acceptation, et la lettre est payable conformément à cette date.

Toutefois, quand par erreur et de bonne foi, le détenteur a inséré une date erronée, et, dans tous les cas où la date insérée est erronée, si la lettre postérieurement passe aux mains d'un détenteur régulier, elle n'est pas annulée par là même, mais produit tous ses effets et est payable comme si la date ainsi insérée était vraie.

Art. 13. — 1) Quand une lettre ou son acceptation, ou son endossement sont datés, la date, à moins de preuves contraires, est considérée comme étant bien celle de la lettre, de l'acceptation ou de l'endossement.

2) Est valable toute lettre, alors même qu'elle serait antidatée ou postedatée, ou qu'elle porterait comme date un dimanche.

Art. 14. — L'échéance d'une lettre non payable sur demande est fixée ainsi qu'il suit :

1) A moins qu'il n'en soit disposé autrement dans la teneur de la lettre, le délai fixé pour le payement est augmenté de trois jours, dits jours de grâce et la lettre devient due et payable le dernier jour de grâce. Toutefois,

a. — Quand le dernier jour de grâce tombe un dimanche, le jour de Noël, le Vendredi-Saint, un jour proclamé férié par la Reine, ou un jour d'actions de grâces publiques (*thanksgiving*), la lettre, excepté dans le cas suivant, est due et payable le jour ouvrable (*business day*) qui précède.

b. — Quand le dernier jour de grâce est un jour de fête des Banques (*bank holiday*) (autre que Noël ou le Vendredi-Saint), suivant l'Act de 1871 sur les *Bank Holidays* et autres lois qui l'ont amendé ou étendu, ou quand le troisième jour de grâce est un dimanche et le second un jour de fête des Banques, la lettre est due et payable le jour ouvrable suivant.

2) Si une lettre est payable à tant de délai de date, de vue, ou après l'arrivée d'un événement déterminé, on ne compte pas, dans le délai donné pour le payement, le jour où il commence à courir, mais on compte le jour même du payement.

3) L'échéance d'une lettre payable à tant de délai de vue commence à courir du jour de l'acceptation s'il y en a une, et du jour du constat (*noting*) ou protêt, s'il y y eu constat ou protêt de la lettre faute d'acceptation ou faute de délivrance (*delivery*).

4) Le mot « mois » dans une lettre, s'entend du mois du calendrier (*calendar month*).

Art. 15. — Tout tireur ou endosseur d'une lettre peut indiquer une personne à qui le détenteur pourra s'adresser au besoin (*in case of need*) c'est-à-dire lorsque la lettre a subi un refus d'acceptation ou de payement (*dishonoured*). Une telle personne se nomme *referee in case of need* (recommandataire). Le détenteur est libre de recourir ou non contre ce recommandataire.

Art. 16. — Tout tireur ou endosseur d'une lettre peut insérer une stipulation expresse :

1) Limitant sa responsabilité envers le détenteur ou s'en dégageant ;

2) Relevant le détenteur, en tout ou en partie, de ses obligations envers lui.

Art. 17. — 1) L'acceptation d'une lettre vaut signification par le tiré de son assentiment à l'ordre du tireur.

2) L'acceptation pour être valable doit remplir les conditions suivantes :

a. — être écrite sur la lettre et signée du tiré. Sa simple signature, sans autre mention, est suffisante.

b). — ne pas contenir de clause disant que le tiré pourra exécuter son engagement par autre moyen que le payement en numéraire.

Art. 18. — Une lettre peut être acceptée :

1) Avant d'avoir été signée par le tireur ou alors même que pour toute autre cause elle n'est pas parfaite (*incomplete*);

2) Quand elle est échue (*overdue*), ou a subi un refus d'acceptation ou de payement.

3) Quand la lettre, étant payable à tant délai de vue, subit un refus d'acceptation et est acceptée postérieurement par le tiré, le détenteur, en l'absence de tout arrangement différent, a droit d'exiger que cette acceptation soit datée comme si elle avait été donnée lors de la première présentation au tiré pour l'acceptation.

Art. 19. — 1) Une acceptation est générale ou modifiée (*qualified*).

2) Par une acceptation générale on donne sans restriction son consentement à l'ordre du tireur. Une acceptation modifiée en termes exprès modifie l'effet de la rédaction primitive de la lettre.

Particulièrement, l'acceptation est modifiée quand :

a. — elle est conditionnelle, c'est-à-dire soumet le payement par l'accepteur à l'accomplissement d'une condition y insérée.

b. — elle est partielle, c'est-à-dire ne promet le payement que de partie du montant de la lettre;

c. — elle est locale, c'est-à-dire ne promet le payement que dans un seul lieu expressément désigné.

L'acceptation de payer en un lieu désigné est générale, s'il n'est pas mentionné expressément que la lettre ne peut être payée qu'en ce lieu et non dans un autre.

d. — elle est modifiée quant à l'époque.

e. — il n'y a acceptation que d'un ou plusieurs tirés, mais non de tous.

Art. 20. — 1) Quand une simple signature est donnée en blanc par le signataire sur une feuille de papier timbré afin d'en permettre la conversion en une lettre de change, on est autorisé par présomption (*prima facie*) à libeller sur cette feuille une lettre parfaite (*complete*), jusqu'à concurrence de la somme pour laquelle le timbre est valable, se servant de la signature comme si elle était celle du tireur, de l'accepteur ou de l'endosseur; et, de même, celui qui est en possession d'une lettre contenant quelque omission essentielle, est autorisé, par présomption, à combler l'omission comme il le jugera convenable.

2) Pour qu'une telle lettre ainsi complétée permette d'agir contre une personne qui y est devenue partie avant sa perfection, il faut qu'elle soit remplie dans un délai convenable en se conformant strictement à l'autorisation (*authority*) donnée. En cette matière, le délai convenable (*reasonable*) est une question de fait.

Toutefois, si un tel écrit est négocié après sa perfection à un détenteur régulier, il est valable et produit entre ses mains tous ses effets, et ce détenteur pourra en exiger l'exécution comme s'il avait été rempli dans un délai convenable et en stricte conformité avec l'autorisation donnée.

Art. 21. — 1) Tout contrat né de la lettre de change, qu'il s'agisse de l'émission, de l'acceptation ou de l'endossement, est imparfait et révocable jusqu'à délivrance du titre en vue de lui donner effet.

Toutefois, quand il y a acceptation libellée sur la lettre et que le tiré notifie au titulaire qu'il a accepté, ou que notification est faite conformément à ses instructions, celle-là devient parfaite et irrévocable.

2) Entre les parties immédiates et envers un tiers autre que le détenteur régulier, la délivrance

a. — pour produire son effet, doit être faite par le tireur, l'accepteur, l'endosseur, suivant le cas, ou en vertu de leur autorisation;

b. — peut être prouvée avoir été conditionnelle ou limitée à un but spécial et non faite dans le but de transférer la propriété de la lettre.

Mais si la lettre est entre les mains d'un détenteur régulier, la délivrance valable du titre par toutes les parties qui le précèdent de façon à les lier vis-à-vis de lui est une présomption inattaquable.

3) Quand la lettre n'est plus entre les mains de la partie qui l'a signée comme tireur, accepteur, endosseur, on doit présumer, jusqu'à preuves contraires, qu'il y a de sa part délivrance valable pure et simple.

De la capacité et du mandat.

Art. 22. — 1) La capacité de s'engager par lettre de change est corrélative à la capacité de contracter.

Toutefois rien dans cet article n'habilitera une corporation à s'engager comme tireur, accepteur ou endosseur d'une lettre, à moins qu'elle n'en soit rendue capable par les lois en vigueur sur les corporations.

2) Quand une lettre est tirée ou endossée par un mineur ou une corporation n'ayant pas capacité ou pouvoir de s'engager par lettre, l'émission ou l'endossement donnent au détenteur droit de recevoir payement

de la lettre, et lui permettent d'agir contre toute autre partie contractante.

Art. 23. — Personne n'est responsable comme tireur, endosseur ou accepteur d'une lettre qui ne l'a pas signée comme tel, toutefois :

1) Si une personne signe une lettre d'un nom commercial ou supposé (*assumed*), elle est liée ainsi comme si l'effet avait été signé de son propre nom.

2) La signature sous la raison sociale vaut signature de tous les noms de ceux engagés comme associés (*partners*) sous cette raison.

Art. 24.—Sans déroger aux dispositions de cette loi, si une signature sur une lettre est fausse ou y est placée sans l'autorisation de la personne qui est présentée comme l'ayant autorisée (*without the authority of the person whose signature it purports to be*), cette signature fausse ou non autorisée est sans effet, et aucun droit de garder la lettre, d'en donner décharge, ou d'en requérir le payement contre toute partie ne peut être conféré par cette signature, à moins que la partie contre laquelle on veut détenir la lettre ou à qui on demande le payement ne soit pas admise à opposer le faux ou l'absence d'autorisation.

Toutefois rien dans cet article n'affecte la ratification d'une signature non autorisée, à moins qu'il n'y ait eu faux.

Art. 25. — Une signature par procuration vaut notification que le mandataire n'a que l'autorisation limitée de signer, et le commettant (*principal*) n'est lié par cette signature que si le mandataire, en signant, a agi dans les limites de son mandat.

Art. 26. — 1) Si une personne signe une lettre comme tireur, endosseur ou accepteur, et mentionne en signant qu'elle le fait au nom ou pour le compte d'un commettant (*for or on behalf of a principal*) ou par représentation, elle n'est pas liée personnellement : mais la simple addition à la signature de mots indiquant une qualité de mandataire ou de représentant ne la dégage pas de son obligation propre.

2) Quand il s'agit de savoir si la signature donnée sur une lettre est celle du commettant ou du mandataire qui l'a écrite de sa main, on admet l'interprétation la plus favorable à la validité de la lettre.

De la cause.

Art. 27. — 1) Cause de valeur (*valuable consideration*) pour une lettre, peut être constituée :

a. — par toute cause suffisante pour donner validité à un contrat simple.

b. — par une dette ou obligation préexistantes. Une telle dette ou obligation est cause de valeur que la lettre soit payable sur demande ou à une date future.

2) Si valeur a été à un moment quelconque fournie pour une lettre, le détenteur est considéré comme détenteur contre valeur vis-à-vis de l'accepteur et de toutes parties à la lettre de change devenues telles avant ce moment.

3) Le détenteur d'une lettre qui a un droit de rétention (*lien*), né soit d'un contrat soit de la loi, est considéré comme détenteur contre valeur jusqu'à concurrence de la somme pour laquelle il peut exercer ce droit.

Art. 28. — 1) Est partie à une lettre de complaisance (*an accommodation party*) toute personne qui a signé la lettre comme tireur, accepteur ou endosseur sans avoir reçu valeur, et dans le but de prêter son nom à une autre.

2) Toute partie à une lettre de complaisance est *liée* par cette lettre vis-à-vis du détenteur contre valeur; et il importe peu que le détenteur, quand il a pris la lettre,

ait su ou non que la partie était telle par complaisance.

Art. 29. — 1) On est détenteur régulier (*in due course*) quand on a pris une lettre dont la rédaction est en règle et parfaite, dans les conditions suivantes :

a. — on en est devenu détenteur avant échéance et sans avertissement qu'elle ait subi un refus d'acceptation ou de payement, si un tel refus a eu lieu.

b. — on a pris la lettre de bonne foi et contre valeur et on n'a été avisé, au moment de la négociation, d'aucun vice affectant les droits du cédant.

2) Particulièrement, le titre de la personne qui a négocié la lettre est affecté de vices quand elle a obtenu la lettre ou son acceptation par fraude, violence ou autres manœuvres contraires à la loi, ou pour une cause illicite, ou quand la négociation constitue un abus de confiance, ou est accomplie dans de telles circonstances qu'elle constitue une fraude.

3) Un détenteur (contre valeur ou non) qui tient son titre d'un détenteur régulier, et ne s'est pas lui-même associé à aucun acte frauduleux ou illégal, a tous les droits de ce détenteur régulier contre l'accepteur et tous ceux parties à la lettre de change, antérieurement audit détenteur.

Art. 30. — 1) Toute partie dont la signature figure sur une lettre est présumée l'être devenue contre valeur.

2) Tout détenteur d'une lettre est présumé détenteur régulier ; mais cette présomption change si, dans le courant de l'instance, il est prouvé ou admis que l'acceptation, l'émission ou la négociation postérieure sont entachées de fraude, de violence ou d'illégalité, à moins et jusqu'à ce que le détenteur prouve que, postérieurement à la fraude ou l'illégalité, valeur a de bonne foi été donnée pour la lettre.

De la négociation.

Art. 31. — 1) Une lettre est négociée quand elle est tranférée d'une personne à une autre de manière à constituer le cessionnaire détenteur de la lettre.

2) Une lettre payable au porteur se négocie par délivrance.

3) Une lettre payable à ordre se négocie par l'endossement du détenteur avec délivrance de la lettre.

4) Si le détenteur d'une lettre payable à son ordre la transfère contre valeur sans l'endosser, ce transfert investit le cessionnaire des mêmes droits qu'avait le transférant sur la lettre et l'autorise en outre à requérir de celui-ci l'endossement.

5) Toute personne dans l'obligation d'endosser une lettre par représentation peut le faire en tels termes la dégageant de toute responsabilité.

Art. 32. — Un endossement, pour opérer négociation valable, doit être fait dans les formes suivantes :

1) Il doit être écrit sur la lettre même et signé de l'endosseur. La simple signature de l'endosseur, sans l'adjonction d'aucune autre mention, est suffisante.

L'endossement écrit sur une allonge ou une copie de la lettre émise ou négociée dans un pays où les copies sont admises est considéré comme écrit sur la lettre elle-même

2) L'endossement doit porter sur la valeur totale de la lettre de change. Un endossement partiel, c'est-à-dire qui se présenterait comme ne transférant à l'endossataire qu'une partie du montant de la somme à payer, ou ne transférant la lettre qu'à deux ou quelques-uns de plusieurs bénéficiaires, ne constitue pas négociation de la lettre.

3) Si la lettre est payable à l'ordre de deux ou plusieurs bénéficiaires ou preneurs qui ne sont pas asso-

ciés, tous doivent faire l'endossement à moins que l'un d'eux n'ait autorisation de le faire pour tous.

4) Quand, dans une lettre payable à ordre, le nom du bénéficiaire ou preneur est inexact ou mal orthographié, celui-ci peut endosser une telle lettre, suivant l'indication y contenue, ajoutant, s'il le juge utile, sa propre signature.

5) S'il y a sur une lettre de change deux ou plusieurs endossements, chaque endossement est considéré comme ayant été fait dans l'ordre apparent à moins de preuves contraires.

6) Un endossement peut être en blanc ou spécial. Il peut aussi contenir des restrictions.

Art. 33. — Quand une lettre est revêtue d'un endossement qui se présente comme conditionnel, le payeur peut ne pas tenir compte de cette condition et le payement fait à l'endossataire sera valable, qu'elle se soit ou non réalisée.

Art. 34. — 1) Un endossement en blanc ne spécifie aucun endossataire, et une lettre ainsi endossée devient payable au porteur.

2) Un endossement spécial spécifie la personne à qui ou à l'ordre de qui la lettre est payable.

3) Les dispositions de cette loi relatives au preneur s'appliqueront, sous les modifications nécessaires, à l'endossataire par endossement spécial.

4) Tout porteur d'une lettre de change endossée en blanc, peut convertir cet endossement en un endossement spécial en écrivant au-dessus de la signature de l'endosseur, l'ordre de payer à lui-même ou à son ordre ou à celui d'une autre personne.

Art. 35. — 1) Est restrictif l'endossement qui interdit toute négociation postérieure ou exprime qu'il y a là simple autorisation de négocier la lettre ainsi qu'il y est indiqué, et non pas transfert de la propriété; quand, par exemple, la lettre est ainsi endossée « Payez à D...

seul » ou « Payez à D... pour le compte de X..., » ou « Payez à D... ou à son ordre pour encaissement (*for collection*) ».

2) Un endossement restrictif confère à l'endossataire le droit de recevoir payement de la lettre et de poursuivre toute partie que l'endosseur aurait pu poursuivre, mais sans lui donner faculté de transférer ses droits comme endossataire à moins qu'il ne soit autorisé spécialement à le faire.

3) Si un endossement restrictif autorise un transfert postérieur, tous les endossataires qui suivront jouiront, en recevant la lettre, des mêmes droits et seront soumis aux mêmes obligations que le premier endossataire par l'endossement restrictif.

Art. 36. — 1) Une lettre négociable à l'origine reste telle tant qu'il n'y a pas eu : 1° endossement restrictif ou 2° décharge par suite de payement ou autrement.

2) Si une lettre échue est négociée, elle ne peut l'être qu'en restant sujette à tout vice de titre l'affectant lors de son échéance et par suite, la personne qui la reçoit ne peut acquérir ou transmettre plus de droits que n'en avait celle des mains de qui elle la tient.

3) Une lettre de change payable sur demande est considérée comme échue, d'après l'intention de cet article, quand il est évident qu'elle a été en circulation pendant une période de temps exagérée (*unreasonable*). C'est une question de fait que de savoir ce qui constitue une période de temps exagérée.

4) Excepté dans le cas où l'endossement porte une date postérieure à l'échéance de la lettre, toute négociation est présumée avoir été faite avant que ladite lettre fût échue.

5) Celui qui, en ayant eu notification, reçoit une lettre non échue qui a été déshonorée, la reçoit entachée de tout vice de titre l'affectant lors du « déshonneur » ; mais rien dans cet alinéa ne touche aux droits du détenteur régulier.

Art. 37. — Toute lettre négociée de nouveau au tireur, à un endosseur antérieur, ou à l'accepteur, peut de nouveau, sans qu'il y ait dérogation aux dispositions de cette loi, être mise par eux en circulation et négociée; mais ils ne sont pas en droit de requérir le payement de la lettre de celui vis-à-vis de qui ils étaient liés auparavant.

Art. 38. — Les droits et pouvoirs du détenteur sont :

1) De pouvoir, en vertu de la lettre, poursuivre en son propre nom;

2) S'il est détenteur régulier, de détenir la lettre affranchie de tous vices de titre des parties le précédant, aussi bien que de tous les moyens de défense que ces parties pourraient invoquer entre elles, et d'en pouvoir exiger le payement de tous ceux qui sont liés par la lettre de change.

3) Quand le détenteur, dont le titre est affecté de quelque vice, a négocié la lettre à un détenteur régulier, celui-ci acquiert un droit valable et parfait sur la lettre et, s'il obtient payement de la lettre de change, la personne qui lui aura payé régulièrement est valablement libérée.

Des obligations générales du détenteur.

Art. 39. — 1) La présentation à l'acceptation d'une lettre payable à un certain délai de vue est nécesaire pour fixer la date de l'échéance.

2) Quand il est expressément stipulé dans la lettre de change qu'elle sera présentée à l'acceptation, ou quand elle est tirée payable ailleurs qu'à la résidence ou au siège d'affaires du tiré, elle doit être présentée à l'acceptation avant de l'être pour le payement.

3) Dans aucun autre cas, la présentation à l'acceptation n'est nécessaire pour lier toute partie à la lettre de change.

4) Le détenteur d'une lettre de change, tirée payable autre part qu'au lieu de résidence ou d'affaires du tiré, qui n'a pas eu le temps, malgré toutes diligences, de la présenter à l'acceptation avant la présentation au payement au jour de l'échéance, est excusé du retard qu'entraînerait la présentation à l'acceptation avant la présentation au payement, et ce retard ne constitue pas décharge au profit du tireur et des endosseurs.

Art. 40. — 1) Sans déroger aux dispositions de cette loi, quand une lettre de change payable à un certain délai de vue est négociée, le détenteur doit soit la présenter à l'acceptation, soit la négocier dans un délai raisonnable.

2) S'il en est autrement, le tireur et tous les endosseurs précédant ce détenteur sont libérés.

3) Pour déterminer ce qu'il faut entendre par délai raisonnable, on devra tenir compte de la nature de la lettre de change, des usages du commerce relativement aux effets du même genre et des circonstances particulières.

Art. 41. — 1) Une lettre de change est valablement présentée à l'acceptation qui est présentée conformément aux règles suivantes :

a. La présentation doit être faite par ou au nom du détenteur, au tiré ou toute autre personne autorisée à accepter ou refuser l'acceptation, à une heure convenable, un jour ouvrable et avant que l'échéance de la lettre de change soit arrivée.

b. La présentation d'une lettre de change tirée sur deux ou plusieurs personnes qui ne sont pas associées doit être faite à chacune d'elles, à moins que l'une n'ait autorisation d'accepter pour toutes ; auquel cas, la présentation à cette seule personne suffit.

c. Si le tiré est mort, la présentation peut être

faite à son représentant personnel (*personal representative*).

d. Si le tiré est en faillite, la présentation peut être faite à lui ou au représentant de la faillite (*trustee*).

e. Quand l'usage ou une convention l'autorise, la présentation par la poste suffit.

2) La présentation conforme aux règles précédentes n'est pas exigée et la lettre de change n'est pas considérée comme ayant subi un refus d'acceptation :

a. — si le tiré est mort ou en faillite ou n'est qu'une personne fictive, ou frappée de l'incapacité de contracter par lettre de change;

b. — si, malgré toutes diligences faites, la présentation n'a pu avoir lieu;

c. — si, bien que la présentation ait été irrégulière, le refus d'acceptation est basé sur un autre motif.

3) Le fait que le détenteur a lieu de croire que, sur présentation, la lettre subira un refus, ne le dispense pas de cette présentation.

Art. 42. — Lorsqu'une lettre de change a été dûment présentée à l'acceptation, et n'a pas été acceptée dans le délai d'usage, la personne qui l'a présentée doit la traiter comme ayant subi un refus d'acceptation. Si elle ne le fait pas, le détenteur perd son droit de recours contre le tireur et les endosseurs.

Art. 43. — 1) Une lettre de change est considérée comme ayant subi un refus d'acceptation :

a. — quand dûment présentée à l'acceptation, celle-ci, telle qu'elle est prescrite par cette loi, a été refusée ou n'a pu être obtenue; ou

b. — quand la présentation à l'acceptation n'est pas exigée, et que la lettre de change n'a pas été acceptée.

2) Sans déroger aux dispositions de cette loi, le détenteur d'une lettre qui a subi un refus d'acceptation, acquiert un droit immédiat de recours contre le tireur et les endosseurs, et la présentation au payement n'est pas nécessaire.

Art. 44. — 1) Le détenteur d'une lettre de change peut refuser de recevoir une acceptation modifiée (*qualified*), et s'il n'obtient pas une acceptation générale il peut traiter la lettre comme si elle avait subi un refus d'acceptation.

2) Si on a reçu une acceptation modifiée et que le tireur ou l'endosseur n'ait pas autorisé implicitement ou expressément le détenteur à recevoir une telle acceptation, ou n'y donne pas postérieurement son consentement, il est libéré de toutes ses obligations nées de la lettre de change.

Les dispositions de cet alinéa ne s'appliquent pas à une acceptation partielle dont notification a été dûment faite. Toute lettre de change étrangère acceptée pour partie doit être protestée pour le surplus.

3) Le tireur ou l'endosseur d'une lettre de change qui a reçu avis d'une acceptation modifiée, et n'informe pas le détenteur, dans le délai raisonnable, de son opposition est considéré comme l'ayant ratifiée.

Art. 45. — Sans déroger aux dispositions de cette loi, une lettre doit être dûment présentée au payement. Autrement, le tireur et l'endosseur seront libérés.

Une lettre de change est dûment présentée au payement qui l'est d'après les règles suivantes :

1) La présentation d'une lettre non payable sur demande doit être faite au jour de l'échéance.

2) Lorsque la lettre est payable sur demande, alors et conformément aux dispositions de cette loi, la présentation doit être faite dans un délai raisonnable de son émission pour lier le tireur, et dans un délai raisonnable de son endossement pour lier l'endosseur.

Pour déterminer ce qu'il faut entendre par délai raisonnable on devra tenir compte de la nature de la lettre de change, des usages du commerce et des circonstances particulières.

3) La présentation doit être faite par le détenteur ou un tiers autorisé à recevoir le payement en son nom, à une heure convenable, un jour ouvrable, au lieu propre, tel qu'il est défini ci-après, soit à la personne désignée comme payeur, soit à toute autre autorisée à payer ou à refuser le payement en son nom si, avec diligence suffisante, une telle personne peut y être rencontrée.

4) Une lettre de change est présentée au lieu propre :

a. — si le lieu du payement est spécifié en la lettre de change, et qu'elle soit présentée en ce lieu ;

b. — s'il n'y a pas désignation d'un lieu pour le payement, mais si l'adresse du tiré ou accepteur est mentionnée et que la lettre y soit présentée ;

c. — s'il n'y a mention ni d'un lieu de payement, ni de l'adresse, et que la lettre de change soit présentée au siège habituel d'affaires, s'il est connu, du tiré ou accepteur, et s'il ne l'est pas, à sa résidence habituelle si on en a connaissance ;

d. — dans tous les autres cas, si présentation est faite au tiré ou accepteur là où il est rencontré, ou au dernier lieu connu de ses affaires ou de sa résidence.

5) Il ne sera pas nécessaire de faire une nouvelle présentation au tiré ou accepteur, d'une lettre de change présentée en lieu propre si, malgré toutes diligences nécessaires, on n'a pu y rencontrer aucune personne autorisée à payer ou refuser le payement.

6) Si une lettre est tirée sur deux ou plusieurs personnes, qui ne sont pas associées, ou acceptée par elles, sans qu'il y ait indication de lieu pour le payement, la présentation doit être faite à chacune d'elles.

7) En cas de décès du tiré ou accepteur d'une lettre de

change, s'il n'y a pas indication de lieu pour le payement, la présentation doit être faite à un représentant personnel, s'il y en a un, et qu'on puisse le trouver après diligences raisonnables.

8) Si elle est autorisée par l'usage ou une convention, la présentation par entremise de la poste est suffisante.

Art. 46. — 1) Le retard dans la présentation est excusé (*excused*) quand il est causé par des circonstances indépendantes du détenteur, et non imputables à sa faute, mauvaise conduite ou négligence. La cause du retard disparaissant, la présentation doit être faite avec toutes diligences suffisantes.

2) On est dispensé de la présentation au payement :

a. — quand, après toutes diligences raisonnables, la présentation prescrite par cette loi n'a pu être faite.

Le fait que le détenteur a lieu de croire que la lettre de change subira, à sa présentation, un refus ne le dispense pas de la nécessité de cette présentation.

b. — quand le tiré est personne fictive.

c. — en ce qui concerne le tireur ; quand le tiré ou accepteur n'est pas obligé envers lui à accepter ou payer la lettre, et que le tireur n'a pas de raison pour croire qu'il y aurait payement si on la présentait.

d. — en ce qui concerne un endosseur ; quand la lettre a été faite ou acceptée par complaisance pour cet endosseur, et qu'il n'a pas de raison pour espérer que payement serait obtenu si on la présentait.

e. — s'il y a dispense de présentation expresse ou tacite.

Art. 47. — 1) Une lettre de change est « déshonorée » faute de payement (*dishonoured by non-payment*) (*a*) quand elle a été dûment présentée au payement et que celui-ci a été refusé ou n'a pu être obtenu, ou (*b*) quand le défaut de présentation est excusé et que la lettre de change est échue et reste impayée.

2) Sans déroger aux dispositions de cette loi, le détenteur d'une lettre qui a subi un refus de payement a contre le tireur ou les endosseurs un droit de recours immédiat.

Art 48. — Sans déroger aux dispositions de cette loi, si une lettre de change a subi un refus d'acceptation ou de payement, notification de ce refus doit être faite au tireur et à chaque endosseur; tout tireur ou endosseur à qui notification n'a pas été faite est libéré. Toutefois :

1) Si la lettre a subi un refus d'acceptation, et que notification n'en soit pas faite, les droits du détenteur régulier devenu tel postérieurement à cette omission, restent cependant intacts.

2) Si la lettre a subi un refus d'acceptation et qu'il y en ait due notification, il n'est pas nécessaire de notifier le refus de payement, à moins que, dans l'intervalle, la lettre n'ait été acceptée.

Art. 49. — La notification du refus, pour être valable et effective, doit être faite conformément aux règles suivantes :

1) Notification doit être faite par ou au nom du détenteur, ou par ou au nom d'un endosseur qui, à ce moment, est lui-même lié par la lettre de change.

2) Notification peut être faite par un mandataire, soit en son propre nom, soit au nom de celui qui est en droit de faire notification, que ce soit ou non son commettant.

3) La notification faite par ou au nom du détenteur profite à tous les détenteurs subséquents et à tous les endosseurs antérieurs, qui ont un droit de recours contre celui à qui notification est faite

4) La notification faite par ou au nom d'un endosseur, à qui cela revient *(entitled to give notice)*, ainsi qu'il est

réglé ci-dessus, profite au détenteur et à tous les endosseurs venant après celui qui a reçu notification.

5) Notification peut être faite par écrit ou verbalement dans tous termes précisant suffisamment la lettre de change, et intimant qu'elle a subi un refus d'acceptation ou de payement.

6) Le retour au tireur ou endosseur de la lettre de change qui a subi un refus constitue, quant à la forme, notification suffisante du refus.

7) La notification faite par écrit n'a pas besoin d'être signée, et celle faite par écrit, mais incomplète, peut être complétée et rendue valable par une communication verbale. Une description erronée de la lettre de change ne vicie pas la notification, à moins que celui qui la reçoit n'ait été ainsi induit en erreur.

8) S'il est requis que notification du refus soit faite à une personne déterminée, on peut la faire soit à cette personne même, soit à son mandataire à cet effet.

9) Le tireur ou l'endosseur étant morts, celui qui notifie peut, s'il en a connaissance, aviser le représentant personnel quand il y en a un et, qu'après toutes diligences suffisantes, on a pu le trouver.

10) Lorsque le tireur ou l'endosseur sont en faillite, notification pourra être faite à eux personnellement ou au représentant de la faillite (*trustee*).

11) S'il y a deux ou plusieurs tireurs ou endosseurs non associés, notification doit être faite à chacun d'eux, à moins que l'un n'ait autorisation de la recevoir pour les autres.

12) Notification peut être donnée aussitôt après le refus d'accepter ou de payer, et doit l'être dans un délai convenable.

En l'absence de circonstances spéciales, la notification n'est pas considérée comme donnée dans un délai convenable, à moins que :

a. — celui qui fait et celui qui doit recevoir notification résidant au même lieu, la notification ne soit faite ou envoyée à temps pour être reçue au plus tard le lendemain du refus.

b. — celui qui fait et celui qui doit recevoir notification résidant en des lieux différents, la notification ne soit envoyée le lendemain du jour où la lettre a été « déshonorée », s'il y a ce jour-là une levée convenable de la poste ; s'il n'y en a pas, par la levée suivante.

13) Le mandataire qui a entre les mains une lettre de change « déshonorée » peut le notifier soit aux parties obligées par la lettre, soit à son commettant. Quand il fait notification à son commettant, il doit agir dans le même délai que s'il était le détenteur et, au reçu de la notification, le commettant aura pour faire notification les mêmes délais que si son représentant était propre (*independent*) détenteur.

14) Toute partie à une lettre de change qui a dûment reçu notification du refus d'acceptation ou de payement a, au reçu de cette notification, même délai pour faire notification aux parties qui le précèdent qu'a le détenteur lui-même après ledit refus.

15) La notification du refus d'acceptation ou de payement dûment adressée par la poste sera considérée comme faite valablement malgré toute faute de la poste.

Art. 50. — 1) On ne tiendra pas compte du retard dans l'envoi de la notification du refus, si ce retard est dû à des circonstances indépendantes de la volonté de celui qui doit notifier et s'il n'y a aucune faute, mauvaise conduite ou négligence à lui imputer. La cause du retard disparaissant, notification doit être faite avec toutes diligences raisonnables.

2) Il y a dispense de notifier le déshonneur de la lettre :

a. — quand, après avoir fait les diligences raisonnables (*reasonable*), la notification, telle qu'elle est exigée par la présente loi, n'a pu être faite ou n'est pas parvenue au tireur ou à l'endosseur que l'on veut lier.

b. — quand il y a renonciation expresse ou tacite. Cette renonciation peut être donnée soit avant l'époque où notification doit être faite, soit postérieurement à son omission.

c. — en ce qui concerne le tireur; dans les cas suivants, savoir :

1° quand le tireur et le tiré sont la même personne ;

2° quand le tiré est personne fictive, ou n'ayant pas capacité de contracter ;

3° quand c'est au tireur que la lettre de change est présentée pour le payement ;

4° quand le tiré ou accepteur n'est pas obligé, vis-à-vis du tireur, à accepter ou payer la lettre de change ;

5° quand le tireur a donné contre-ordre au payement.

d. — en ce qui concerne l'endosseur ; dans les cas suivants, savoir :

1° quand le tiré est personne fictive ou n'ayant pas capacité de contracter, et que l'endosseur en avait connaissance lors de son endossement ;

2° quand l'endosseur est la personne à qui la lettre de change est présentée au payement ;

3° quand la lettre a été tirée ou acceptée par complaisance pour lui.

Art. 51. — 1) Si une lettre de change intérieure a été « déshonorée », et qu'il le juge utile, le détenteur peut faire constater le défaut d'acceptation ou de payement, selon le cas ; mais il n'est pas nécessaire de dresser un constat (*to note*) ou de protester une telle lettre pour conserver son droit de recours contre le tireur ou l'endosseur.

2) Une lettre de change extérieure, paraissant telle d'après sa teneur, qui a subi un refus d'acceptation, doit être dûment protestée faute d'acceptation; et la lettre qui, n'ayant pas antérieurement subi un refus d'acceptation, a subi un refus de payement doit être dûment protestée faute de payement.

En l'absence de ce protêt, le tireur et les endosseurs sont libérés. Si, par sa teneur, il ne paraît pas qu'une lettre soit étrangère, le protêt en cas de déshonneur n'est pas nécessaire.

3) La lettre protestée faute d'acceptation peut ultérieurement être protestée faute de payement.

4) Sans déroger aux dispositions de cette loi, quand il y a lieu à constat ou protêt d'une lettre, le constat doit être fait le jour même du déshonneur. Le constat dûment dressé, le protêt peut postérieurement être rédigé comme du jour du constat.

5) Lorsque l'accepteur d'une lettre de change tombe en faillite, ou devient insolvable, ou suspend ses payements avant l'échéance, le détenteur peut faire protester la lettre de change pour plus ample garantie contre le tireur et les endosseurs (*for better security*).

6) La lettre doit être protestée au lieu même où elle a été déshonorée; toutefois,

a. — quand la lettre de change est présentée par l'entremise de la poste, et retournée, après refus, par la poste, on peut la protester au lieu du retour et le jour de ce retour, si elle est reçue aux heures d'affaires; si elle n'est pas reçue aux heures d'affaires, au plus tard le jour ouvrable suivant.

b. — quand une lettre payable au siège d'affaires ou au lieu de résidence d'une personne autre que le tiré, a subi un refus d'acceptation, on doit la protester faute de payement au lieu même où elle est mentionnée payable, et il n'y a pas nécessité de présentation ou demande au tiré.

7) Le protêt doit contenir copie de la lettre de change, être signé du notaire qui l'a rédigé et mentionner expressément :

a. — La personne à la requête de qui la lettre de change est protestée ;

b. — le lieu et la date du protêt, le motif ou la raison de le dresser, la demande faite et la réponse reçue s'il y en a, ou le fait que le tiré ou accepteur n'a pas été trouvé.

8) Le protêt d'une lettre de change perdue, détruite ou détenue à tort au détriment de la personne qui y a droit, peut être fait sur une copie ou des renseignements écrits.

9) Il y a dispense de protêt dans toutes circonstances qui rendraient inutile la notification du déshonneur. Le retard à dresser le constat ou le protêt est excusé quand il est dû à des circonstances indépendantes du détenteur et qu'on ne peut imputer à celui-ci ni faute, ni mauvaise gestion, ni négligence. Quand la cause du retard disparaît, le constat ou le protêt doit être fait avec toutes diligences convenables.

Art. 52. — 1) La présentation au payement d'une lettre de change acceptée purement et simplement (*generally*) n'est pas nécessaire pour lier l'accepteur.

2) Quand, aux termes d'une acceptation modifiée, la présentation au payement est nécessaire, l'accepteur, en l'absence d'une disposition expresse à cet effet, n'est pas libéré par le défaut de présentation au payement au jour de l'échéance.

3) Il n'est pas nécessaire, pour lier l'accepteur d'une lettre de change, de la protester ou de lui faire notification du déshonneur.

4) Le détenteur d'une lettre de change, qui l'a présentée au payement, doit l'exhiber à la personne à qui il demande le payement; la lettre de change payée, le détenteur doit en faire délivrance à celui qui a payé.

Des obligations des parties.

Art. 53. — 1) Une lettre de change par elle-même ne vaut pas comme cession (*assignment*) entre les mains du tiré, des fonds propres à être appliqués au payement de cette lettre ; et le tiré qui n'accepte pas comme il est exigé par la présente loi, n'est pas lié par cet écrit. Cet alinéa ne s'applique pas à l'Ecosse.

2) En Ecosse, quand le tiré d'une lettre de change a entre ses mains des fonds propres à être appliqués au payement, la lettre vaut cession de la somme pour laquelle on tire en faveur du détenteur, du jour où la lettre a été présentée au tiré.

Art. 54. — L'accepteur de la lettre de change, en acceptant :

1) s'engage à payer conformément à la teneur de son acceptation ;

2) n'est pas admis à contester au détenteur régulier :

a. — l'existence du tireur, l'authenticité de sa signature, sa capacité ou l'autorisation qu'il avait de tirer la lettre de change ;

b. — dans le cas d'une lettre de change payable à l'ordre du tireur, la capacité du tireur à endosser, mais non l'authenticité ou la validité de son endossement ;

c. — dans le cas d'une lettre de change payable à l'ordre d'une tierce personne, l'existence du bénéficiaire (*payee*) et sa capacité d'endosser, mais non l'authenticité et la validité de son endossement.

Art. 55. — 1) Le tireur d'une lettre de change, en l'émettant :

a. — promet que, sur due présentation, la lettre sera acceptée et payée suivant sa teneur, et s'engage, si elle subit un refus, à indemniser le détenteur ou l'endosseur qui aura été forcé de l'acquitter, pourvu que les formalités nécessaires en cas de déshonneur aient été dûment remplies;

b. — n'est pas admis à contester au détenteur régulier l'existence du bénéficiaire et sa capacité d'endosser.

2) L'endosseur d'une lettre de change, en l'endossant :

a. — promet que, sur présentation régulière, la lettre sera acceptée et payée selon sa teneur; et, dans le cas où elle subirait un refus, s'engage à indemniser le détenteur ou l'endosseur postérieur qui aurait été forcé de l'acquitter, pourvu que les formalités requises en cas de déshonneur aient été dûment remplies;

b. — n'est pas admis à contester au détenteur régulier l'authenticité et la régularité de la signature du tireur et des endosseurs antérieurs.

c. — n'est pas admis à contester à l'endossataire, immédiat ou postérieur, l'existence et la validité de la lettre de change lors de l'endossement ni la régularité de son titre.

Art. 56. — Celui qui signe une lettre de change autrement que comme tireur ou accepteur, est soumis à toutes les obligations d'un endosseur vis-à-vis d'un détenteur régulier.

Art. 57. — Si une lettre de change est déshonorée, le montant des dommages-intérêts, considérés comme somme pénale, se détermine ainsi :

1) Le détenteur peut recouvrer sur toute partie liée en vertu de la lettre de change; le tireur qui a été obligé de payer la lettre, peut recouvrer sur l'accepteur; l'endosseur qui a été forcé de payer la lettre peut recouvrer sur l'accepteur ou le tireur, ou un précédent endosseur :

a. — le montant de la lettre de change;

b. — les intérêts du jour de la présentation au payement, si la lettre est payable sur demande; dans tous les autres cas, du jour de l'échéance.

c. — les frais du constat, ou, quand il y a eu nécessité de protester, et que le protêt a été rédigé, les frais de ce protêt.

2) Au cas où une lettre de change a été déshonorée à l'étranger, au lieu des dommages-intérêts sus-mentionnés, le détenteur peut recouvrer sur le tireur ou un endosseur, et le tireur ou l'endosseur qui a dû payer la lettre peut recouvrer sur toute partie liée envers lui le montant du rechange avec les intérêts jusqu'au jour du payement.

3) Quand, en vertu de cette loi, des intérêts peuvent être recouvrés à titre de dommages-intérêts, de tels intérêts, si la justice le requiert, peuvent être refusés en tout ou en partie, et quand une lettre de change est libellée payable avec intérêts à un taux donné, des intérêts à titre de dommages peuvent ou non être accordés au même taux que les intérêts proprement dits.

Art. 58. — 1) Le détenteur d'une lettre de change payable au porteur qui la négocie par délivrance (*delivery*), sans endossement, est dit : transférant par délivrance (*transferor by delivery*).

2) Le transférant par délivrance n'est pas lié par l'écrit.

3) Le transférant par délivrance qui négocie une lettre de change garantit par cela même à son cessionnaire immédiat, détenteur contre valeur, que la lettre de change est bien ce qu'il la prétend être, qu'il a le droit de la transférer et que, à l'époque du transfert, il n'a connaissance d'aucun vice pouvant affecter sa valeur.

Libération de la lettre.

Art. 59. — 1) Une lettre de change est acquittée par payement régulier fait par ou au nom du tiré ou accepteur.

« Payement régulier (*payment in due course*) » veut dire payement fait, au moment de l'échéance ou après, au détenteur, de bonne foi, et sans notification d'aucun vice pouvant affecter son titre.

2) Sans déroger aux dispositions contenues ci-dessous, quand une lettre de change est payée par le tireur ou un endosseur, il n'y a pas libération ; mais :

a. — le tireur qui a payé une lettre de change payable à un tiers ou à son ordre peut se faire rembourser par l'accepteur, mais ne peut remettre la lettre de change en circulation.

b. — quand une lettre de change est payée par un endosseur, ou quand, payable à l'ordre du tireur, elle est payée par celui-ci, celui qui a payé est rétabli dans ses anciens droits contre l'accepteur ou les parties qui l'ont précédé, et il peut, s'il le juge convenable, rayer son propre endossement et ceux subséquents, et de nouveau négocier la lettre.

3) Le payement régulier d'une lettre de complaisance par la partie complue vaut libération.

Art. 60. — Le banquier qui paye de bonne foi et selon les habitudes commerciales une lettre de change payable à ordre sur demande tirée sur lui, n'a pas à prouver que l'endossement du bénéficiaire ou autre endosseur ultérieur a été fait par ou suivant autorisation de celui indiqué par l'endossement ; et le banquier doit être considéré comme ayant payé la lettre régulièrement alors même que l'endossement serait faux ou donné sans autorisation.

Art. 61. — Quand l'accepteur d'une lettre de change en est ou devient détenteur de son propre chef, lors de l'échéance ou après, il y a extinction.

Art. 62. — 1) La renonciation par le détenteur d'une lettre de change, lors ou après l'échéance, d'une manière absolue et irrévocable, à tous ses droits contre l'accepteur vaut libération.

La renonciation doit être faite par écrit, à moins qu'il n'y ait délivrance à l'accepteur.

2) De même, le détenteur peut relever de ses obligations toute partie à la lettre de change, soit lors de l'échéance, soit avant ou après ; mais rien dans cet article ne portera atteinte aux droits du détenteur régulier qui n'aurait pas été avisé de la renonciation.

Art. 63. — 1) Vaut comme extinction de l'obligation, une annulation de la lettre de change faite avec intention par le détenteur ou son représentant, si cette annulation est apparente.

2) De même, toute partie à une lettre de change peut être relevée de son engagement par l'annulation expresse de sa signature par le détenteur ou son représentant. En ce cas, tout endosseur qui aurait un droit de recours contre celui dont la signature a été annulée, est aussi libéré.

3) L'annulation faite involontairement, ou par erreur, ou sans l'autorisation du détenteur, reste sans effet ; mais si la lettre de change ou une des signatures dont elle est revêtue paraît avoir été annulée, la charge de la preuve incombe à celui qui affirme que l'annulation a été volontaire, faite par erreur, ou sans autorisation.

Art. 64. — 1) L'altération essentielle d'une lettre de change ou de son acceptation sans l'assentiment de toutes les parties, entraîne l'annulation, excepté en ce qui concerne celui qui a fait ou autorisé l'altération, ou bien y a consenti et les endosseurs subséquents.

Toutefois, un détenteur régulier qui a entre les mains une lettre de change ayant subi une altération essentielle (*materially altered*), sans que celle-ci soit apparente, peut en faire usage comme s'il n'y avait pas d'altération et exiger le payement selon la teneur originale.

2) — Sont essentielles les altérations suivantes : changement dans la date, le montant de la somme à payer, l'époque et le lieu du payement, et, si la lettre de change a été acceptée sans restriction, l'indication d'un lieu pour le payement sans l'assentiment de l'accepteur.

De l'acceptation et du payement par intervention.

Art. 65. — 1) Le protêt faute d'acceptation ou pour plus ample garantie (*for better security*) ayant été fait, si la lettre de change n'est pas échue, toute personne qui ne figure pas déjà comme partie peut, avec le consentement du détenteur, accepter la lettre par intervention pour l'un des signataires ou celui pour le compte de qui la lettre est tirée.

2) L'acceptation par intervention peut être limitée à partie seulement du montant de la lettre.

3) L'acceptation par intervention pour être valable, doit :

a. — être insérée par écrit dans la lettre de change, et indiquer qu'il s'agit d'une acceptation par intervention ;

b. — être signée par l'intervenant.

4) Sera considérée comme intervenant pour le tireur l'acceptation par intervention ne mentionnant pas expressément pour honneur de qui elle est donnée.

5) L'échéance d'une lettre de change payable à un certain délai de vue et acceptée par intervention, court du jour du constat (*noting*) de non-acceptation, et non du jour de l'acceptation par intervention.

Art. 66. — 1) L'intervenant, en acceptant, s'engage à payer sur due présentation, conformément à la teneur de son acceptation, si la lettre n'est pas payée par le tiré, pourvu qu'il y ait eu due présentation au payement, et protêt faute de payement et qu'il en ait reçu notification.

2) L'intervenant est lié envers le détenteur et tous ceux devenus parties à la lettre postérieurement à celui pour lequel il a accepté.

Art. 67. — 1) Quand une lettre de change non acceptée l'a été par intervention, ou quand elle indique un recommandataire, elle doit être protestée faute de payement avant d'être présentée au payement à l'accepteur par intervention ou au recommandataire.

2) — Quand l'accepteur par intervention a pour adresse le même endroit que celui où a lieu le protêt faute de payement, la lettre de change doit lui être présentée au plus tard le lendemain de son échéance, et, s'il a pour adresse un autre endroit que celui où le protêt a eu lieu, elle doit être envoyée au plus tard le lendemain de l'échéance pour lui être présentée.

3) Est excusé tout retard ou défaut de présentation dû aux mêmes circonstances qui sont une excuse au retard ou au défaut de présentation au payement.

4) Toute lettre de change non payée par l'accepteur par intervention, doit être protestée faute de payement par lui.

Art. 68. — 1.) Après protêt faute de payement d'une lettre, toute personne peut intervenir et payer ladite lettre par intervention en faveur de l'une des parties obligées, ou de celle pour le compte de qui la lettre a été tirée.

2) Si deux ou plusieurs personnes offrent de payer en intervenant pour diverses parties, celle dont le payement en libérera le plus aura la préférence.

3) Le payement par intervention, pour opérer comme tel, et non comme simple payement volontaire, doit être affirmé par un acte notarié d'intervention qui sera attaché au protêt ou formera une annexe.

4) Cet acte notarié doit être rédigé sur la déclaration du payeur intervenant, ou de son mandataire en son nom, constatant son intention de payer la lettre par intervention, et le nom de celui pour qui il paye.

5) Quand une lettre a été payée par intervention, toutes parties venant postérieurement à celle pour l'honneur de qui on a payé sont libérées, mais l'intervenant est subrogé au détenteur et lui succède dans tous ses droits et obligations vis-à-vis de celui pour qui il est intervenu et de ceux qui sont engagés envers lui.

6) L'intervenant, en payant au détenteur le montant de la lettre de change et les frais accessoires de l'acte notarié, est en droit de recevoir et la lettre et le protêt. Si, sur sa demande, le détenteur n'en fait pas délivrance, il sera tenu envers lui à des dommages-intérêts.

7) Le détenteur d'une lettre de change qui refuse de recevoir le payement par intervention perd son droit de recours contre toute personne qu'un tel payement aurait libérée.

De la perte.

Art. 69. — Lorsqu'une lettre de change a été perdue avant l'échéance, la personne qui en a été le porteur peut en demander au tireur une autre conçue de même, en lui donnant caution, s'il l'exige, pour l'indemniser contre tout le monde dans le cas où la lettre de change prétendue perdue se retrouverait.

Le tireur qui refuse de donner un tel duplicata peut y être obligé.

Art. 70. -- Dans une action ou autre procédure relative à une lettre de change, les tribunaux ou le juge peuvent ordonner que la perte de la lettre de change ne sera pas invoquée comme moyen de défense, pourvu qu'on donne indemnité jugée suffisante par les tribunaux ou juge, pour répondre à toutes réclamations relatives à l'effet en question.

De la pluralité d'exemplaires.

Art. 71. — 1). Quand une lettre de change est tirée en plusieurs exemplaires, chaque exemplaire étant numéroté et contenant référence aux autres, l'ensemble de ces exemplaires ne constitue qu'une seule lettre.

2) Le détenteur des exemplaires qui en endosse deux ou plusieurs à des personnes différentes est engagé pour chacun, et tout endosseur subséquent est engagé pour l'exemplaire qu'il a lui-même endossé comme si chacun formait une lettre indépendante.

3) Quand deux ou plusieurs exemplaires sont négociés à différents détenteurs réguliers, celui qui le premier a titre est considéré comme le véritable propriétaire ; mais rien dans cet alinéa n'affectera les droits de la personne qui régulièrement aura accepté ou payé le premier exemplaire à elle présenté.

4) L'acceptation peut être mentionnée sur un quelconque des exemplaires, et ne doit l'être que sur un seul.

Si le tiré accepte sur plusieurs exemplaires, et que ces exemplaires ainsi acceptés se trouvent entre les mains de plusieurs détenteurs réguliers, il est lié par chacun comme s'il y avait autant de lettres de change distinctes.

5) Quand l'accepteur d'une lettre de change tirée en plusieurs exemplaires la paye sans exiger la délivrance de l'exemplaire portant son acceptation, et qu'à l'échéance cet exemplaire se trouve impayé entre les mains d'un détenteur régulier, il est tenu envers lui.

6) Sans déroger aux dispositions précédentes, libération d'un exemplaire d'une lettre de change vaut libération de la totalité.

Conflit des lois.

Art. 72. — Lorsqu'une lettre de change tirée d'un État est négociée, acceptée ou payable dans un autre, les droits, devoirs et obligations des parties sont déterminés comme suit:

1) La validité d'une lettre de change quant aux conditions de forme est déterminée par la loi du lieu d'émission et la validité quant aux conditions de forme des contrats qui surviennent ultérieurement tels que l'acceptation ou l'endossement ou l'acceptation par intervention, est déterminée par la loi du lieu où ces contrats ont été faits. Toutefois :

a. — une lettre de change émise hors du Royaume-Uni reste valable bien qu'elle ne soit pas timbrée conformément à la loi du lieu d'émission ;

b. — une lettre de change, émise hors du Royaume-Uni, dans les formes exigées par la loi du Royaume-Uni peut, pour payement en être obtenu en ce royaume, être traitée comme étant valable entre toutes personnes qui la négocient, détiennent ou sont liées par elle dans le Royaume-Uni.

2) Sans déroger aux dispositions de cette loi, l'interprétation de la lettre (*drawing*), de l'endossement, de l'acceptation ou de l'acceptation par intervention est régie par la loi du lieu où est fait chacun de ces contrats. Toutefois l'endossement à l'étranger d'une lettre de change intérieure doit, quant au payeur, être interprété suivant la loi du Royaume-Uni.

3) Les devoirs du porteur, quant à la présentation à l'acceptation ou au payement et à la nécessité ou la suffisance d'un protêt ou d'une notification de non-acceptation ou de non-payement ou autre formalité sont déterminés par la loi du lieu où le fait est consommé ou la lettre déshonorée.

4) Lorsqu'une lettre de change est tirée hors du Royaume-Uni, mais qu'elle y est payable et que la somme à payer n'est pas exprimée dans la monnaie courante du Royaume-Uni, on doit en calculer le montant, en l'absence de toute stipulation expresse, d'après le taux du change pour les traites à vue au lieu du payement au jour de l'échéance de la lettre de change.

5) L'échéance d'une lettre de change tirée d'un Etat et payable dans autre est déterminée d'après la loi du lieu où elle doit être payée.

TROISIÈME PARTIE

Chèques tirés sur un banquier.

Art. 73. — Un chèque est une lettre de change tirée sur un banquier et payable sur demande.

Exception faite d'autres dispositions dans cette partie, les dispositions de cette loi concernant la lettre de change payable sur demande s'appliquent au chèque.

Art. 74. — Sans déroger aux dispositions de cette loi ;

1) Quand un chèque n'est pas présenté au payement dans un délai raisonnable de son émission et que le tireur ou celui pour le compte de qui ledit chèque est tiré avait droit, au moment de la présentation, au payement par le banquier et souffre par suite de ce retard un préjudice réel, il est libéré jusqu'à concurrence de ce préjudice, c'est-à-dire jusqu'à concurrence de ce dont il est créancier du banquier en excès de ce dont il l'aurait été si le chèque avait été payé.

2) — Pour déterminer ce qu'on doit entendre par délai raisonnable, on doit tenir compte de la nature de l'effet, des usages du commerce et des banques et des circonstances particulières.

3) Le détenteur d'un tel chèque sera, aux lieu et place du tireur, créancier du banquier jusqu'à concurrence de la somme pour laquelle le tireur a été libéré et pourra la recouvrer sur lui.

Art. 75. — Le devoir et le pouvoir d'un banquier de payer un chèque tiré sur lui par son client prennent fin par:

1) Contre-ordre de payement.
2) Notification de la mort du client.

Du chèque barré.

Art. 76. — 1) Dans tout chèque qui porte en travers sur le recto :

a. — les mots « et compagnie » ou leur abréviation entre deux lignes transversales et parallèles, avec ou sans les mots « non négociable »; ou

b. — simplement deux lignes transversales et parallèles avec ou sans les mots « non négociable »

ces mots ajoutés constituent un barrement (*crossing*) et le chèque est barré en blanc (*generally*).

2) Quand un chèque porte en outre en travers le nom du banquier, avec ou sans les mots « non négociable », il y a barrement, et le chèque est barré spécialement et à ce banquier.

Art. 77. — 1) Tout tireur d'un chèque peut le barrer en blanc ou spécialement.

2) Tout détenteur d'un chèque non barré peut le barrer en blanc ou spécialement.

3) Le détenteur d'un chèque déjà barré en blanc peut ensuite le barrer spécialement.

4) Le détenteur d'un chèque barré en blanc ou spécialement peut y ajouter les mots « non négociable ».

5) Quand un chèque est barré spécialement, le banquier au nom de qui il a été barré peut le barrer de nouveau spécialement au nom d'un autre banquier pour l'encaissement.

6) Le banquier à qui un chèque non barré ou barré en blanc a été adressé pour l'encaissement peut le barrer spécialement à son nom.

Art. 78. — Le barrement, tel qu'il est autorisé par cette loi, constitue une partie essentielle du chèque ; et il est défendu de l'effacer, excepté dans les cas prévus par cette loi, de le modifier ou y faire quelque addition.

Art. 79. — 1) Si un chèque est barré spécialement des noms de plusieurs banquiers, celui sur qui il a été tiré en refusera le payement, sauf dans le cas d'un banquier, agent désigné pour le recouvrement.

2) Le banquier qui paye un chèque tiré sur lui, bien que barré ainsi, ou paye à un autre qu'à un banquier un chèque barré en blanc, ou paye un chèque barré spécialement à un autre qu'au banquier au nom de qui il est barré, ou au banquier son agent pour le recouvrement, est responsable envers le véritable propriétaire du chèque de tout préjudice causé par ce payement ainsi effectué.

Toutefois, si, lors de la présentation au payement, le chèque ne paraît pas barré, ou avoir porté des barres qui auraient été, autrement qu'il est autorisé par cette loi, oblitérées ou auxquelles on aurait fait subir quelque addition ou modification et que le banquier le paye de bonne foi et sans commettre de négligence, il ne sera pas responsable, et la validité du payement ne pourra être contestée sur ce motif que le chèque aurait été barré, ou que, étant barré, il aurait été oblitéré, amplifié, altéré autrement qu'il est autorisé par cette loi, ou bien que le payement aurait été fait à un autre qu'à un banquier, ou à un banquier autre que celui au nom de qui le chèque serait ou aurait été barré ou à son agent pour le recouvrement, suivant les cas.

Art. 80. — Le banquier sur qui un chèque barré est tiré qui, de bonne foi et sans commettre de négligence, l'a payé, s'il est barré en blanc, à un banquier ; s'il l'est d'une manière spéciale, au banquier désigné dans les barres, ou au banquier son agent pour le recouvrement; ce banquier et, si le chèque est passé entre les mains du preneur, le tireur ont respectivement les mêmes droits et se trouvent dans la même position que s'il y avait eu payement fait au véritable titulaire.

Art. 81. — Celui qui prend un chèque barré portant ces mots : « non négociable » n'a et ne peut conférer un titre meilleur sur ce chèque que n'en avait la personne de qui il le tient.

Art. 82. — Le banquier qui, de bonne foi et sans commettre de négligence, a fait l'encaissement pour un client d'un chèque barré en blanc ou spécialement à son nom, alors que ce client n'a sur le chèque aucun droit ou un droit entaché de vices (*defective*), n'encourt, pour le seul motif qu'il aurait accepté le payement, aucune responsabilité envers le véritable propriétaire.

QUATRIÈME PARTIE

Du billet de change.

Art. 83. — 1) Un billet de change est une promesse pure et simple, faite par écrit par une personne à une autre, signée du souscripteur, par laquelle celui-ci s'engage à payer, sur demande ou dans un délai déterminé ou susceptible d'être déterminé une somme certaine en numéraire à une personne désignée ou à son ordre, ou au porteur.

2) Un écrit en forme de billet payable à l'ordre du souscripteur n'est pas un billet tel qu'il est défini dans cet alinéa, à moins et jusqu'à ce qu'il ait été endossé par le souscripteur.

3) Un billet est valable bien qu'il contienne la garantie d'une caution avec faculté de l'aliéner ou d'en disposer.

4) Un billet qui, d'après les apparences, se présente

comme souscrit et payable dans les Iles Britanniques est un billet intérieur. Tout autre est étranger.

Art. 84. — Un billet est incomplet tant qu'il n'en a pas été fait délivrance au bénéficiaire.

Art. 85. — 1) Un billet peut être souscrit par deux ou plusieurs personnes et elles peuvent s'engager conjointement ou solidairement, selon la teneur.

2) Le billet conçu en ces termes : « Je promets de payer » et portant la signature de deux ou plusieurs personnes doit faire considérer celles-ci comme solidaires.

Art. 86. — 1) Un billet, payable sur demande, qui a été endossé, doit être présenté au payement dans un délai raisonnable du jour de l'endossement. Si une telle présentation n'a pas lieu, l'endosseur est libéré.

2) Pour déterminer ce qu'on doit entendre par délai raisonnable, il faut tenir compte de la nature de l'effet, des usages du commerce, et des circonstances particulières.

3) Un billet payable sur demande qui est négocié n'est pas considéré comme échu (*overdue*), en vue d'affecter le droit du détenteur d'un vice de titre dont il n'a pas reçu avis, par la seule raison qu'un délai raisonnable depuis l'émission s'est écoulé sans présentation au payement.

Art. 87. — 1) Tout billet portant dans sa teneur mention qu'il est payable sur une place désignée doit être pour engager le souscripteur, présenté au payement sur la place désignée. Dans tout autre cas, la présentation au payement n'est pas nécessaire pour lier le souscripteur.

2) La présentation au payement est nécessaire pour obliger l'endosseur d'un billet.

3) Le billet dont la teneur mentionne un lieu particulier pour le payement doit être présenté en ce lieu pour lier son endosseur ; mais quand il est indiqué seulement pour mémoire, la présentation en ce

lieu est suffisante pour engager l'endosseur ; mais la présentation au souscripteur en tout autre lieu, si sous les autres rapports elle est suffisante, le sera également.

Art. 88. — Le souscripteur d'un billet, en le souscrivant :

1) S'engage à le payer suivant sa teneur ;

2) N'est pas admis à contester à un détenteur régulier l'existence du bénéficiaire et sa capacité pour endosser.

Art. 89. — 1) Sans déroger aux dispositions précédentes et à ce qui est réglé par cet article, toutes les dispositions de cette loi relatives aux lettres de change, avec les modifications nécessaires, s'appliqueront aux billets.

2) Pour l'application de ces dispositions, le souscripteur d'un billet est considéré comme étant dans la même situation que l'accepteur d'une lettre de change, et le premier endosseur d'un billet est assimilé au tireur d'une lettre de change acceptée payable à l'ordre de ce tireur.

3) Les dispositions suivantes, relatives aux lettres de change, ne s'appliquent pas aux billets, savoir :

a. La présentation à l'acceptation.

b. L'acceptation.

c. L'acceptation par intervention.

d. La pluralité d'exemplaires.

4) Il n'y a pas nécessité de protester un billet extérieur non accepté ou non payé.

CINQUIÈME PARTIE.

Dispositions supplémentaires.

Art. 90. — On doit supposer qu'il y a bonne foi, dans le sens de cette loi, quand on a agi honnêtement, qu'il y ait négligence ou non.

Art. 91. — 1). Quand, en vertu de cette loi, un acte ou

écrit doivent être signés, il n'est pas nécessaire qu'ils soient signés de la propre main de la personne : il suffit que la signature soit écrite par quelque autre, en vertu de son autorisation.

2) Dans le cas d'une corporation, quand, en vertu de cette loi, un acte ou écrit doivent être signés, il suffit qu'ils soient revêtus du sceau de la corporation.

Mais rien, dans cet article, n'exige que la lettre de change ou le billet de change d'une corporation soient sous sceau.

Art. 92. — Quand, en vertu de cette loi, le délai pour rédiger un acte ou faire quelque chose est de trois jours au plus, on ne doit pas compter pour le calcul du délai les jours non ouvrables.

Pour l'application de cette loi sont jours non ouvrables :

a. — Le dimanche, le Vendredi Saint, le jour de Noël ;

b. — Les jours de fête des banques tels qu'ils sont déterminés par le *Bank Holidays Act* 1871, et autres Acts qui l'ont modifié ;

c. — Tout jour désigné par proclamation royale comme jour de fête publique on de grâces.

Tout autre est jour ouvrable.

Art. 93. — Pour l'application de cette loi, quand une lettre de change ou un billet de change doivent être protestés dans un délai déterminé ou avant quelque acte de procédure, il suffit que le constat pour protêt ait été fait avant l'expiration du délai ou l'ouverture de la procédure, et le protêt peut être, à toute époque postérieure, rédigé comme du jour du constat.

Art. 94. — Quand une lettre de change ou un billet non acceptés ou non payés peuvent ou doivent être protestés, et qu'on ne peut obtenir les services d'un notaire sur la place où l'effet a été « déshonoré », tout chef de famille (*householder*) ou habitant notable (*subs-*

tantial resident) peut, en présence de deux témoins, délivrer un certificat, signé par eux, attestant que l'effet n'a pas été accepté ou payé, et ce certificat vaudra, en tous points, comme protêt authentique.

La formule indiquée dans la première annexe peut, avec les modifications nécessaires, servir en cette circonstance, et sera, si l'on s'en sert, suffisante.

Art. 95. — Les dispositions de cette loi, en tant qu'elles règlementent les chèques barrés, s'appliquent au pouvoir (*warrant*) pour toucher un dividende.

Art. 96. — Les dispositions mentionnées dans la deuxième annexe de cette loi seront abrogées du jour de l'entrée en vigueur de ladite loi.

Toutefois, cette abrogation ne touche en rien à tout ce qui a été fait ou subi, à tout droit, titre, intérêt acquis ou dévolus avant l'entrée en vigueur de cette loi ou à toute procédure judiciaire relative à une telle chose, droit, titre ou intérêt.

Art. 97. — 1) Les règles sur la faillite qui concernent les lettres de change, billets de change et chèques resteront en vigueur nonobstant toutes dispositions de la présente loi.

2) Les règles du droit coutumier (*common law*) comprenant la loi marchande, en tant qu'elles ne sont pas en contradiction avec les dispositions expresses de cette loi, continueront à s'appliquer aux lettres de change, billets de change et chèques.

3) Rien dans cette loi ou les abrogations y mentionnées ne modifie :

a. — les dispositions de la loi sur le timbre (*Stamp Act*) de 1870, les lois la modifiant, ou toutes autres lois ou dispositions relatives aux impôts (*revenue*) actuellement en vigueur ;

b. — les dispositions de la loi sur les Sociétés (*Companies Act*) de 1862, les lois la modifiant, ou toute loi relative aux Sociétés par actions ;

c. — les dispositions de toute loi établissant ou confirmant les privilèges respectifs des Banques d'Angleterre ou d'Irlande ;

d. — La validité des usages réglant les pouvoirs (*warrants*) pour toucher les dividendes et leurs endossements.

Art. 98. — Rien dans cette loi et les abrogations y mentionnées n'apporte extension ou restriction, ni d'aucune manière ne modifie ou altère la loi et la pratique de l'Ecosse, en ce qui concerne la procédure sommaire.

Art. 99. — Si une loi ou un document se réfèrent à une disposition abrogée par la loi actuelle, ils seront interprétés et produiront effet comme s'ils se référaient aux dispositions correspondantes de la présente loi.

Art. 100. — Dans toute procédure judiciaire en Ecosse, de tout fait, relatif à une lettre de change, un billet de change ou un chèque, qui se réfère à une question de responsabilité, preuve orale peut être faite ; toutefois, rien dans cette disposition ne modifiera la loi et les règles existantes suivant lesquelles celui qui est, d'après la teneur d'une lettre de change, d'un billet ou d'un chèque en banque, débiteur envers le détenteur est obligé pour obtenir un sursis, ou suspension des poursuites, de faire telle consignation ou fournir telle caution que la cour ou le juge devant qui la cause est pendante jugera utile.

Cet article ne s'appliquera pas dans le cas où la lettre de change, le chèque ou le billet sont atteints par la prescription de six ans.

ANNEXES

PREMIÈRE ANNEXE

Formule de protêt dont on peut faire usage quand on ne peut obtenir les services d'un notaire.

Qu'il soit connu à tout homme que moi A. B... (chef de famille) à , dans le comté de dans le Royaume-Unis, à la requête de C. D..., vu l'absence d'un notaire public à ce faire, le jour 188 à j'ai demandé payement (*ou* acceptation) de la lettre de change transcrite ci-dessous à E. F..., à laquelle demande il m'a fait réponse (mentionner la réponse, s'il y en a une); en conséquence de quoi, en présence de G. H... et J. K..., je proteste ladite lettre de change.

Signé : A. B...
G. H... } *témoins.*
J. K... }

N. B. — La lettre de change sera elle-même annexée ou une copie de la lettre et de tout ce qui y est mentionné sera rédigée à la suite de l'acte.

DEUXIÈME ANNEXE.

Dispositions abrogées.

SESSIONS ET CHAPITRES.	TITRES DES ACTS.
9. Guillaume III, ch. 17.	Act pour réformer le payement des lettres de change intérieures.
3 et 4. Anne, ch. 8.	Act pour apporter aux billets les améliorations dont jouissent actuellement les lettres de change, et pour réformer le payement des lettres de change intérieures.
17. Georges III, ch. 30.	Act pour restreindre davantage la négociation, dans la partie de la Grande-Bretagne dite Angleterre, des billets et des lettres de change au-dessus d'une somme déterminée.
39 et 40. Georges III, ch. 42.	Act pour meilleure observance du vendredi-saint dans certains cas y spécifiés.
48. Georges III, ch. 88.	Act pour restreindre la négociation en Angleterre des billets et des lettres de change à une somme déterminée.
1 et 2. Georges IV, ch. 78.	Act pour régulariser les acceptations de lettres de change.
7 et 8. Georges IV, ch. 15.	Act pour fixer la loi relativement aux lettres de change et billets payables le vendredi-saint ou le jour de Noël.
9. Georges IV, ch. 24.	Act pour abroger certains Acts, fixer et amender les lois relatives aux lettres de change et aux billets en Irlande. — En partie, c'est-à-dire Art. 2, 4, 7, 8, 9, 10, 11.
2 et 3. Guillaume IV, ch. 98.	Act pour régulariser le protêt pour non-payement de lettres de change tirées payables sur une place autre que le lieu de résidence du ou des tirés.

SESSIONS ET CHAPITRES.	TITRES DES ACTS.
6 et 7. Guillaume IV, ch. 58.	Act pour fixer la loi en ce qui concerne le jour où présentation pour payement doit être faite à ou aux accepteurs par intervention ou au recommandataire ou recommandataires en cas de besoin des lettres de change qui ont été « déshonorées ».
8 et 9. Victoria, ch. 37, en partie.	Act pour régulariser l'émission des bank notes en Irlande, et le remboursement de certaines sommes avancées pour le service public par le Gouvernement et la Société de la Banque d'Irlande. — En partie, c'est-à-dire Art. 24.
19 et 20. Victoria, ch. 97, en partie.	Act amendant la loi marchande de 1856. — En partie, c'est-à-dire Art. 6 et 7.
23 et 24. Victoria, ch. 111, en partie.	Act pour accorder à Sa Majesté certains impôts de timbre, et amender la loi relative aux droits de timbre. — En partie, c'est-à-dire Art. 19.
34 et 35. Victoria, ch. 74.	Act pour abolir les jours de grâce en cas de lettres de change ou billets payables à vue ou sur présentation.
39 et 40. Victoria, ch. 81.	Act sur les chèques barrés, 1876.
41 et 42. Victoria, ch. 13.	Act sur les lettres de change, 1878.

Dispositions abrogées concernant l'Ecosse.

19 et 20. Victoria, ch. 60, en partie.	Act amendant la loi marchande (Ecosse), 1856. — En partie, c'est-à-dire Art. 10, 11, 12, 13, 14, 15 et 16.

DEUXIÈME ANNEXE

LOI DU 10 AOUT 1882 UNIFIANT ET AMÉLIORANT LA LÉGISLATION RELATIVE AUX BIENS DES FEMMES MARIÉES (1).

Art. 1er. — *Capacité de la femme mariée d'avoir des biens et de contracter comme si elle n'était pas mariée.*

§ 1er. La femme mariée sera capable d'acquérir, de détenir et de disposer par testament ou autrement, de tous biens, immeubles ou meubles, comme propriété séparée, de même manière que si elle n'était pas mariée et sans l'intervention d'aucun tuteur (*trustee*).

§ 2. La femme sera capable de s'obliger par contrat jusqu'à concurrence de ses biens séparés, d'ester en justice et d'être poursuivie soit ex-contractu, soit ex-delicto (*in tort*) à tous égards comme si elle n'était point mariée et il ne sera pas nécessaire de lui adjoindre son mari, soit comme demandeur, soit comme défendeur.

Tous dommages et intérêts et tous frais que la

(1) Extrait de l'*Emancipation contractuelle de la femme mariée en Angleterre*, par Thomas Barclay.

justice lui accordera seront sa propriété séparée et tous dommages et intérêts et tous frais auxquels elle sera condamnée seront exclusivement à la charge de sa propriété séparée.

§ 3. Tout contrat fait par une femme mariée est censé (*deemed*) l'être avec l'intention d'engager (*to bind*) sa propriété séparée, à moins de preuve contraire.

§ 4. Tout contrat fait par une femme mariée et engageant ses biens séparés portera non seulement sur les biens séparés, dont elle est saisie ou auxquels elle a droit à la date du contrat, mais sur tous ceux qu'elle pourrait acquérir plus tard.

§ 5. Toute femme mariée exerçant un commerce indépendamment (*separately*) de son mari est, relativement à ses biens séparés, soumise aux lois sur la faillite comme si elle était non-mariée.

Art. 2. — *Droit pour la femme mariée après l'entrée en vigueur de cette loi de détenir ses biens comme si elle n'était pas mariée.*

Toute femme qui se mariera après le 1er janvier 1883 sera en droit d'avoir et de détenir comme sa propriété séparée tous les biens immobiliers et mobiliers qui lui appartiendront au jour du mariage, ou qu'elle acquerra ou dont elle héritera après le mariage y compris tous gages, salaires, sommes d'argent et biens, qu'elle gagnera ou acquerra dans un emploi, commerce ou occupation exercés indépendamment de son mari ou par l'emploi de quelque talent littéraire, artistique ou scientifique; elle pourra en disposer comme il est susénoncé.

Art. 3. — *Prêts faits par la femme à son mari.*

Toute somme d'argent ou tous autres biens prêtés ou confiés par la femme à son mari pour être employés dans un commerce ou emploi exercé par lui, seront traités, en cas de faillite, comme appartenant à l'actif du mari, sous réserve du droit de sa femme à une quote-part dans la répartition après que tous les autres créanciers, à titre onéreux, auront été remplis de leurs droits (*for valuable consideration in money or money's worth have been satisfied*).

Art. 5. — *Droit pour la femme, mariée avant cette loi, de détenir comme propriété séparée tous les biens acquis par elle après la mise en vigueur de cette loi.*

Toute femme mariée avant le 1er janvier 1883, pourra jouir et disposer, ainsi qu'il est sus-énoncé, comme étant sa propriété séparée, de tous les immeubles et meubles qui lui proviendront ou écherront après le 1er janvier 1883, y compris tous gages, salaires, sommes d'argent acquis comme il est sus-énoncé.

Art. 6. — *Rentes, effets, etc., auxquels une femme mariée a droit.*

Les placements suivants : dépôts dans des caisses d'épargne postales ou autres ; rentes viagères accordées soit par l'État soit par d'autres ; placements dans les fonds publics ; placements inscrits et transférables sur les livres d'une institution de banque quelconque : actions ou obligations d'une société, compagnie ou corporation, soit municipale, soit commerciale, soit de bienfaisance ou de prévoyance ; qui, à l'entrée en vigueur de cette loi, sont inscrits au seul nom d'une femme mariée, seront censés, jusqu'à preuve contraire, être sa propriété séparée et elle en pourra toucher les intérêts, dividendes et profits, les recevoir et transférer sans le concours de son mari.

Art. 7. — *Rentes, etc., transférées à une femme mariée.*

Tout placement, dépôt, rente, etc., mentionnés dans l'article précédent qui, après l'entrée en vigueur de cette loi, seront inscrits ou transférés au seul nom d'une femme mariée, seront censés, jusqu'à preuve contraire, sa propriété indépendante, et toute obligation qui s'y rattache engagera ses biens indépendants, que cela soit exprimé ou non dans les documents, livres ou registres constatant son titre.

Rien dans cette loi n'obligera ni autorisera une corporation ou société par actions à permettre à une femme mariée de devenir détenteur d'actions entraînant des responsabilités, si cela est contraire aux dispositions d'une loi ou aux statuts ou règlements de cette corporation ou société.

Art. 8. — *Placements au nom d'une femme mariée conjointement avec d'autres personnes.*

Toutes les dispositions sus-énoncées quant aux placements, dépôts, rentes, etc., qui, à l'entrée en vigueur de cette loi, sont inscrits au seul nom d'une femme mariée ou qui, après cette date, sont placés, inscrits ou transférés au seul nom d'une femme mariée, s'appliqueront, en ce qui concerne les droits, titres ou intérêts de cette femme mariée, à tous les fonds, etc., sus-mentionnés qui, à l'entrée en vigueur de cette loi ou postérieurement, seront inscrits, alloués, placés, enregistrés ou transférés au nom d'une femme mariée conjointement avec toute personne ou personnes autres que son mari.

Art. 9. — *Rentes, etc., inscrites au nom d'une femme mariée, conjointement avec d'autres personnes.*

Il ne sera pas nécessaire que le mari d'une femme mariée concoure au transfert des dépôt, placement, rente, etc., énoncés dans les articles précédents, qui sont dès maintenant ou qui seront plus tard inscrits au seul nom d'une femme mariée ou au nom d'une telle femme conjointement avec une personne ou des personnes autres que son mari.

Art. 10. — *Placement frauduleux de l'argent du mari.*

Si une femme mariée fait un placement dans les dépôts, rentes, fonds, etc. sus-nommés avec l'argent de son mari et sans le consentement de celui-ci, le tribunal peut, par l'application de l'article 17 de cette loi, ordonner que ce placement et les dividendes y afférents soient transférés et payés au mari. Rien dans cette loi ne rendra valable, vis-à-vis des créanciers du mari, un don quelconque, fait par le mari a sa femme, de biens (*property*) qui, après ce don, continueraient à rester à la disposition apparente du mari, ni un dépôt ou placement quelconque de l'argent du mari, faits par ou au nom de sa femme en fraude des créanciers de ce mari.

On pourra sur toute somme, ainsi déposée ou placée, poursuivre comme si cette loi n'avait pas été adoptée.

Art. 13. *Des dettes et autres obligations contractées par la femme avant son mariage.*

Une femme, après son mariage, restera responsable sur et jusqu'à concurrence de ses biens indépendants pour toute dette ou autre obligation contractée ou délit commis par elle avant son mariage, y compris toutes sommes dont elle est responsable comme souscripteur ou actionnaire d'une société en vertu des lois concernant les sociétés par actions; et elle pourra être poursuivie pour une telle dette et en dommages et intérêts par suite de tel contrat ou délit; et toutes sommes et frais s'y rattachant grèveront sa propriété séparée. A moins de contrat contraire entre le mari et sa femme, tous contrats, dettes ou faits délictueux semblables et les dommages et intérêts et frais qu'ils entraînent, grèveront en première ligne la propriété séparée de la femme. Toutefois, rien dans cette loi ne doit aggraver ni atténuer les obligations qui incombent (*liability*) à une femme mariée avant l'entrée en vigueur de cette loi, par suite de tels contrat, dette ou fait délictueux, sauf en ce qui concerne les biens indépendants qui lui écherront en vertu de cette loi et sur lesquelles elle n'aurait pas eu un droit séparé si la présente loi n'avait pas été adoptée.

Art. 14. *Etendue des obligations résultant pour le*

mari des dettes contractées par sa femme avant le mariage.

Le mari sera responsable des dettes contractées par sa femme, et de toutes obligations contractuelles et délictueuses encourues par elle avant son mariage, y compris toutes les obligations susdites qui incombent à sa femme par suite des lois sur les sociétés par actions, jusqu'à concurrence de tous les biens appartenant à sa femme qu'il aura acquis ou aura pu acquérir de par elle, déduction faite de tous payements opérés par lui et de toutes sommes qui auront été recouvrées sur lui (le mari) de bonne foi et judiciairement, par suite de dettes, contrats ou délits dont la femme s'était rendue responsable avant son mariage; mais il n'en sera responsable qu'à ce point, et tout tribunal devant lequel un mari sera actionné pour une telle dette aura pouvoir d'ordonner telle enquête qu'il considérera convenable pour constater la nature, le montant ou la valeur de tels biens; toutefois, rien dans cette loi ne doit ni augmenter ni diminuer la responsabilité d'un homme, marié avant l'entrée en vigueur de cette loi, en ce qui concerne les dettes ou autres obligations de sa femme.

Art. 15. *Actions pour des obligations encourues avant le mariage.*

Un mari et sa femme peuvent être actionnés conjointement pour toute dette ou autre obligation (soit par contrat ou par suite d'un délit) contractées ou encourues comme ci-dessus par la femme avant son mariage, si le demandeur cherche à établir sa réclamation, soit en totalité, soit en partie, contre les deux conjoints, et si dans une telle action, ou dans une action quelconque concernant une telle dette ou obligation, intentée contre le mari seul, il n'est pas constaté que celui-ci soit obligé vis-à-vis de quelques biens de sa femme acquis par lui de par sa femme ou qu'il aurait pu acquérir comme il est susindiqué, les frais de sa défense lui seront adjugés, quel que soit le résultat de l'action contre sa femme; et s'il appert dans l'action contre les mari et femme que le mari est responsable de la dette ou en dommages et intérêts, le jugement sera « conjoint », s'appliquant personnellement au mari, pour le montant de son obligation, et à la femme quant à ses biens indépendants; et pour l'excédant (s'il y en a) de telle dette ou dommages et intérêts, le jugement visera la femme quant à ses biens séparés seulement.

Art. 22. *Abrogation du Married Women's Property Act* 1870 *et du Married Women's Property Act* 1870 *Amendment Act* 1870.

[Néanmoins cette abrogation ne produira aucun effet sur des faits accomplis ou des droits acquis pendant que ces lois étaient en vigueur, ni sur le pouvoir d'un mari ou d'une femme, mariés avant le 1er janvier 1883, d'ester en justice, ni sur le droit de les poursuivre, en vertu de dispositions actuellement abrogées, en ce qui concerne les contrats, dettes ou délits qui ont donné naissance à ce pouvoir ou à ce droit antérieurement à l'entrée en vigueur de la présente loi.]

Art. 25. *Entrée en vigueur de cette loi.*

Cette loi entrera en vigueur le premier janvier mil huit cent quatre-vingt-trois.

TROISIÈME ANNEXE

TRADUCTION DES PRINCIPES D'UN PROJET DE LOI INTERNATIONALE SUR LES LETTRES DE CHANGE

Adoptés par l'Association pour la réforme et la codification du droit des gens en ses conférences de Brême et d'Anvers.

---

1. La capacité de contracter par lettre de change est régie par la capacité générale de contracter.

2. Pour constituer une lettre de change, il est nécessaire de mentionner sur l'écrit même les mots: « Lettre de change » ou leur équivalent.

3. Il n'est pas obligatoire de mentionner sur l'écrit même ou dans un endossement les mots « Valeur reçue » ni d'indiquer la cause.

4. Les usances sont abolies.

5. L'absence du timbre ou son insuffisance ne porte pas atteinte à la validité de la lettre de change.

6. Une lettre de change est censée négociable et à

ordre, à moins d'une restriction énoncée en termes exprès dans la lettre même ou dans un endossement.

7. Les lettres de change au porteur ne sont pas admises.

8. La remise de place à place (*distantia loci*) n'est pas une condition essentielle de la lettre de change.

9. L'endossement en blanc est permis.

10. L'endossement après échéance d'une lettre de change qui n'a pas été dûment protestée faute de payement confère au détenteur un droit de recours seulement contre l'accepteur et les endosseurs postérieurs à l'échéance. Si protêt a été dressé, le détenteur jouira seulement des droits de son endosseur contre l'accepteur, le tireur et les précédents endosseurs.

11. L'acceptation d'une lettre de change doit être écrite sur la lettre même: La simple signature du tiré écrite sur le recto de la lettre de change suffit.

12. Le tiré peut accepter pour une somme moindre que le montant de la lettre.

13. En cas de refus d'acceptation ou en cas d'acceptation conditionnelle, le porteur de la lettre de change a une action récursoire immédiate contre le tireur et les endosseurs pour le payement du montant de la lettre et de ses frais, déduction faite de l'escompte.

14. La biffure d'une acceptation écrite est sans effet.

15. En cas d'insolvabilité de l'accepteur, survenue avant l'échéance de la lettre de change, le porteur a une action récursoire immédiate contre le tireur et les endosseurs pour le payement du montant de la lettre et de ses frais, déduction faite de l'escompte.

16. Il n'est pas accordé de jours de grâce.

17. Le détenteur n'est pas tenu de suivre l'ordre des endossements, ni de se conformer à une préférence antérieure.

18. Le protêt ou constat pour protêt est nécessaire pour conserver l'action récursoire sur une lettre de

change qui a subi un refus d'acceptation ou de payement.

19. Le défaut de notification faute d'acceptation ou de payement n'entraîne pas contre le porteur ou toutes autres parties à une lettre de change perte de leur droit de recours; toutefois, la partie négligente est responsable des dommages causés par elle.

20. Le délai dans lequel le protêt doit être dressé est augmenté, en cas de force majeure, du temps que dure l'interruption ; mais il ne peut, dans tous les cas, s'étendre au-delà d'une courte période qui doit être fixée.

21. Il n'est pas nécessaire d'insérer dans les duplicata aucune clause d'annulation.

22. L'action sur une lettre de change peut être exercée simultanément contre toutes, ou contre une ou plusieurs des parties à ladite lettre.

23. Le donneur d'aval est solidairement responsable avec la personne dont il a garanti la signature.

24. La capacité d'un étranger, en matière de lettre de change, est, en général, réglée d'après son statut personnel. Toutefois l'étranger, lorsqu'il contracte des engagements se rattachant à la lettre de change, dans un pays autre que le sien, est régi par les lois de ce pays, sans pouvoir invoquer sa loi nationale.

25. Dans les articles précédents le terme « lettre de change » comprend le « Billet de change », dans tous les cas où une telle interprétation est possible ; mais le « billet de change » ne comprend pas les « coupons », « chèques sur les banques » et autres écrits analogues dans les pays où ces écrits sont régis par les lois sur la lettre de change (*a*).

(*a*) Votés d'abord en vingt articles, les principes d'une loi internationale sur la lettre de change ont été augmentés, à la suite de la conférence d'Anvers en 1877 de cinq autres articles. Le comité chargé de l'élaboration du projet avait en outre proposé un sixième article ainsi conçu : « Toutes actions relatives aux lettres de change contre l'accepteur se prescriront par trois ans à compter du jour de l'échéance. Les actions contre le tireur et les endosseurs se prescriront par dix-huit mois seulement à partir de l'échéance. Les mêmes règles de prescription régleront les actions contre les garants. Toute stipulation contraire dans la lettre de change sera nulle et non avenue. »

Cet article ayant soulevé de nombreuses objections, son adoption a été ajournée jusqu'à plus ample examen.

OUVRAGES CITÉS

Alauzet. *Commentaire du Code de commerce.* 3e Edition, Paris. Tome IV.

Anson. *Principles of the English Law of Contract.* Oxford, 1879.

Aubry et Rau. *Cours de droit civil français.* 4e Edition. Paris, 1869-1879.

Baldwin. *Concise Treatise upon the Law of Bankruptcy.* 3d Edition. London, 1883.

Bar. *Das Internationale Privat-und Strafrecht.* Hannover, 1862.

Barclay (Thomas). *Emancipation contractuelle de la femme mariée en Angleterre.* Paris, 1883.

Bédarride. *Commentaire du Code de commerce. De la Lettre de change, etc.* 2e Edition. Paris, 1877.

Bell. *Principles of the Law of Scotland.* 7th Edition. By W. Guthrie. Edinburgh, 1876.

Blaschke. *Das oesterreichische Wechselrecht.* 7e Auflage. Wien, 1877.

Boistel. *Précis de droit commercial.* 2e Edition. Paris, 1878.

Borchardt. *Allgemeine Deutsche Wechselordnung.* Berlin, 1879.

Broom. *Commentaries on the Common Law.* 6th Edition. London, 1880.

Buckley. *Law and Practice under the Companies Acts,*

the Life Insurance Companies Acts etc. 3[d] Edition. London, 1879

Byles. *Law of Bills of Exchange.* 13th Edition. London, 1879.

Cavanagh. *Law of Money securities.* London, 1879.

Chalmers. *Bills of Exchange Act 1882.* 3[d] Edition. London, 1882.

Chalmers. *Digest of the law of Bills of Exchange Promissory Notes and Cheques.* 2nd Edition. London, 1881.

Chitty. *Bills of Exchange and Promissory Notes.* 11th Edition, by John A Russel Q. C. London, 1881.

Chitty. *Treatise on the Law of Contracts,* by J. A Russell Q. C. London, 1881.

Chrétien. *Etude sur la lettre de change en droit international privé.* Nancy, 1881.

Cohn. *Entwurf einer Wechselordnung für das Russische Reich. Separatabdruck aus Zeitschrift für Vergleicheinde Rechtswissenschaft IV.* Stuttgart. 1883.

Couder (de). *Dictionnaire de droit commercial.* 3e Edition. Paris, 1877-1881.

Courcelle-Seneuil. *Traité théorique et pratique des opérations de banque.* 3e Edition. Paris, 1857.

Cunningham-Shepherd. *The Indian Contract Act of* 1872. 3th Edition. Calcutta, 1878.

Dalloz et Vergé. *Code de commerce annoté.* Paris, 1877.

Daniel. *Treatise on the Law of negotiable Instruments.* New-York, 1876.

Deloison. *Traité des Sociétés commerciales françaises et étrangères.* Paris, 1882.

Dicey. *Law of Domicil.* London, 1879.

Domenget. *Du mandat, de la commission et de la gestion d'affaires.* Paris, 1882.

Dowell. *A history and explanation of the Stamp Duties and Stamp Laws.* London, 1873.

Dramard. *Traité des effets de complaisance en droit civil, commercial et pénal.* Paris, 1880.

Dutruc. *Dictionnaire du contentieux commercial et industriel*. 6e Edition. Paris, 1875.

Fiore-Goria. *Codice di commercio del Regno d'Italia, comparato coi principali codici di commercio d'Europa*. Torino, 1883.

Freudenstein. *Reichswechselgesetz nach Theorie und Praxis. Minden*, 1882.

Goos. *Assimilation des lois scandinaves. Revue du droit international*. 1878.

Hartmann. *Das Deutsche Wechselrecht, historisch und dogmatisch dargestellt*. Berlin, 1869.

Hoffmann. *Ausführliche Erlaeuterungen der allgemeinen deutschen Wechselordnung*. Giessen, 1859.

Jencken. *Compendium of the laws on Bills of Exchange, Promissory Notes, Cheques, etc*. London, 1880.

Lehr. *Eléments de droit civil espagnol*. Paris, 1880.

Lehr. *Eléments de droit civil germanique*. Paris, 1875.

Lely-Foulkes. *Judicature Acts* 1873 *and* 1875. London, 1881.

Leroy-Beaulieu. *Traité de la science des finances*. 2e Edition. Paris, 1879.

Liebe. *Entwurf einer Wechselordnung für das Herzogthum Braunschweig*. 1843.

Loebner. *Lexicon des Handels-und Gewerberechts*. Leipzig, 1882.

Lyon-Caen et Renault. *Précis de droit commercial*. Paris, 1882.

Macleod. *Principles of Economical Philosophy*. London, 1872-75.

Mill. *Principles of Political Economy*. People's Edition. London, 1863.

Namur. *Code de Commerce belge revisé, interprété par la doctrine et la jurisprudence*. Bruxelles, 1876.

Nouguier. *Des lettres de change et des effets de commerce*. 2e Edition. Paris, 1851.

Paterson. *Compendium of English and Scotch Law*. 2e Edition. Edinburgh, 1865.

Piggott. *Foreign Judgments*. London, 1879.

Pothier. *Traité du contrat de change.*

Protocolle der zur Berathung einer allgemeinen deutschen Wechsel-Ordnung abgehaltenen conferenz. Mannheim, 1848.

Rehbein. *Allgemeine Deutsche Wechselordnung*. 2e Auflage. Berlin, 1882.

Renaud. *Lehrbuch des allgemeinen deutschen Wechselrechts*. 1868.

Roscoe. *Digest of the Law of Evidence at Nisi Prius.* 14th Edition. by John C. Day and Maurice Powell London, 1879.

Rousseau. *Du trafic des effets de complaisance.* 2e Edition. Paris, 1876.

Schneider. *Das Schweizerische Obligationenrecht mit allgemeinfasslichen Erlaeuterungen*. Zürich, 1882.

Seubitz. *Das Italienische Wechselgesetz vom Jahre* 1883. Berlin, 1883.

Siemens. *Die Lage des Chequewesens in Deutschland.* Berlin, 1883.

Smith (Horace). *Law of negligence*. London 1880.

Smith (John W.). *Mercantile Law*. by G. M. Dowdeswell. Q. C. London, 1877.

Smith (Josiah W.). *Common Law*. 8th Edition. London, 1878.

Snell. *Principles of Equity*. by Archibald Brown. 5th Edition. London, 1880.

Story. *Commentaries on the law of Bills of Exchange.* 4th Edition. Boston, 1860.

Story. *Commentaries on the law of Promissory notes.* 6th Edition. Boston, 1868.

Strass. *Die Allgemeine Deutsche Wechsel-Ordnung*. Berlin, 1858.

Theumann. *Das Œsterreichische Wechselrecht.* Wien, 1884.

Thorburn. *Commentary on the Bills of Exchange. Act* 1882. Edinburgh, 1882.

Unger. *Die rechtliche Natur der Inhaberpapiere.* 1857.
Waechter. *Encyclopaedie des Wechselrechts.* Stuttgart, 1880.
Waechter. *Das Wechsëlrecht des Deutschen Reichs.* Stuttgart, 1883.
Westlake. *Private International Law.* London, 1880.
Zézas. *Etudes historiques sur la législation russe.* Paris, 1882.

PÉRIODIQUES

American Law Review (July 1882) : *Conflict of Laws of Bills of Exchange* by Dicey.
Bankers' Magazine (November 1883). London.
Economiste français (*l'*). Paris.
Bulletin de la Société de Législation comparée. Paris.
Journal du droit international privé et de la Jurisprudence comparée, publié par M. E. Clunet. Paris.
Jurisprudence générale de Dalloz. Paris. (J. G.)
Law Magazine. London (november 1882).
Law Times. London.
Law Journal. London.
Law Reports (L. R.)
Rassegna di Diritto commerciale, Diritta d'all' avvocato, F. M. Fiore-Goria.
Recueil périodique et critique de Jurisprudence, de Législation et de Doctrine. Dalloz. Paris. (D. P.)
Revue de droit international et de législation comparée. Gand.
The Times. London.
Zeitschrift für das gesammte Handelsrecht. Stuttgart.
Zeitschrift für Vergleichende Rechtswissenschaft. Stuttgart.

LOIS ET CODES

ALLEMAGNE :

Allgemeine Deutsche Wechsel Ordnung. V. Rehbein.

Code de commerce allemand et loi allemande sur le change, traduits et annotés par MM. Paul Gide, Lyon-Caen, Flach et Dietz. Paris, 1881.

Civil prozessordnung mit Gerichtsverfassungsgesetz. Textausgabe von Sydow (Guttentag). Berlin et Leipzig, 1881.

ANGLETERRE. V. GRANDE-BRETAGNE.

AUTRICHE. : V. Blaschke.

BELGIQUE :

Nouveau Code de Commerce annoté par Van Meenen. Bruxelles, 1882.

GRANDE-BRETAGNE :

The Bills of Exchange Act, 1882. London, 1882. V. Chalmers.

Rules of the Suprême-Court, 1883. (11 juillet 1883). London.

HONGRIE :

Landesgesetze des Jahres 1876. Budapest, 1876, XXVII Gesetzartikel über das Wechselgesetz.

ITALIE :

Codice di Commercio del regno d'Italia.

V. Fiore-Goria.

PAYS-BAS :

Wetboek van Koophandel van het Koningrijk der Nederlanden. Sgravenhage. Martinus Nijhoff. 1874.

Commercial Code of the Netherlands. Edited by the department of foreign affairs at the Hague. 1880.

RUSSIE :

Projet d'une loi russe sur les lettres de change. Saint-Pétersbourg, 1882

SCANDINAVES (ETATS) :

Nya Vexellagen samt förordning om densammas införande. Af Kongl. Majit stadfastade den7 Maj 1880. Stockholm. Albert Bonnier.

Traduction de M. P. Dareste Annuaire de législation étrangère publié par la Société de législation comparée, contenant la traduction des principales lois votées dans les pays étrangers en 1880. Paris, 1881.

The Scandinavian law of Bills of Exchange translated by Mr Alfred Kirsebsom. Report of the Association for the Reform and Codification of the Law of Nations. Ninth Annual Conference. London, 1882.

SUISSE :

Code fédéral des Obligations (du 14 juin 1881) et loi fédérale sur la Capacité civile (du 22 juin 1881). Berne, 1881.

TABLE DES MATIÈRES

TABLE ALPHABÉTIQUE

CHAUMONT. — IMPRIMERIE CAVANIOL.